法学与法治建设研究文丛

孟庆瑜 主编

RESEARCH ON JURISPRUDENCE
AND RULE OF LAW

10

河北大学一流大学建设项目经费资助

河北省高等学校人文社会科学重点研究基地
——河北大学国家治理法治化研究中心资助

无直接利益冲突群体事件治理法治化研究

Study on No-direct Interest Mass Incidents Ruled by Law

马雁 著

法律出版社 LAW PRESS·CHINA

总　序

“完善和发展中国特色社会主义制度，推进国家治理体系和治理能力现代化”是党的十八届三中全会确立的全面深化改革的总目标。在实现这一总目标的过程中，法治发挥着至关重要的作用。《中共中央关于全面推进依法治国若干重大问题的决定》进一步深刻指出，“依法治国，是坚持和发展中国特色社会主义的本质要求和重要保障，是实现国家治理体系和治理能力现代化的必然要求”。因此，如何将国家治理的现代化目标与全面推进依法治国的战略布局相结合，实现国家治理的法治化，不仅是党和政府需要全面推进的重大改革任务，而且是广大社会公众，特别是广大法律、法学工作者必须积极参与的重大系统工程。正是在这样一个特定的时代背景下，河北大学国家治理法治化研究中心适时成立和运行，并成功获批为河北省高等学校人文社会科学重点研究基地。

河北大学国家治理法治化研究中心是依托河北大学人大制度与地方立法研究中心、河北省人民政府法治研究中心等学术机构，整合法学、政治学、经济学、社会学等多方面的科研力量创建的，与河北省人大常委会法制工作委员会、河北省人民政府法制办公室、河北省人民检察院和河北省高级人民法院等国家机关和法律实务部门之间已建立交流与合作长效机制。中心拥有一支政治素质高、业务能力强、富有团队协作和创新精神的专兼职相结合的学术队伍，主要围绕人大制度与地方立法、政府法治与政府执行力、社会治理与法治创新、京津冀协同发展与地方法治等方向开展科学研究、人才培养和社会服务等工作。迄今为止，中心在课题研究方面，承担国家社会科学基金项目近10项，其中，中心负责人孟庆瑜教授主持承担的国家社会科学基金重点项目《京津冀区域生态环境协同治理政策法律问题研究》实现了河北省在该领域的突破；在决策咨询与服务方面，接受省人大法制工作委员会、省政府法制办公室、省人民检察院等部门委托，承担委托起草、专家论证、立法后评估、检察公信力测评等工作40余项；在学术交流方面，承办或协办第三届海峡两岸能源经济与能源法学术交流会、第六届中国农村法治论坛、第九届中国财税法前沿高端论坛、中国经济法学研究会2015年年会等多次全国性学术会议。

《法学与法治建设研究文丛》是河北大学国家治理法治化研究中心创设的，由法律出版社负责出版的研究成果转化平台，着力对法学研究和法治建设方面的原创性或实用性成果予以资助出版，以期能为推进国家治理体系和治理能力现代化这一总目标的实现提供必要的理论支撑和决策参考。

河北大学国家治理法治化研究中心
《法学与法治建设研究文丛》编辑委员会
2015年12月

目录

导　论

群体事件，是由人民内部矛盾引发的各种利益主体、社会主体之间矛盾、摩擦和冲突的过激表现。群体事件涉及政治、经济、社会等各个领域，具有原因复杂，导火索刺激突然发生，人群聚集、情绪波动并相互影响，行为冲突、激烈程度不同，结果难以预料等特点，目前学术界的相关理论研究尚处于初步阶段，对群体事件产生的因素、发生条件、发展规律和防范机制等具体问题，需要作针对性的深入分析和研究。

一、无直接利益冲突群体事件的研究现状

国内目前对群体事件的研究主要集中于描述和个案分析，理论模型和分析工具尚未系统化。对群体事件，国内目前总体上多为特征描述性的定义，在法学、政治学、社会学和基层管理等领域形成了一些研究成果，理论方法包括哲学、治安学、公共管理等多个学科，视角和研究方法虽有差异，但群体事件属于转型时期人民内部矛盾的范畴，是各学科的基本共识。并且，国内学界在区分人民内部矛盾和社会矛盾的基础上，认为群体事件更吻合社会矛盾的研究范畴。转型时期人民内部矛盾调处不当引发的群体事件，国内学者概括出物质利益矛盾突出、矛盾的复杂性加大、呈频发势头、数量上升、规模扩大、过激行为增多、处理难度增大、处理不当将更具危害性等新特点。群众利益诉求遭遇体制性迟钝，合理诉求的表达、反馈渠道不畅，特定群体代言人缺位，调节机制缺失，以致干群矛盾、基层矛盾持续累积，最终酿成冲突和对抗的原因和发展步骤分析，已经达成基本共识。

国内学者对群体事件的研究有一个发展过程，由直接定性为违法到强调其突发性，进而发展到在提法上模糊其性质，认为应细分该类事件的起因并依法

妥善处置。在群体事件的分析和处理方面，存在“物质利益”和“社会意识”的两种基本分析方法：前者认为要从各个社会阶层和各种利益主体的物质利益的协调入手来解决矛盾；后者认为随着社会结构的深刻变化和社会利益主体的多样化，“社会意识”在认同和分化的基础上，产生新类型的社会矛盾和冲突，并具有“突发”“快速扩散”“难以预测和控制”等特点。比较而言，“社会意识”的分析方法，目前可供梳理的研究文献不多，但更适合于分析和处理具有现代风险特征的社会冲突和社会问题。针对社会矛盾和社会冲突的实证研究，亦存在两种观察视角：一种是从冲突事件的结果进行的事后研究；另一种是从主观意识和行为倾向进行的事前研究。针对群体事件的研究，后一种研究理路有其特定的学术和社会价值，即从地区群体的社会心理调查出发，进行社会冲突的行动逻辑分析，提高对策机制的实效性。

国外研究现状突出表现在理论流派和分析工具的多样化，西方学界的社会矛盾和社会冲突理论发展相对完备。其中，马克思主义的冲突理论是经典理论渊源，其在人们的社会本属及其可能的社会态度和社会行动之间建立起逻辑链条。马克斯·韦伯的冲突理论，在认为财产所有权、人们的市场位置是基础的社会分层维度的同时，提出导致社会冲突的主要因素是底层社会群体成员拒绝接受既存关系模式，以及底层社会群体成员在政治上组织起来的程度。吉登斯的结构化理论、贝克的风险社会个体文化中心论与民主理论，从社会心理文化角度对社会矛盾和冲突的产生作了分析。鉴于社会分层意识在不同国家对政治格局的影响不同，西方新马克思主义学者如葛兰西、卢卡奇，法兰克福学派中的社会冲突理论分析者如达伦多夫、科赛和莱特等，提出“共同意识”合法性的减弱、“相对剥夺感”的上升、“不满程度”的加强、“社会流动的阻塞”等，是引发当代社会冲突的新动因。达伦多夫提出“冲突的制度化调节”，从社会结构和社会关系的角度对冲突直接起因进行解释。社会冲突论经科赛的发展而完善，其理论可归纳为：社会冲突具有正功能，积累起来的情绪可以向原初对象发泄，也可以向替代目标发泄，替代目标成为社会“安全阀”；冲突是一个社会中重要的平衡机制，通过更改双方权力关系的基础来避免不平衡条件产生。科赛认为社会冲突是否有利于内部适应，取决于是在什么样的问题上发生冲突，以及冲突发生的社会结构。值得注意的是，有西方学者针对中国群体性事件爆发的原因，从包括最近数十年来的社会经济变化、地方治理的“类发展困境”，以及从制度经济学角度解释“失灵致使矛盾变成对抗性和危险的矛盾”,认为“群体性事件”虽不具有公开的政治性并且产生于改革所造成的经济不满,但对国家的稳定构成了长期的严重威胁。因其削弱了国家的有效管理能力,破坏了法律制度的发展,并可能会为更极端的抗议活动形式奠定基础,造成“社会管制危机”。

总体而言,国内学者主要从群体事件的矛盾属性、基本特征和处置原则等方面,初步归纳了转型时期利益冲突与无直接利益冲突群体事件发生之间的关系。西方社会冲突理论丰富而多元,但主要基于对西方社会问题的分析并采纳域外视角,其理论模型需要有鉴别地借鉴。近10年来群体事件的增长与集中爆发,为我们提出了风险社会时期妥善处理新型社会冲突的要求。本书旨在总结并借鉴国内外相关理论和经验的基础上,针对群体事件的诱发因素进行深入分析,正确区分不同性质、发生原因和影响因素的突发性群体性事件,建立科学有效的应对机制;从增强稳定有效的社会“减压阀”机制出发,着力对一般突发事件演变为无直接利益冲突群体事件的阻断机制进行研究,提出对策性建议。

二、研究内容及思路

(一)研究内容

我国目前处于社会快速转型的时期,经济体制转轨和社会结构转型相互交织,社会分化趋势加剧,利益多元化格局明显,社会矛盾也因涉及不同类型的利益关系和利益诉求,呈现新的特点。当前的社会矛盾突出地表现为不同社会利益群体之间,尤其是新产生的利益群体之间的一致与摩擦、相同和相异,不同利益要求的相互博弈和相互冲突,社会矛盾突出表现为新利益群体因利益差别、利益分配和利益诉求引发的新矛盾,一些社会矛盾甚至趋向激化诉求的方式,形成群体事件。有学者指出,近几年来,我国的群体性事件出现了两个值得高度关注的变化趋势。第一,社会泄愤事件增多与暴力化趋势显著。第二,偶发性增强,激化速度提高,可控性降低。因我国具有丰富的自然资源,使与资源开发、利用中的权利义务关系,社会利益和矛盾,以及与之相伴的社会矛盾和利益协调方法和机制等问题,集中体现在群体性突发事件的预防、解决和善后处理等各个环节,这成为正确处理新时期人民内部矛盾和有效推进社会主义新时代富强民主文明和谐美丽的社会主义现代化强国建设的重要方面。因此,需要准确分析群体事件的具体诱发因素,对事件进行分类分级研究,在科学统计和深入调研的基础上,归纳出群体事件的发生类型,由此提出相应的矛盾预防、化解、处理和善后机制,以及制度性的社会减压方式,并增强其稳定性、灵活性和应对性。

群体事件的应对和处理,必须在新时代富强民主文明和谐美丽的社会主义现代化强国建议的基本原则指导下,研究新时期正确处理人民内部矛盾的方法和新型民生观、民生路线的具体措施及保障。早在 1957 年毛泽东就明确指出如何正确处理人民内部矛盾问题:"凡属思想性质的问题,凡属于人民内部的争论问题,只能用民主的方法去解决,只能用讨论的方法、批评的方法、说服教育的方法去解决,而不能用强制的、压服的方法去解决。"[1]

2017 年 10 月 18 日,习近平同志在十九大报告中强调,中国特色社会主义进入新时代,我国社会主要矛盾已经转化为人民日益增长的美好生活需要和不平衡、不充分的发展之间的矛盾。习近平新时代中国特色社会主义思想蕴含的"人民性"思维,具有划时代的创新性,以"人民为中心"的思维,认识和把握作为新时代中国特色社会主义政治逻辑起点的我国社会矛盾,包括社会基本矛盾、人民内部矛盾、社会主要矛盾及其相互关系。在新时代,应该以"人民为中心"的思维,来思考多种多重社会矛盾,准确理解社会主要矛盾。以"人民获得感"的思维,确定新时代中国特色社会主义政治的基准价值、发展程度和检验标准。[2]

群体事件的数量增长和规模升级,是社会转型过程中各种利益出现冲突的集中表现。丰富的自然资源与相对不发达的经济状况,加剧了自然资源使用和收益分配中的利益摩擦,成为地区群体事件的深层原因。本书拟深入了解并分析利益冲突的具体根源,找到演变规律并提出相应的事前调整机制。本书的特色是:紧扣自然资源使用中的利益边界问题和利益模糊问题,找到这些高风险事项与群体事件之间的诱发关联及其规律,归纳基本类型和典型事件的发生模

---

〔1〕 中共中央文献研究室编:《毛泽东文集》(第 7 卷),人民出版社 1999 年版,第 285 页。

〔2〕 王浦劬:《"人民性"思维:新时代政治发展的逻辑主线》,载《光明日报》2018 年 5 月 18 日,理论版。

型;分析转型时期人民内部矛盾的新特点和变化趋势,提炼出针对性解决的思路与举措;总结舆情的变动规律,量化分析引起社会冲突的各种变量之间的关系,以期建立社会冲突的形式、强度和变化相关的预测机制;关注人群社会心理的变动,分县市、乡镇两级定点调查并抽样分析,总结地区人群社会态度和社会行动之间的逻辑关系,注意对城乡之间悬置化生存状态群体心理动向的观察和分析。

(二)主要观点

社会矛盾的存在是社会分工、社会分层、利益分化的结果。发展经验和理论表明,社会由前现代性向现代型转型时期,因社会关系重组和利益格局变化剧烈,社会进入矛盾凸显期,民众的相对剥夺感如果不化解在安全范围和程度之内,社会矛盾往往形成缓慢累计突然爆发。但同时应该注意到,社会矛盾具有正功能,突出表现就是其具有"安全阀"的作用。积累中的情绪如果获得替代、转换、疏解和引导,反而具有社会"安全阀"的功能并能成为社会力量中重要的平衡机制。社会矛盾是否有利于内部适应,取决于是在什么样的问题上发生冲突,以及冲突发生的社会结构,区分处理和信息监控很重要。如果冲突针对的是社会赖以存在基本价值观或根本利益,那么这种冲突就会危害社会均衡;反之,如果冲突危及的并非是基本价值观或非根本利益,那么这样的冲突则可能发挥积极功能。因此,运用科学合理、积极有效的转换机制,完善协商机制和利益维护机制,是处理群体事件的关键思路。

(三)研究的基本思路和方法

本书紧扣社会矛盾、利益变动与舆情的关系。群体事件,深深植根于现实的经济社会条件中,是舆情状况的非正常表露或极端的外化形式。舆情是以民众和国家管理者之间对立与依存的利益关系为基础的社会政治态度。在舆情的范畴中,民众和国家管理者之间在利益方面的关系,主要方面是相互依存,国家尚需要加强实证和理论总结方面的研究。

目前我国已经发生的群体事件大致可以分为维权性质、利益诉求性质、社会泄愤性质和"无直接利益冲突"参与性质等类型。不同类型事件的处理方法不同,在什么时候和运用多大规模警力也需要加强并慎重研究。不少事件往往因某些偶发事件引起,在没有权威信息的引导下,一些民众并没有直接的利益诉求，只是借题发挥，甚至不需要进行组织动员，但行为方式和结果却在一定的程度上影响了社会安定和不特定其他民众的生命财产安全。从理论上来说，及时出动警力防范打砸抢烧行为，是应当和必须的处理方式。但现实中，反而可能因为公安或武警的不当介入，民众的怨气一触即发，导致事态急速扩大加剧。因此，正确及时地处置突发群体性事件只是问题的一方面，更重要的是在研究具体的减压技术的同时，需要有全局意识，科学正确地分析引发群体性事件的各种原因，在社会和政治的层面上建立化解社会矛盾有效机制的心理准备，而不是仅仅着力于寻求一些能迅速生效的技术性手段来缓解矛盾。当社会矛盾的表达与维权目标手段相脱节时，如果正常维权成本太高或诉求渠道不畅，容易导致利益相对受损者或者利益相对剥夺感强烈的个体采取体制以外的非正当甚至非法手段维权。因此，需要在明确新时期社会矛盾存在一定特殊性的前提下，发展有利于矛盾缓和趋势的机制和措施。可以从以下四个方面着手：

第一，发挥国家干预的积极手段，进一步调整社会利益关系，从改善民生来夯实社会稳定的基础。

第二，以县政改革为突破口，调整基层政府执政压力机制，让基层政府成为维护社会稳定、有效预防和应对群体事件的主要力量，使其负担刚性政治责任，促使并保障其对中央和对民众负责的政府职能的有效发挥。

第三，拓宽公民权利救济和利益诉求渠道，把民众的意见表达和具体的法律利益诉求分开处理，发展司法和信访作为社会的有效稳压器的实效。

第四，民意表达机制合理化，保障民众的表达权和知情权。进入网络时代，网络无直接利益冲突群体事件出现并集中爆发，这说明与传统途径相比，民意的表达方式有新变化，社会管理方式面临调整，除研究如何运用网络技术、媒体手段与民众沟通外，需要研究如何科学对待网民的异议和问题。

三、研究的关注点及理论和现实意义

（一）研究关注点

一方面，研究社会矛盾的类型和程度，归纳这些社会矛盾与其他地区的不同特性，特别是集中于利益界限模糊地带的社会矛盾，尤其注意因政策变动和国内外社会环境变化导致的利益格局调整与利益摩擦，分析这些变化和现实状态与人群社会心理、权利收益之间的关系。比如农村取消农业税后，地方财政税收压力大，农民的土地产权边界模糊，以前的争执由税费边界利益问题转变为土地权益问题，这些模糊区域往往成为群体事件发生的高风险地带。

另一方面，关注基层社会摩擦中多次出现的新问题和新情况，提出相应的防治建议。根据统计年鉴对近 20 年各类基层群体事件的分析，近年非直接利益的群体性过激行为增多，并引起多个群体的连锁反应。由此，健全科学有效的矛盾排查和引导机制是预防摩擦升级和扩大的重要措施，要通过舆情反馈和引导、情绪疏导、协商对话、知情权保障等措施加强基层公共管理应急能力。

此外，与群体事件相关的研究目前还处于起步阶段，直接的规范性研究成果相对较少，需要借助并整合社会矛盾、公共管理和传播学等理论资源与分析工具。国外的社会冲突问题研究发展相对成熟，但对其需要有鉴别有选择地借鉴。全面开展大规模的实地调查和跨地区的对比研究，条件尚不成熟，因此可以退而求其次采取抽样分析和定点跟踪调查的方法。在此基础上加强实证调研的针对性和科学性，保证分析的客观性和对策建议的实效性。

（二）理论意义

1. 从社会冲突的功能与化解、冲突与均衡的辩证关系来研究社会冲突理论及其对新时代富强民主文明和谐美丽的社会主义现代化强国建设的启示。

2. 从利益协调角度表述并发展正确处理和化解人民内部矛盾和其他社会矛盾的思路。

3. 进一步拓展基层社会公共管理和危机管理理论。

4. 发展资源权属使用、流转、收益分配规范理论及其利益调整理论。

（三）现实意义

1. 提出事前预防、化解和正向引导社会矛盾的机制，保障的稳定，通过利益协调与利益平衡处理好地区发展问题。

2. 为决策部门提供与群众利益相关改革政策在基层实施中的“瓶颈”问题及协调措施，促进县域文化建设和城镇化发展。

3. 关注社会转型时期舆情的变化和波动规律，为民生和群众工作提供新的思路，科学性地提升基层管理部门的公信力和执行力。

四、力求创新之处

客观的社会结构分层和经济社会地位，通过主观心态和社会意识才能与社会行动选择建立起逻辑关系，本书关注的主要问题，就是深入分析群体事件中的影响因素，从已发生的典型事件中归纳群体心理对事件的影响、选择和走向，尤其是导致常规性社会矛盾向群体事件演变的导火索因子的定量、定性分析，研究转型时期社会矛盾焦点问题、利益界限模糊问题中的社会力量之间的重组或互动关系，以及这些社会力量和关系重组将依照什么样的规则展开，从引发原因、组织形态、利益诉求、表现方式、法律评价、社会评价和救济手段等方面概括群体事件在的特征和演变规律，构建合理有效的解决社会冲突的制度化机制。本书争取在以下方面有所创新：

1. 厘清关键因素、次要因素和临界因素，有鉴别地运用系统论、混沌理论和模糊控制理论，侧重对复杂的非稳定事件控制到稳定状态的方法和机制研究。从明确利益边界并适时调整的思路来解决群体事件。

2. 从社会矛盾的功能与化解、社会冲突与均衡关系的视角来阐述正确处理人民内部矛盾工作方法在社会转型时期的发展和建设。

3. 注重事前预防性的研究，从舆情信息管理的角度拓展研究思路，建立常规性的危机管理机制并构建逻辑模型。

4. 关注新生压力群体、新生贫困群体、相对剥夺感偏重群体和利益悬空感明显群体，如金融危机中回乡赋闲农民、市县未就业或工作欠稳定青年，以及第二代农民工等，注意非典型性突发无直接利益冲突群体事件和非直接相关利益诉求的变化，拓展无直接利益冲突群体事件研究的思路。

第一章　利益关系变动格局中的群体事件

一、社会转型期利益关系的变动

研究组对近10年出现的典型群体性事件进行了梳理汇总，在此基础上对区域内群体性事件的类型、特点、诱发因素和发生规律加以分析，结合利益冲突发生学理论和框架树，从人民内部矛盾的定性出发，提出了针对性处理和化解的对策性建议。分组在西部地区贵州、云南等地，中部地区的湖南、安徽、河南、湖北的县一级地区，展开随机抽样调查，被调查者身份集中于农民、工人、学生和公务员等，实际利用调查问卷数量1057份，汉族634人，少数民族423人，20岁以下233人，20～30岁309人，30～40岁287人，40岁以上228人。从问卷调查统计的情况来看：

第一个方面是事实评定指数的调查。针对当前最突出的社会问题的回答，人数从高到低依次为利益受损、社会治安、就业问题、基层干群矛盾、地方政府不作为或乱作为、征地拆迁；针对影响社会冲突最主要因素的回答，人数从高到低依次排列为经济状况落后、贫富差距过大、物价上涨过快、腐败问题、失业或半失业状况增加、社会经济文化发展不平衡、司法不公、社会治安问题、干群关系紧张、“三农”和城镇化发展问题、民族矛盾、宗教问题和民族分裂活动；针对可能导致社会冲突增加的主要因素的回答，人数从高到低依次排列为经济问题、物价问题、利益问题、就业问题、社会保障问题、政治问题、文化问题、民族问题、突发事件、宗教问题和征地拆迁。针对如何看待社会贫富差距拉大现象的问题，回答占据最多(59%)的是有差距很正常，但现在贫富差距太大。其余顺序分别为贫富差距有固定化的倾向；有先富就有后富，很正常；贫富差距在合理的范围内。

针对哪种现象会增加公众的社会部公平感的问题，回答排序为官员的腐败行为、弱势群体的生存状态、富裕人群的消费行为、不规范的社会评价体系。针对认为当前社会部公平现象,突出地表现在哪些方面的问题,回答人数从高到低依次排序为:由权利造成的不公平,如以权谋私;由权力和金钱等结盟造成的不公平,如土地征用;由单位性质造成的不公平,如单位待遇和福利的差距;由不同职业造成的不公平,如职业不同收入差距较大;由行业造成的不公平,如行业收入差距。最关心的社会问题是:腐败占 62%、就业问题占 53%,社会治安不好占 40%,分配不公占 32%,社会稳定问题占 25%,道德失范占 24%。对于部分群众参与群体行为只是接机宣泄,您是怎么看待这种情况的问题,认为应该切实了解是什么原因,着手解决问题,多做劝解工作的占 56%;扰乱社会秩序,要依法处理,尤其是带头闹事的要严加处理的占 19%;不好说,自己不会参与的占 15%。在大学生就业难的问题上,最认同的看法是与政府的政策不到位有关的占 21%;就业机会不公平的占 21%;国际金融危机、扩招等诸多原因,是改革发展中的阵痛,不能怨天尤人的占 16%;大学生缺乏实践锻炼,竞争力不强的占 16%。最能代表您对目前贫富差距问题的看法是,贫富差距问题和社会制度本身无关,主要是具体政策不当造成的占 30%;不关心和社会制度相关这种抽象问题,最关心贫富差距过大怎么解决的占 27%。请选出您平时最为关注并思考的五个社会发展问题中,社会保障占 57%,就业难占 63%,贫富差距占 53%,食品安全占 44%,反腐败占 42%,环境保护占 39%,社会公平占 33%。认为信访部门最需要加强的工作是为信访人解决事件问题,认真分析来访人具体问题占 41%;信访工作人员应该提升责任感的占 23%;应该依法律和事实处理调查信访申诉的占 17%;处理周期缩短的占 9%。当改革触及个人利益时,您是否会顾全大局的问题,可以接受的占 61%;不乐意,勉强接受的占 16%。

最喜欢的干部交流形式是:干部入户走访群众占 57%,开通民意民情热线电话,建立民情网占 46%;现场调研,开座谈会占 37%。当群众的集体利益受到损害时,认为基层干部最不应该怎么做?想办法躲开矛盾,不管不问的占 62%;先稳住群众情绪,再想办法把问题不了了之的占 44%;替政府或街道办说话的占 20%。在工作生活中遇到困难时首先找家人的占 36%,找社区党组织或者乡党委、乡政府的占 17%,找社区居委会(村民委员会)的占 11%,找亲朋好友或邻居的占 19%,会首先找街道办(村组织)的占 7%。认为群众如果与干部争吵,一般因为什么？回答土地征用或房屋拆迁的补偿问题的占62%,干部工作方式和工作作风问题的占75%,城管执法问题的占43%。在选择社区干部时,通常会考虑哪些因素？回答有本事,能够带领群众致富的占76%;能够以本社区的利益为重,为本社区的群众说话办事的占64%;选亲戚朋友熟人,方便自己办事的占11%。觉得自己目前的付出和收入是否成正比例？50%人群选择不是。认为影响当前社会稳定的主要原因是什么？回答刑事犯罪和治安案件的占55%,群体突发事件的占40%,贫富差距增大的占49%,非法宗教活动的占36%,"三股"势力和恐怖势力的占38%。认为一些人选择群体上访的原因主要是:能够引起政府的重视的占75%;解决问题的效果好,快速的占50%;从众心理,乡亲工友不好拒绝的占29%;人多势力大,法不责众的占20%;相对成本较低的占13%。

第二个方面是稳定信心指数的调查。针对社会稳定总体判断的问题,人数从高到低依次排列为相对稳定、不太稳定、不稳定和比较稳定,值得注意的是,前面两项所占被访总人数比例达84%;针对可能导致社会不稳定的主要因素的回答,人数从高到低依次排列为经济问题、社会保障问题、就业问题物价问题和利益问题;针对维护社会稳定应该采取的措施的建议,人数从高到低依次排列为改善人民生活水平、加强政府管理、提高群众素质、加强社会管理、加强法制教育、推进法治建设、加强治安综合治理、提高政府的危机应变能力、密切干群关系和加强信息预警机制建设;针对维护社会稳定首要的问题是,人数从高到低依次排列为经济发展、法治观念增强、政府重视、社会公平、根治腐败、社会民主和社会正义;最关心的社会问题,从高到低依次排列为社会保障、工资福利、三农问题、失业问题、农民问题、治理腐败、子女求学和政府改革;对于民族区域自治制度对促进社会稳定所起的作用,依次为好、一般和比较好,分别为44%、38%和18%。

对未来5~10年内社会公平状况的变化趋势如何判断？回答一些领域不公平现象初步改善,越来越严重,选择人数最多,严重化趋势放缓,社会不公平现象会得到遏制的分别不足10%。对改善社会公平现状,建议是什么？选择人数从高到低分别为进一步约束和规范官员的行为、调整收入分配政策、维护群众合法的利益表达渠道。对于社会传闻的真实性,以下态度你是哪一种？75%的人群选择有的信有的不信,会先观察,有自己的看法,不会接受他人观点的影响。现在社会上存在收入差距拉大的现象,您同意以下哪一种看法? 73%的人群选择收入差距过大会导致社会部稳定,必须加以纠正。在过去5年中,你认为你的幸福感如何? 选择没有变化、感到越来越幸福,视具体事情而言的人数平均,感到越来越不幸福的只占7%。您认为是以下哪些原因导致了您过去5年幸福感的变化? 经济状况、生活水平占据65%,其余为身体状况、教育、工作、社会风气。在未来5年中,您预计您的幸福感如何? 回答缓慢上升的占据55%。您感到目前的生活是否有压力? 选择较多的是压力较大和一般。您认为当前农村信访突出问题是什么? 次序从多至少是土地承包问题、惠农政策、社会保障问题、公平待遇方面的问题、干部作风问题、社会治安问题和环境污染问题。您觉得生活中比较难克服或处理的困难和问题是什么? 回答收入低造成经济上的困难的占80%;子女上学,就业困难的占48%;家中长年有病人付出大量精力的占27%。

社会状况的客观指标与对社会矛盾的心理指标,是本书展开分析的依据。问卷调查反映出的问题之一是,社会环境的维持,是通过利益保障机制和社会稳定秩序的维持与加强形成的。[1] 其中,公众的认同心理和利益平衡感,作为当地社会问题信心指数,对于地区社会矛盾的结构分析和治理状况的基础,起到维系基层地方权威的重要作用。总体而言,从群体事件的发生比例的高低排序,为社会纠纷、征地强拆、警民冲突、官民冲突、环境维权和族群冲突。具体群体事件的发生比例如图1所示。

调查显示,群体事件尽管发生的起因各有所异,但可以归纳其基本共性:参与人员数量众多、成分复杂,经济水平在地区同比相对较好,发生地点以商贸经济频繁、流动人口相对集中的县城和县级市为主。相对而言,群体事件发生的地区生产力发展不平衡,国民生产总值、人均财政收入、农民人均纯收入等主要经济指数偏低;生态环境复杂,矿产资源丰富、集中,土地贫瘠、自然生态条件恶劣。从文化生态角度看,也是少数民族较集中地区,民族差异、宗教差异比较明显。

---

[1] 有研究指出,社会稳定形态的评判和预测可以建立三级指标体系:第一个层面是社会稳定一般状态指标,反映社会稳定的常态,包括社会痛苦指数、公共安全指数、精神卫生指数、社会紧张指数和利益保障指数。第二个层面是社会稳定突变状态指标,包括社会冲突指数、社会腐败指数、社会分裂指数。第三个层面是社会稳定解释性指标,包括经济总量指数、生活水平指数、贫富差距指数、社会保障指数、人口和家庭指数、社会参与指数、政治透明指数、社会间距指数与价值观念整合指数。

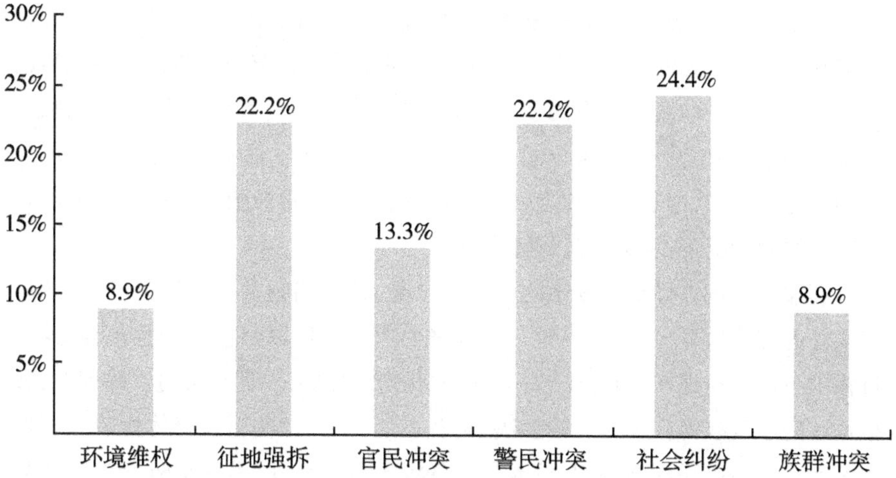

图 1　群体事件的发生比例

目前对群体事件研究的侧重点有所区别,一般从无直接利益冲突群体事件形成因素、特点和处置方法与策略等方面研究,集中在群体事件的形成根源及其预防与治理。通过对无直接利益冲突群体事件案例的深描和微观研究发现,无直接利益冲突群体事件存在类型化趋势,有地域、群体性、引发原因特殊性等区分,但目前研究对结合地区、历史、宗教、文化等地方性因素作细致类型划分的研究尚不多见。地区群体性事件的发生原因错综复杂,经济欠发达地区发生的无直接利益冲突群体事件也不能仅用单一利益冲突的观点来分析,全方位、多视角兼顾历时因素和同时性因素,静态研究和动态过程分析,方能够全面观察并有效解释存在的问题。

(一)利益关系的变动

马克思主义认为,利益是人们采取行为的根本动因,人与人的关系在本质上是利益关系。无直接利益冲突群体事件在本质上是利益关系不协调的极端表现。利益需求是人类活动永恒的动机,人们在追求自身和利益的过程中,形成各种各样的利益格局和利益关系。转型时期我国经济结构的变动引起社会利益格局、利益关系的变动,导致群体矛盾引发群体性事件,群体性事件成为影响基层社会稳定与构建富强民主文明和谐美丽的突出问题。

1. 无直接利益冲突群体事件的成因源于利益矛盾

利益是社会转化的反映和体现,人与人之间的关系在任何利益的背后都隐藏着特定的社会关系。群体性事件,是利益关系在特定社会范围内,基层管理者与利益相关者之间的矛盾没有得到及时、有效协调的极端表现。利益矛盾已经成为群体事件的主要引发因素。利益受损群体性事件发生的根本原因,在于社会转型带来社会资源的再分配过程中,不同主体利益需求在一定程度上的趋同性,使原本稀缺的需求实现条件更加匮乏,利益矛盾加剧。在利益受损或者相对受损的状况下,容易导致群体事件。

利益冲突群体性事件发生的主要根源是,转型期利益关系调整,利益矛盾使人民内部矛盾显得突出、尖锐。利益格局按照市场原则重新分化组合,这一过程中不可避免地产生社会贫富分化、文化观念冲突、二元社会对立等问题,如果这些问题没有得到及时有效解决,利益表达受挫,往往引发群体性事件。群体事件是社会风险动态演化,成为公共危机的触发事件,是一定时期内社会复杂系统中利益主体互动、博弈的产物。群体事件不仅对社会稳定造成影响,对主流价值观和社会基本运行机理亦形成挑战。群体性和社会性是行为内生的基本诉求,反映的是社会成员与社会、国家不断变动的利益关系和互动影响。因此,对群体事件中的主体关系、事件外的触发环境及其关联的研究,是切入的一个客观视角。

社会冲突是人类社会普遍存在的现象之一,造成社会冲突的因素是多元复杂的,它与转型期剧烈变革所迅速引发的全方位社会变动密切相关。其中,最直接的是利益冲突。在无直接利益冲突群体事件中,利益关系从根本上维系不同阶层、不同群体成员间的相互关系,为了各自的利益,彼此之间采取利益博弈,选择能够实现自我利益最大化的方案。在相互利益博弈的过程中,当几方之间的矛盾冲突达到一定程度,便引发无直接利益冲突群体事件。无直接利益冲突群体事件更多源自人们不断升高的期望与现实间的落差,即相对剥夺感的产生和情绪累积。贫富差距扩大背景下产生的相对剥夺感,社会再分配如果未能有效弥补这一差距,会导致利益冲突,若超过弱势群体的忍耐极限,便会爆发无直接利益冲突群体事件。

其中,征地拆迁因素导致的群体性事件持续增长,环境因素无直接利益冲突群体事件明显增加,劳资矛盾无直接利益冲突群体事件也出现增长趋势。出口制造业发达的地区成为群体性事件的生长点。[1]

此外，城镇化进程的发展和城乡一体化的形成，在经济欠发达地区的县城或乡镇，暴力无直接利益冲突群体事件的发生概率趋于平缓，大规模群体性事件出现向东外移的状况。此变化趋势显示，无直接利益冲突群体事件与利益之间的关联、与所处经济环境关联度较高。利益摩擦增大，又局限在相对封闭的时空范围之内，历史因素累积下来的社会矛盾易于集结和爆发。经济发达程度相对较高的地域，面临的社会问题和社会矛盾，较之经济相对落后地区和信息相对闭塞的地域，更尖锐也更激烈。[2] 在土地等基本生产要素资源较稀缺、成本和价值高的事项上，利益摩擦加剧，矛盾也更突出；在经济发达，流动人口大量增加地区，人口管理和社会管理方面出现和存在的问题也较多，这对传统社区管理方式提出了挑战，如果应对不科学不及时，矛盾累积，无直接利益冲突群体事件爆发的可能性就会增加；在劳资领域，因生产原料的成本和劳动人力资本的上升及金融危机的冲击，企业的绝对利润和相对收益下滑，劳资关系紧张，劳动密集型产业的弊端加剧了利益矛盾和利益纠纷，传统解决方式在金融资本全球化背景下效力不足。以上社会变迁中的宏观因素，客观上致使经济相对发达区域的群体性事件增多。

城市化的快速推进产生新问题。城市社会保障体系面临挑战，人口快速增长，基本保障明显滞后，公共产品和公共服务严重不足；城市建设中因土地征用、拆迁改造产生大量经济纠纷及维权行为，成为突出问题。农村资金、人才、劳动力转移城市，农村存在产业空心化危机，落后的农村地区面临被边缘化的危险，容易因贫困滋生社会问题；城中村居住人口密集，人员复杂，治安状况较差，生存环境恶劣，存在潜在危机；农民工劳动报酬得不到保证，用工管理不规范，生活无保障，子女入学难。对农民工管制有余，服务不足：农民工与用工单位及雇工者之间的利益冲突呈明显上升趋势，一些农民工以不合法或对抗方式维权，成为社会的不和谐因素。[3] 国企改制中的利益矛盾存在多种形式：企业

---

〔1〕 单光鼐：《2011 年群体性事件出现的新变化》，载新浪网：http://blog. sina. com. cn/s/blog_6d60d16001014t1g. html，最后访问日期：2018 年 11 月 28 日。

〔2〕 王彦博：《从利益关系角度分析我国群体性事件的产生根源及处置途径》，载《商品与质量》2012 年第 6 期。

〔3〕 马凯华：《新时期群体性事件成因分析与应对思路》，载《四川民族学院学报》2014 年第 1 期。

内部分配不公引发的矛盾，既包括部分经营者与职工的收入差距过大，也有生产第一线工人与后勤职工收入分配不公。企业管理决策不民主引发的矛盾，主要有四个方面[1]的原因：一是国有企业在体制的束缚下，长期积累的大量社会问题不但没能得到根本解决，职工的经济利益又受到市场经济的冲击；二是政府与企业的关系没理顺；三是部分企业的领导素质不高；四是企业社会保障制度改革严重滞后。

近年来群体事件中的文化冲突诱因有所增加，形式包括族群械斗，外来务工者和当地人的冲突，同乡会、宗族组织形式的族群冲突，这些诱因突出表现了城乡二元分割和地区经济差异。集体认同对无直接利益冲突群体事件发生的内在机制影响很大，参与者一般具有共同或者相近似的生活经历与体验，心理上具有命运共同体的认同感，以想象共同体的方式形成共同观念与行动上的一致，集体认同的动员力量强大。想象的边界和现实的分野使对抗双方形成群体区隔，对抗双方的紧张关系反映了在权力结构中优势和劣势间的对立，冲突性加剧。这种心理冲突与对抗，来源于日常琐事中的情绪累积，一旦有触媒性质的偶然事件发生，瞬间就会将潜隐的分野明朗化，且呈现对峙、对抗，弱势的一方就会把平时压抑、郁积的屈辱、怨恨转化为集体暴力，借此呼唤社会关注他们的现状、不满，以及满足他们渴望改变现状的诉求。无直接利益冲突群体事件中集体认同的建构路径及其功能演进，是剖析无直接利益冲突群体事件中认同建构的主要情境因素，寻找到聚集者参与集体行动的内在心理轨迹的发生和发展规律，[2]才能有效进行针对性的干预。

2. 群体性事件的分类

在利益关系视角下，群体性事件按照主体构成特点，可以分为直接利益冲突型群体性事件和无直接利益冲突型群体性事件两种。

直接利益冲突型群体性事件是目前群体性事件的主要类型，指由于某些具体利益受到侵害而引起的，由一定数量的人聚集在一起，为实现具体的利益目标，表达诉求和主张，直接争取和维护自身利益，通过语言行为或肢体行为上的

---

〔1〕 王彦博：《从利益关系角度分析我国群体性事件的产生根源及处置途径》，载《商品与质量》2012年第6期。

〔2〕 刘中起、龚维斌：《无直接利益冲突群体事件中的集体认同生成及其干预路径》，载《国家行政学院学报》2013年第1期。

冲突等群体行为的方式,指向直接侵权者或间接侵权者。这一主体理性程度较强、持续时间较长,[1]对社会秩序和社会稳定造成重大影响。从数量上看,直接利益冲突型群体性事件在当前是主要类型,很多无直接利益冲突型群体性事件,也是具体利益被直接侵害的个体引发的。对直接利益冲突型群体性事件的深入研究,可以帮助寻找群体性事件更深层次的根源。

无直接利益冲突型群体性事件是目前群体事件的一种类型,由某些具体利益受到侵害而引起,但大多数与事件本身没有利益冲突的群众参与其中,他们并无明确的利益诉求,只是为了借机宣泄长期积累的不满情绪而加入事件之中,而成为事件的参与者和推动者。无直接利益冲突群体事件近年有增多和趋势扩大之势,应引起足够重视。

从群体层面上看,无直接利益冲突群体事件多是涉及群体间的冲突,因此在社会冲突领域的研究中社会认同逐渐成为具有解释力的重要变量,这一无直接利益冲突群体事件的情感逻辑近年来开始为国内学者所关注。去个性化、情绪、怨恨、气场、感染、价值等社会心理机制逐渐进入无直接利益冲突群体事件动员的分析框架。当面对一个可能引发大规模集体行动的事件时,如果人群中存在高的集体认同,该群体中爆发集体行动的可能性就会大大增加。[2] 可见,集体认同对无直接利益冲突群体事件发生的内在机制影响十分巨大,其冲击力不可低估,亟须予以更加深入的研究,但相关的专项研究在国内仍然处于起步阶段。因此,有必要研究无直接利益冲突群体事件中集体认同的建构路径及其功能演进、事件中认同建构的主要情境因素、聚集者参与集体行动的内在心理轨迹。

(二)利益格局的变动

在突发性群体性事件中,存在各种利益关系,其能使人群聚集起来,这种关系中的共同利益是形成和维系这个群体的基础,这一关系中的利益矛盾,则是各种对抗形成的推力。直接利益冲突型群体性事件中的共同利益比较明显,一般为群体成员被侵害的权利或需要满足的要求。直接利益冲突型群体性事件的利益矛盾,通常是群众与政府部门、其他群体或个人之间的利益对抗,当这些

---

〔1〕 李育全:《边疆民族地区社会稳定的影响因素分析》,载《黑龙江民族丛刊》2010年第1期。
〔2〕 马凯华:《新时期群体性事件成因分析与应对思路》,载《四川民族学院学报》2014年第1期。

利益被侵害或应满足而未被满足时,在一定条件下便会引发群体性事件。在无直接利益冲突型群体性事件中,共同利益即通过共同的参与来实现权利诉求或者达到情绪宣泄的目的。在无直接利益冲突型群体性事件中,最初其也是由经济利益、社会利益矛盾引发,群体性事件发生后,则显性、隐性利益矛盾交织,错综复杂,[1]有的利益诉求无法通过个案纠正的方式处理,情绪宣泄则导致事件无关者大量卷入,推动事件向暴力化、严重化方向发展,使此类群体性事件的处理更棘手。

以社会运动研究而论,突发性群体性事件属于小型的、非正式凝聚团体的短期的被动反应。突发性群体性事件反映了社会结构的缺陷、底层利益表达渠道不通畅、合法权益不能得到有效维护,[2]没有合法组织代表其利益按照理性规则的方式反映其诉求。

群体事件频发的原因,与转型期利益重新分配的不公平以及贫富差距有关,当社会改革重点转移到城市后,城乡差距逐渐拉大,把城市的社会福利和社会援助因素考虑在内,则城乡差距更大。如果利益分配不公,导致社会阶层分化和利益矛盾对立突出,弱势群体基本生活得不到保障,便容易导致群体与基层政府之间的对立。

一方面,社会转型引发的矛盾是群体事件产生的基础根源。转型时期,社会异质性增加,追求同一和超稳定结构的传统社会控制机制效能下降。随着阶层分化,不同社会群体和阶层的利益意识会被唤醒,导致利益分化,价值观多元化,诱发诸多社会问题,引发集群等不规则现象。

另一方面,基层组织社会控制弱化、社会权威结构失衡,是群体事件的体制性根源。经济领域出现的纷繁复杂的矛盾和问题有客观原因,但在一定程度上也因区域内,有的基层干部工作脱离群众,导致干群矛盾激化。群众维权意识增强,但参与能力较低,法制观念淡薄。当出现利益摩擦或纠纷时,有的群众错误地认为聚众闹事可以对领导造成压力,能较快解决问题,这会使本能在法律程序中解决的矛盾演化成群体事件。有的基层组织的社会控制力明显弱化,威

---

〔1〕 吴伯奎:《略论新形势下我国群体性事件的成因与对策》,载《漯河职业技术学院学报》2007年第3期。

〔2〕 常宁宁:《基于多智能体的群体性事件仿真研究》,北京国防科学技术大学计算机系2008年硕士学位论文,第1~4页。

信减弱；乡村基层组织对农民的行政控制弱化；基层组织的号召力、凝聚力和说服教育作用减弱。若基层政权的权威性受到民众质疑，国家权威就自然进入民众视野。当民众利益受损或遭受侵害时，民众为寻求国家权威的保护，社会成员会意识到集体行动的重要性，体制外对抗性群体力量即产生。在具体利益冲突和诱发下，[1]群体事件容易爆发。

此外，具体利益冲突成为群体事件的导火索。因环境污染所引发的社会冲突加剧，宗教和宗族问题与基层社会稳定密切关联。在农村地区，民间宗教、民间迷信活动扩张和复兴，农村信仰流失现象的出现，是一些农村基层组织薄弱、文化精神生活缺乏活力的表现，这可能成为产生社会新矛盾的土壤。近年村民通过家族组织参与农村公共事务的现象增加，宗族组织重新兴起，并在部分地区成为农村政治参与的主体。部分宗族组织通过操纵或暴力破坏村民选举来控制农村基层组织。在宗族势力比较强大的地区，宗族组织甚至直接取代或对抗农村基层组织，造成冲突。乡村干部由政治精英向黑恶势力蜕变，是目前黑恶势力侵入农村政治领域的成因之一。[2] 由公共服务问题所引发的冲突发生在干部办实事过程中，公共服务项目没落实，或者基层组织不提供公共服务、不作为，如道路、学校、电网、水利项目等建设过程中，质量有问题、费用过高等都可能造成冲突。由利益冲突引发的群体事件主要集中在对地方政府出台的政策、措施不满企业经营亏损、破产、转制，征地搬迁问题，环境污染问题等具体因素。在社会流动加剧、社会结构变动的时代，为何使不同人群和谐共处、融入工业化、城市化进程中，成为社会管理的新课题。

(三)利益摩擦的缝隙化及扩大

当前正处在体制快速转轨、社会快速转型的急剧变迁和发展时期，随着经济成分、社会结构、利益格局及价值观念的变化，不同利益主体之间利益差异的效能累加，其正成为转型时期社会矛盾和群体事件的触发根源。所有的群体性行为均是由六个方面的因素相互作用产生的，[3]包括结构性诱因、结构性紧

---

〔1〕 金忠楚：《新时期群体性涉法事件的思考》，载公务员之家网：http://www.gwyoo.com/Article/lidaojianhua/zfjs/200510/15149.asp，最后访问日期：2018 年 11 月 28 日。

〔2〕 孙瑾、郑凤田：《关于中国农村社会冲突的国内外研究评述》，载《中国农村观察》2009 年第 1 期。

〔3〕 Semelser. Neil. J.，*Theory of Collective Behavior*，New York，Free Press，1962，p. 5.

张、普遍情绪或共同信念的产生、集体行动的诱发因素、参加者的行动动员、社会控制能力的累加流程(见图2)。当这些因素孤立出现的时候,或许不足以导致群体性事件的发生,但当这些因素按照一定的顺序出现时,就会相互作用且价值被放大,群体性行为出现的可能性便会增加,即在结构和功能上形成价值累加。〔1〕同时,群体行为往往是剧烈社会转型与社会变迁的副产品。价值累加理论为研究和掌握因利益差异的效能累加而引发的群体的发生机理提供了较系统的诠释框架,也为直面当代政治和公共管理实践必须解决的现实课题提供了可借鉴的对策机制。

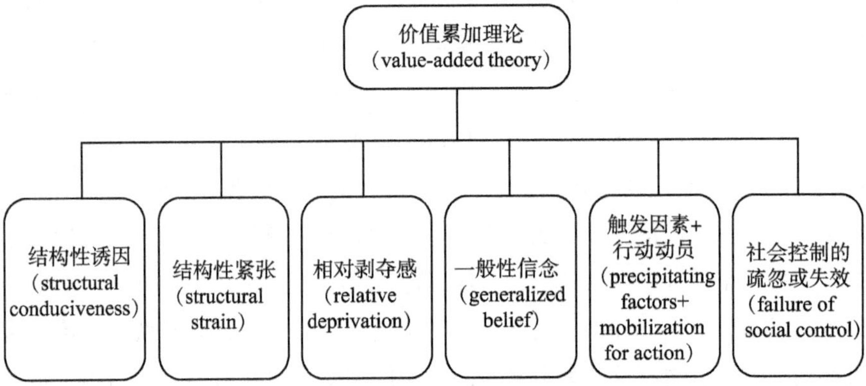

图2　价值累加理论的结构

利益矛盾是产生群体性事件的经济根源,社会阶层、群体和组织分化,利益意识不断被唤醒和强化,利益分化产生,多元化利益群体相互竞争和冲突就不可避免。〔2〕公共治理的缺失和公共管理方式的落后是群体性事件产生的机制根源。公共治理的缺失和公共管理方式的落后是指忽视与私人和社会组织的双向沟通以及对权力的监督和权利救济,忽视实体正义与程度正义的内在关联,导致基层组织控制力弱化,基层组织的权威性、行政控制力、号召力、凝聚力和说服力受到普遍质疑,驾驭能力有限,本该在本地区本部门解决的问题没有解决、难以解决或无法解决。单个的社会成员意识到集体行动的影响力,体制外的对抗性群体力量产生。社会心理失衡是群体性事件发生的心理根源。

---

〔1〕［美］斯梅尔瑟:《经济社会学》,方明、折晓叶译,华夏出版社1989年版,第12页。

〔2〕刘申辉:《无直接利益冲突群体事件维稳对策探析》,载《人民论坛》2011年第1期。

从发生学的角度分析，发生学源于希腊语"φυλο"，最初是自然科学研究领域对历史发展过程中生物种系发生与发展的指称。作为一种研究方法与范式，发生学从自然科学到人文科学的启用，是研究方法和视角的转变，[1]也是认识论上的突破。[2] 发生学研究与认识相关的结构生成、认识和观念的发生过程及其原因。除了关注单线的发生与发展，发生学更注重系统理论在各层面分类单元上的应用分析。[3] 发生学以事物的相互作用和非线性、非对称、随机性的耗散结构作为事物发生基本结构，[4]把事物的微观状态与宏观状态放在统一语境下分析。从方法论角度，针对复杂的系统状态下的宏观与微观作用分析，发生学具有独到的解释视角。20 世纪 60 年代，关于影响稳定事件分析的社会学理论中，美国学者斯梅尔瑟提出的"价值累加理论"（value-added theory）便隐含了发生学的解释方法。[5]

该理论提出，集体行为发生的六个必备因素，包括结构性诱因、结构性紧张、一般性信念、解发因素、行动动员和社会控制的疏忽或失效，系统分析造成社会欠稳定事件发生所需的条件。按照斯梅尔瑟的观点，社会冲突行为的发生是由六个方面的因素相互作用产生的，当这些因素孤立出现的时候并不足以导致事件的发生，但当这些因素按照一定的顺序与组合出现时，其效能就会被放大，群体性社会摩擦行为出现的可能性便大大增加。

在斯梅尔瑟的"价值累加理论"中，除对社会结构和治理效能等客观因素在发生学意义上的梳理外，也强调社群心理结构和信心指数对社会稳定形态的

---

〔1〕 即从静态的现象描述到动态分析，从注重外在形式要素的研究到注重整体内容与功能的研究，从对主客体相互作用的结果的研究到主客体相互作用的过程的研究，从事件与现象的历史性研究到观念与认识的逻辑性研究。

〔2〕 一般认为，自然科学发生学研究基于达尔文的生物进化论，人文科学发生学研究受益于皮亚杰的建构主义发生认识论。发生学强调对主客体共同作用的发生认识论原理的运用，其不同于起源学，前者基于观念的发生，后者源于事件的发生，起源研究倾向实证方法和经验认识。但以事件的发生作为起源，常常导致认识的绝对化，并且无法解释结构的生成机制。发生学强调知识结构生成的过程，探究主客体的相互作用及其内在规律，有效解决起源学研究忽略主体性、注重事件形式而不注重功能的不足。

〔3〕 普里戈金认为，事物的低级运动伴随高级运动，从混沌中，到耗散结构，到热力学不可逆性来解释事物的发展和事物的有序化。参见［比］伊·普里戈金、［法］伊·斯唐热：《从混沌到有序：人与自然新对话》，曾庆宏译，上海译文出版社 2005 年版，第 10 页。

〔4〕 ［比］伊·普里戈金、［法］伊·斯唐热：《从混沌到有序：人与自然新对话》，曾庆宏译，上海译文出版社 2005 年版，第 13 页。

〔5〕 ［美］斯梅尔瑟：《经济社会学》，方明、折晓叶译，华夏出版社 1989 年版，第 40 页。

构建作用。在斯梅尔瑟看来,结构性的社会不满必须转化为某种一般性的社会意识才可能促成群体性欠稳定事件的发生,群体行为的参与者必须对他们诉求的社会问题达成一种一般性的共识,这个共识的产生被所有参与者理解并认同。就多数社会成员而言,对一个社会问题产生共识的客观机制往往是简单粗糙的舆论传播,对一个集体行为的发生来说,朴素认知与从众感受的引发作用比事实真相的推促性更强,缺乏约束的谣言传播夸大了主观怨恨感和被剥夺感。这一因素往往与特定的导火索事件没有关联,导火索事件不过是这种结构性诱因的一次爆发刺激。[1] 非直接利益冲突因素的表现通常集中于一些具有普遍性意义的社会问题上,如社会不平等、不公正等造成的普遍的社会不满。这种结构性紧张的关键是作为行动者的特定人群明确感受到了他们的诉求是什么,并认为他们有足够的理由采取行动以表达这种诉求。[2]

在无直接利益冲突群体事件的演进过程中,群体行为的参与者必须对他们诉求的社会问题达成一种"概念化"信念,这种信念的产生要被所有运动参与者清晰理解并赞同。对于大多数集体成员来说,对一个社会问题产生"概念化"信念的客观机制靠的往往不是深刻的理性分析,而是一种微观的舆论传播,特别是诸多非正式传播路径。从某种程度上说,"概念化"理念从某种意义上说是"再造了、深化了甚至是夸大了人们的怨恨、剥夺感或压迫感"。[3] 当面对一个可能引发大规模集体行动的事件时,如果人群中存在高度的集体认同,爆发集体行动的可能性会大大增加。因此,集体认同对无直接利益冲突群体事件发生的内在机制影响甚大。从建构主义视角考察无直接利益冲突群体事件中集体认同的建构路径及其功能演进,[4]剖析无直接利益冲突群体事件中认同建构的主要情境因素,研究参与集体行动的内在心理轨迹,针对无直接利益冲突群体事件中的集体认同干预,应对策略的重点应放在微观层面,通过疏导公共话语沟通、改变场景、选派代表谈话、个别接触等隔离聚集的群体行动参与者,尤其是非直接利益者,使其处于分散状态,进而有效控制情绪渲染,引导事件回归理性轨道。宏观层面则通过增加社会流动、社会竞争和社会创造来增加

---

〔1〕 周晓虹:《现代社会心理学名著菁华》,社会科学文献出版社 2007 年版,第 28 页。
〔2〕 李育全:《边疆民族地区社会稳定的影响因素分析》,载《黑龙江民族丛刊》2010 年第 1 期。
〔3〕 赵鼎新:《社会与政治运动讲义》,社会科学文献出版社 2006 年版,第 67 页。
〔4〕 杨波:《城市化进程中的利益矛盾与解决途径》,载《城市问题》2006 年第 9 期。

群体边界的可渗透性、群体地位的合理性以及差异的稳定性,维持和提高成员的自我激励和信仰体系,改变其内隐社会认知与社会预期,消解行动参与者与潜在行动者的群体愤怒和群体效能,达到终结集体行动的目的。建立利益协调机制的构建思路,引导群众以理性合法的形式表达利益要求,建立健全社会利益协调机制。承认民众的利益表达权,承认利益矛盾和冲突,以制度化的方式来协调复杂的利益关系。统筹协调各方面利益关系,妥善处理社会矛盾。适应我国社会结构和利益格局的发展变化,形成科学有效的利益协调机制、诉求表达机制、矛盾调处机制、权益保障机制。利益协调机制的自上而下构想包括政治原则和工作手段,新的理念和尝试。社会的改革与发展塑造了不同以往的利益矛盾与冲突,建立自下而上的、重新组织化的、通过谈判和契约[1]方式,由国家作为最后协调者的机制和体制,将有助于在新形势下构建更有效地协调与整合利益冲突的和谐社会。

二、群体事件的类型

(一)失地因素群体事件

就群体事件发生的原因来看,最主要的原因是社会发展过程中存在的隐性利益失衡,包括城乡差别和区域发展不均衡。有些失衡受历史文化因素或政策因素影响而形成并存在一段时间。在利益因素中,土地问题所占比例最高,被非法或强制征地的失地农民群体性事件是转型时期农村社会突发事件的主要表现形式。随着城市化、工业化快速发展,失地农民数量不断增多,同时因城乡二元结构鸿沟和土地补偿制度的缺陷、土地补偿款分配不合理等客观因素,失地农民生存权、发展权、就业权、养老保障权难以得到保障,由此引起的无直接利益冲突群体事件呈大面积高频率爆发状态,成为影响新农村建设和基层社会稳定的重要影响因素。

在农村土地征用过程中,在政府主导下的土地征用行为将作为整体的农民从农村生活体系中剥离出来,农村地区原有的社会文化秩序受到冲击。与此同时,在政府行为主导下,以制度安排的方式将失地农民群体纳入城镇生活体系

---

〔1〕 张芳芳:《城市化进程中边疆民族地区社会稳定研究》,内蒙古大学行政管理系 2012 年硕士学位论文,第 56 页。

之中，失地农民群体成为城市文化新移民，以此为失地农民群体构建新的生活秩序和伦理体系。而对政府的制度安排与失地农民实际需求之间的现实差距，以及政府部门制度支持方面的资源供给不足，使在政府行为主导下的秩序重建效果不甚理想，还导致部分失地农民群体中的自生秩序重构，对社会稳定与富强民主文明和谐美丽的秩序形成造成影响。可见生存伦理[1]受到冲击和生活道德规范空间的被压缩，是形成失地农民无直接利益冲突群体事件，导致集群行为发生的深层次文化因素。社会变迁和基层社会结构的转型，利益冲突主体身份发生变化，利益分化和农村权威结构体系缺席或复杂化，结构失衡，基层权威重塑，失地农民群体不得已在体制外形成利益代言人或者意见领袖。当前制度化表达渠道缺失，制度内有限的表达渠道存在客观障碍。民众通过上访解决问题的比率极低，信访部门将来自民间的申诉转给案发地政府，导致有的当地政府对信访者的打击报复，反而进一步诱发官民冲突。畅通的利益表达渠道本是一种下层不满情绪的泄洪"安全阀"，但面对沟通性的正式利益表达渠道，弱势群体倾向于不利用这一渠道，错误地认为表达无用，转而寻求更有效的施压性的表达方式，导致行为走向对抗。

征地中存在过程风险与结果风险。征地制度设计客观上损害了失地农民的权益，造成失地农民潜在的生存风险。农民失去土地后，生活中充满不确定因素，在低组织化水平的情况下面临生存风险，客观上造成失地的结果风险。征地拆迁过程中各利益主体之间的矛盾加剧。补偿费用是被征地农民、被拆迁户最直接的经济弥补，也是最易引起征地拆迁纠纷和冲突的焦点。为解决城市建设准备金不足或其他融资渠道狭窄的问题，有的地方政府通常采用的办法是尽量压低征地拆迁费用支出。被征地农民、被拆迁户处于相对被动和弱势的地位。目前最常用的就业安置办法是货币补偿，这一办法存在支付风险，因劳动力市场不健全及个人缺乏非农工作技能与经验，失地农民面临风险，一旦不能顺利就业，失地农民很难确保被纳入城镇社会保障体系。在失地与失业相互交

---

〔1〕 美国农民问题研究专家詹姆斯·斯科特在《农民的道义经济学东南亚的反抗与生存》中从东南亚农民的反叛与起义问题切入，探究了市场资本主义的兴起对传统农业社会的冲击，用"生存伦理"这一重要概念来强调生存规则的道德含义并提出农民"日常抵抗"这一重要概念。斯科特认为贫困本身不是农民反叛的原因，只有当农民的生存道德和社会公正感受到侵犯时，才会奋起反抗。

织的状况下,[1]失地农民容易转化为新城市贫民,成为社会稳定的新的挑战因素。

利益受损后组织化程度高,动员能力强而快速。对征地补偿和安置产生心理落差,是征地因素群体性事件发生的心理原因。熟人社会信息传播快捷,信息在短时间内共享,共同的经历、相似的处境、广泛的联系能够使失地农民迅速动员并组织起来,组成维权团体,暴力抵抗政府的征地行为。这是群体性事件产生的条件。因征地引起的无直接利益冲突群体事件比例一直居高不下,表明征地引起的社会冲突突出,从群体性事件的对抗程度来看,由单纯请愿转向方式激烈的暴力施压。为了制造影响,有的人提高要价筹码,选择在全国、省、市、区重要会议、重大节假日、重大活动等政治敏感的时间进行,他们了解当人群聚集成一定规模群体时,易产生毁坏和暴戾之气。表达意愿的方式越来越暴力化、政治化,因此,降低过程风险强度的方式是去自组织化。冲突逐步由私人领域走向公共性领域,由资源性权益抗争向权利抗争方向发展。土地使用方面的利益摩擦,已经成为当前影响基层社会稳定的主要问题。多起因土地征用问题引发的冲突事件,多因土地征用补偿过低引发。土地是农民的生存保障,土地问题往往涉及巨额经济利益,因此土地争议更具有对抗性和持久性。

从制度与社会秩序构建的对应关系看,失地农民群体的产生在一定程度上是国家、政府以征地的形式,依靠强制性的制度安排而实现的,征地后失地农民群体的生活秩序规范,是国家、政府以制度安排的方式建构新的社会秩序的结果,制度安排的本意是使失地农民从传统农村生活空间向现代城镇生活空间平稳有序地转换,实现农民身份向市民身份的转变。但这种转变是否顺畅,利益是否受到影响,很可能因各种变量因素的不同或者组合效果不同,与预期效果和管控效能差别甚大。因征地原因和补偿因素发生的无直接利益冲突群体事件,从理论上形容,即产生对制度化规则的制度化抗拒现象。经验证明,村民从征地中获得的收益并不是一次性的征地补偿,当有的征地社区的农民遇到生存问题时,他们就会以各种理由寻求更多的补偿。总体上,失地农民的收益水平会因土地征收而提高。然而,征地的总收益虽然提高了,但是在村庄内部的分

---

〔1〕 王定祥、李伶俐:《城镇化、农地非农化与失地农民利益保护研究——一个整体性视角与政策组合》,载《中国软科学》2006年第10期。

配中却存在严重的利益失衡。产生这种利益失衡的一个重要原因在于,村庄的“灰色”力量正在渗入基层政治。这些力量通过操控群众,改变现有的治理格局,为自己的利益攫取创造平台。

(二)城镇化进程中的群体事件

城镇化是地域范围、社会结构的变迁过程,同时也是围绕群体和个体的生产生活方式、观念意识转变的过程。由于历史和现实的原因,在城镇化过程中,因经济利益、社会关系调整而引发的问题与矛盾不断凸显。这些问题和矛盾未得到充分重视和妥善处置,正随着城镇化进程的加快呈现出从隐性到显性、从局部到普遍的发展态势,成为经济社会协调发展中的重要问题。[1]

改革开放以来,伴随着城镇化和城乡一体化格局的加速,农地非农化的趋势持续加快,短期内无法逆转。经济转型中已取得的突出的经济发展成绩,得益于市场化取向的制度变革及生产激励与资源配置效率的改进,总体上亦得益于由农地非农化推进的城镇化和工业化进程。城镇化是未来经济发展势不可挡的趋势,同时城镇化引起的农地非农化所带来的矛盾也日益凸显。农地非农化引致的失地农民问题突出,由于自身素质和管理等方面的原因,一部分农民失地又失业,成为新困难群体,[2]导致社会矛盾突出。[3] 城镇化和农地非农化进程及衍生问题与社会稳定和群体事件之间的关系,需要引起关注。

城镇化进程中利益矛盾的具体表现是收益差距不断扩大所产生的矛盾。随着城市居民收入差距扩大,基尼系数正呈逐年增大的趋势,由于城市化发展水平的不均衡,生活在不同区域的城市居民之间存在较大的收入差距。即便生活在同一区域,主要受到房产价值的影响,大小城市之间的居民家庭财产差异也很明显,[4]分属于不同阶层的社会成员,由于对社会资源占有的不同,其利益分享也呈现出明显的差异性。

城镇化是农民由乡村向城市、由农业向非农业转移的过程,即农民转变为

---

〔1〕 杨波:《城市化进程中的利益矛盾与解决途径》,载《城市问题》2006年第9期。

〔2〕 王定祥、李伶俐:《城镇化、农地非农化与失地农民利益保护研究——一个整体性视角与政策组合》,载《中国软科学》2006年第10期。

〔3〕 中国社会科学院发布《2005年中国社会蓝皮书》预测,农民失地引发的社会矛盾已成为困扰中国社会稳定的首要问题,同年全国多起农村群体性突发事件中,一半以上是因农民失地引发的冲突。

〔4〕 王洋:《城市化进程中利益矛盾及对策研究》,东北师范大学科学社会主义与国际共产主义运动专业2011年硕士学位论文,第7页。

市民的变迁过程。[1] 随着城镇化战略的推进,我国城镇化进入了快速发展时期。通过土地征占实现城市扩张的发展模式,成为当前城镇化进程的主要方式。但因现行的政策法规的不完备,或者应对准备不充分,征地过程中的农民利益受损,补偿、安置机制不合理,失地农民生活保障和文化心理匮乏等现象突出。失地农民就业和社会保障,不仅仅是关乎其利益和实体权利的问题,也与稳定平和的社会文化心理的塑造有着密切关联,处理不好容易造成利益受损群体和利益悬置群体的负面心理状态,负面情绪累积得不到疏解,很可能在某一微小事件的触发下,引发无直接利益冲突群体事件。从城镇化的推行过程来看,如果只是单一利用行政手段低价征用农村土地换取工业发展,容易聚集大量的隐性矛盾,矛盾一旦爆发,后果难以控制,将会严重影响社会稳定。

依照城镇化发展的规律,城镇化发展与人口流动成正比例,但从目前现实情况看,城镇化的增长和发展速率与失地农民数量呈正相关,失地农民并未形成有序流动,部分人其赋闲无职业,生存与发展面临诸多隐患和问题,尤其在社会保障、社会稳定方面。现实困境是:失地农民就业难度增加,征地后部分劳动力尤其年岁较大者很难找到合适的工作;安置就业比例低,失地农户对就业现状不满,欠发达地区部分农户陷入失地又失业的困境。农民失去土地也就失去了稳定的收入来源和长远的生活保障,土地征用补偿不能实现对土地功能的替代,在失地农民求职多次受挫后会使其心理上的闲散甚至愤懑情绪增加。另外是收入的不平衡。失地农民收入来源主要构成有土地的征用补偿安置费、经商、务工和房租。但因地理位置和人员素质等方面的差异,收入不平衡。导致失地农民问题的因素并不是城镇化本身,而是多个因素和条件共同作用的结果。城乡二元结构是形成问题的总的根源。城乡二元结构是传统农业社会走向工业化和现代化的过渡形态,反映了城乡之间的制度差异。现代化进程即实现城乡二元结构向现代社会结构的转换。

在社会转型过程中,因利益导致的隐性矛盾和显性冲突是指,具备一定数量规模且特定利益诉求相同或相近者,在利益受损而表达机制和维权渠道不畅的情形下,采取非常化的群体性抗争的行为状态。尽管无直接利益冲突群体事

---

[1] 马宝娟:《农村城市化进程中的利益矛盾及其化解策略》,载《沈阳农业大学学报》(社会科学版)2012 年第 4 期。

件的具体诱因不同,既有客观因素也有主观原因;既有历史遗留问题也有现实矛盾导致的冲突,且多种因素常形成交织,但其发生有基本规律可循。从实地调研并回访的情况分析,诱发群体[1]事件的成因在呈现复杂、多元特点的同时,可归纳为如下发生原因和共同规律。

在社会发展过程中,隐性利益失衡和社会转型中出现的显性利益失衡是群体性事件产生的根本原因。随着城市化的进一步推进,社会整体结构、资源结构、区域结构、组织结构及社会身份结构相续转变,同质性趋向减弱,异质性增加,传统社会控制机制的同一性和超稳定结构的社会基础和管理优势,也面临着冲击。随着阶层、群体和组织的分化,不同社会群体和阶层的利益观念被唤醒或强化,利益分化凸显。而社会资源有限导致多元利益群体的利益冲突和利益摩擦不可避免。[2] 社会分化加速了社会成员的思想观念和意识形态结构中的反应,社会价值观、思维方式趋于多元,社会问题的产生概率增加。从这个意义上看,在城镇化发展、农地的非农化与失地农民利益保护之间,有补偿政策和安置政策因素及做法等方面具有高度相关性。

城镇化是经济持续快速增长和现代化发展的道路。城镇化的滞后与低质增长,以及农地的低效非农化配置,导致农地非农化无法通过市场机制来发现土地价格,城镇化进程中的农地低效非农化和失地农民利益被侵害和剥夺。地方政府、失地农民和城市土地使用者之间建立有效的利益分享机制和失地农民利益保护机制。原因在于缺乏为失地农民建立起基本的社会保障机制和有保障的稳定就业机制,使失地农民从农村全面转移出来并成为安居乐业的城镇居民的循环机制。失地农民处于"种田无地、就业无岗、低保无份"的状态,他们生活在城市的边缘,成为新的困难群体。在失地农民无法向城市永久迁移并释放土地、其利益无法得到保障的情况下,大量失地农民可能会聚集闹事,不仅威胁社会的稳定,而且会影响新的农地适度非农化进程,给城镇化进程带来阻力。[3]

土地产权不完全、土地管理制度不完善、地方政府的过度介入、农地转换成

---

[1] 李育全:《边疆民族地区社会稳定的影响因素分析》,载《黑龙江民族丛刊》2010 年第 1 期。

[2] 刘炳君:《农村群体性事件成因的法社会学求证》,载《政法论丛》2005 年第 4 期。

[3] 张芳芳:《城市化进程中边疆民族地区社会稳定研究》,内蒙古大学行政管理系 2012 年硕士学位论文,第 31 页。

本过低、土地增值收益分配不公平是导致农地过度非农化的根源。在城镇化进程中,改革的核心是以工业化推进城镇化,并建立"准市场化"的农地非农化机制和失地农民利益保护机制。为此,需要一套整体性政策组合来完成。中央政府应进行整体协调、有效监管;地方政府应以工业化为依托推进城镇化,[1]同时应以征收土地增值税的方式参与土地收益的分配,在地方政府、城市用地者和失地农民之间形成一种合理的利益分享格局。一是人地关系高度紧张的基本国情矛盾制约下的土地制度变迁;二是城乡二元结构的矛盾制约下的农业剩余分配制度。

城市化属于典型的政府主导型行为,土地、财政资金等资源由政府掌握,政府职能未得到清晰界定,在缺乏必要监督和约束的情况下,易出现强制性、随意性和短期性,一定程度扭曲城市正常发展规律;为追求城市化快速发展,一些地方政府出现不计成本、只求速度,以增大社会不平等程度为代价,不仅提高了城市化成本,且损害了政府的公信力,使政府成为城市众多经济利益矛盾的焦点。目前我国城市化进程中所产生的利益矛盾与冲突,与城市经济不够发达、发展存在误区有关。与国际相比,我国城市集聚能力弱,[2]无法有效发挥吸纳和辐射能力。城市规划缺乏准确定位,低水平重复建设问题突出,造成资源浪费和无序竞争,影响区域经济协调共进。片面追求工业化使服务业相对滞后,缺乏必要产业支持等,抑制了城市的就业吸纳能力,造成城乡劳动者与利益集团之间的利益矛盾。

社会管理落后是引发城市化进程中利益矛盾并使其激化的重要因素,其表现为注重行政手段调节、社会调剂功能不足、缺乏对利益矛盾的缓解与释放。利益表达渠道的不畅及低效,使有利益要求的社会群体产生严重受挫感和相对被剥夺感,缺少反映与整合民意的机会,是引发社会冲突的诱因。矛盾处理机制的不健全,使简单易化解的矛盾累积为复杂的、对抗性矛盾。利益矛盾监测不完善,缺乏对利益矛盾全面、科学评估,实际中缺乏处理突发事件的配合、协调能力,[3]这些因素累加造成对群体事件应对不力,影响社会稳定。因此,从

---

〔1〕 景跃进:《利益协调机制的构建:共识与分歧》,文明的和谐与共同繁荣——传统与现代、变革与转型"协商民主与社会和谐"政治分论坛论文,北京,2011 年 11 月,第 4 页。

〔2〕 杨波:《城市化进程中的利益矛盾与解决途径》,载《城市问题》2006 年第 9 期。

〔3〕 王精忠:《农村群体性事件原因分析及处理原则》,载《山东社会科学》2007 年第 7 期。

基层政权及微观治理机制上理解国家与农民的关系,推动国家政策的实践效果和治理转型,需要理解基层治理文化空间的复杂性及弱势群体的生存策略。农民以弱治强的生存技术,使基层政权的治理陷入困境,转型时期国家与农民的关系呈现复杂性和底层政治的特定逻辑。农村基层政权无法真正成为公共服务部门,这种局限性表现在乡村干部在这一权力结构中的混合角色,以及村干部的双重边缘化困境,这使基层治理采用更多的非正式技术,软硬兼施,正式权力的非正式运作成为国家与农民关系的实践状态。农村基层政治文化的复杂性,决定了权力运行的复杂性,体现了半正式的基层治理实践。基层治理领域是社会变革图景的集中反映。

(三)基层农村群体事件

基层农村发生的群体事件,很多是利益矛盾所导致的农村干群关系激化的结果。无直接利益冲突群体事件是经济和社会中未解决的深层次矛盾的显化。宏观而言,利益冲突与利益主体的分化和失衡有关,隐性利益失衡和社会转型中出现的显性利益失衡问题结合,社会矛盾加剧结果导致无直接利益冲突群体事件的发生,根本措施是从削减利益冲突存量入手。

如下两项因素使指令的执行置于不断变化和不稳定的状态中:一是中央政府与地方政府有多元目标,目标之间不协调,有的地方政府依据当地经济和社会治理情势有选择性地推行政策;二是缺乏相应的问责机制,这个因素弱化了中央指令对地方的刚性控制,[1]基层干群矛盾进一步激化,农村基层政府机构臃肿,招聘和临时编制人员众多,行政经费入不敷出,经济落后的县乡财政收入来源仍对农民具有客观依赖性,有的县乡政府在财政收入平衡压力下,向农民摊派转嫁财政危机成为主要路径。有的农村基层存在的干群利益冲突和权力异化与基层党政行为失范,是导致农村无直接利益冲突群体事件发生的主要原因之一。

当前,社会稳定成为各级党政的第一责任。维稳逻辑异化和短视利益的维稳观,促生了一些地方政府诸多非理性行为,助长了一些民众不闹不解决的心理。虽然各级政府投入维稳的人力、资金及精力越来越多,但社会矛盾和冲突并未因此而得到有效遏制,呈现边际效用递减状态。有的地方政府治理方式异

---

〔1〕 王精忠:《农村群体性事件原因分析及处理原则》,载《山东社会科学》2007 年第 7 期。

化，将民众正当的利益表达与社会稳定对立，以行政方式代替司法方式，矛盾处置呈现非规则和非终局性，只注重事后压制，而不顾事前预防与化解，治理效果治标不治本。就民众一方而言，虽然民主意识和朴素的公平观念加强，但政治参与能力普遍低下，法制观念不强，这客观上为灰色救济途径的蔓延提供了存在空间，[1]这是基层无直接利益冲突群体事件的文化原因。体制内难以寻求到对其合法权益的保护，体制外的民间权威相应产生。当出现利益摩擦或纠纷时，有的群众主观认为聚众肇事可以对公权机关和领导者施加压力，能促成较快地解决问题，农村宗族势力也经常出现在群体性事件中。当本姓或本宗族的村民受到侵犯时，一些同姓的其他村民可能会联合起来进行报复，使本来能在法律程序中得到解决的矛盾演化成无直接利益冲突群体事件。

产生上述现象的主要原因是群众寻求权利保护的路径不畅通，国家司法权对农村的渗透与控制不力。基层组织社会控制弱化、社会权威结构失衡，是目前基层无直接利益冲突群体事件产生的体制性根源。有的农村基层地方党政机关对农村无直接利益冲突群体事件的成因、防治并无长远的思考。村民自治作为一种国家制度安排，体现了让人民当家作主的基本精神，但在具体实施中一些农民采取越级上访的形式寻求保护。基层社会中某些群体性利益纠纷和冲突是直接引发群体性事件的导火索。部分基层组织空心化和公司化，基层政府的性质和农村基本经济政策异化，异化了农村基层组织和村民自治组织的性质。[2] 若上述问题得不到有力纠正，各种矛盾的激化将无法避免。部分基层行政执法功能的弱化和反应的迟钝，客观上放任和助长了无直接利益冲突群体事件的升级。

（四）环境类型群体事件

近年来，因环保问题而引发的无直接利益冲突群体事件在多地发生，甚至在部分地区集中爆发。环境类型无直接利益冲突群体事件成为继征地、拆迁矛盾之后，又一影响社会稳定的新因素。学术界目前对环境无直接利益冲突群体事件的研究，主要集中在事件的特征以及后果上。多起基于“别在我家后院”

---

〔1〕 于建嵘：《利益、权威和秩序——对村民对抗基层党政群体性事件的分析》，载《中国农村观察》2000 年第 4 期。

〔2〕 马宝娟：《农村城市化进程中的利益矛盾及其化解策略》，载《沈阳农业大学学报》（社会科学版）2012 年第 4 期。

观念的邻避运动甚至上升为冲突，所针对的项目包括垃圾焚烧处理厂、化工厂、殡仪馆等。这类项目的特点是对当地的自然环境、居民健康、社区环境或房地产价值等，有潜在的负面影响，而项目收益则主要体现在社区之外。如何真正解决对政府和项目发起人的信任问题，避免由于知识与信息的不对称引起的风险和成本的片面化、区域局部化考量、对邻避设施的情绪化评价和对风险规避倾向等，是值得探讨和思考的问题。很多重大项目经历了“政府拍板—民众抗议—项目搁浅”的反应模式，不仅浪费了前期投入的巨大成本，还损害了政府的公信力。工业化的中后期阶段，环境风险日益增加，环境群体性事件一直保持年均 29% 的增速。重特大环境事件高发，其中 2014 年重大事件比上年同期增长 120%，特别是重金属和危险化学品突发环境事件呈高发态势。

邻避问题受到重视，邻避设施的属性和邻避冲突的治理成为研究的热点。自 20 世纪 70 年代以来，域外学者就开始对邻避问题进行研究，我国台湾地区学者自 20 世纪 90 年代起对此问题也进行了深入的探讨。随着城市化的快速发展和环境问题的日益严峻，早在 20 世纪 70 年代，域外学者便着手研究因环境问题引发的群体性反抗事件，海尔（Hare）首次提出了“邻避”（NIMBY）的概念，来描述那些兴建能够带来整体性社会利益，但对周围居民产生负面影响的设施。随后，迪尔（Dear）等人将其作为都市地区冲突的主要形式，进行了一系列的研究，引起了学术界的广泛讨论。随着研究的深入和当地居民对设施选址建设“反对程度”的差异，域外学者提出不同的表述，在众多的表述中，采用“NIMBY”的较多，我国台湾地区学者根据域外学者的研究和此类设施的特点，将这类设施称为“邻避设施”，将由此引发的当地居民的抵抗运动称为“邻避问题”或“邻避冲突”，也有人笼统地称为“邻避效应”“邻避症候群”等。“邻避冲突”的两个核心概念认为，邻避冲突即由邻避设施的选址和设置引发的与当地居民之间的冲突及其效应。在“邻避”研究中，界定人们抵抗和反对的对象即“邻避设施”非常重要。国家为了满足居民的生活需求，需要建立一些设施，这类设施能够带来社会福利，但是却会产生一定的负外部性，这些具有潜在危险的设施即邻避设施。邻避设施服务广大地区民众，但可能对生活环境、居民健康与生命财产造成威胁，以至于居民希望邻避设施不要设置在其家附近。因此，邻避设施是地方不愿意接受的设施，却是达成社会公共福利所不可或缺的。邻避设施通常是一些有污染威胁的设施，比如垃圾掩埋场、火力发电厂、变电所等。这类设施,会对全体居民带来较大生活便利和效应,但是它们往往也会引致比较严重的负外部效应。因此,居民一般会在邻避情结的支配下强烈反对它们建造在自家附近,从而引发邻避冲突。

邻避设施的特点导致周围居民的抗拒心态和反对行动,形成建设方和居民之间的“邻避冲突”,也称为“邻避效应”或“邻避情结”。邻避冲突的内涵,学者有不同的阐述。迪尔(Dear)认为,邻避效应一般用来描述和解释当地居民的反对行为,邻避效应是指居民希望保护自己的地盘,是一种一个团体在面对在其附近进行不受欢迎的设施选址时的一种保护主义的态度和对立的战术。莱克(Lake)将邻避视为狭隘的地方主义,并将社会问题无法解决的原因归于邻避主义的思考模式,认为:一是这些设施提供了重要的社会利益,因此有存在的必要;二是地方狭隘、自私的观念妨碍了社会福利的实现。维特斯(Vittes)认为邻避情结就是一种“别在我家后院”的主张,意指:(1)拒绝被认为有害于生存权与环境权的公共设施,无论是垃圾掩埋场、焚化厂、火力发电厂、核能电厂等都是被拒绝的对象;(2)坚持环境主义的主张,强调以环境价值衡量是否兴建公共设施的标准;(3)邻避态度的发展不需要任何行政面的、技术面的或经济面的理性知识,仅仅是一种情绪的反应。帕特里克(Patrick)综合其他学者观点后认为,邻避是指地方反对不必要的地方设施(从垃圾填埋场到能源项目),邻避的结果是因人们反对而使项目推迟或者取消,从空间角度解释,居民住址和拟发展的设施毗邻是影响居民回应的重要因素。此外,也有人“由于个人层面的无知,非理性和自私”而采取反对态度来解释邻避,假定人们在决定时缺乏充分的问题和技术的知识基础,从一种“信息赤字”的视角出发认识问题。

就邻避现象而言,学者大致分为两种不同的看法。一方认为邻避效应是民主政治和环保意识提高的表现,当地居民的抵抗行为不仅为了争取社区的利益,而且在一定程度上阻止某些不科学、不合理的政策的实施,还包含着公民权的发展和政治民主化的进步,能够推动协商民主的发展,促进社会正义的实现;而另一方则将邻避现象归于当地居民的个人利益、非理性和私人的表现,其是赞成设置邻避设施的一方,认为邻避运动导致公共设施的选址和建设无法落实,是制定和执行公共政策的障碍,很有可能会给当地的经济发展和社会进步造成阻碍。

邻避设施的种类,研究者通过对都市圈内服务设施的调查与分析,根据邻避效果的大小将都市服务设施分为四个等级,邻避指数在 0 ~ 100,指数越大,邻避效果越大。邻避设施的划分还可依据邻避设施规模和层级,分为区域性、市际性、全市性与邻里性四种类型。也有根据"预期损失—不确定性"维度,将邻避设施分为四类:污染类(垃圾焚烧场、磁悬浮列车、飞机场等);风险聚集类(核电厂、化工厂、加油站等);污名化类(戒毒中心、监狱、传染病医院等);心理不悦类(殡仪馆、火葬场、墓地等)。李永展认为,邻避是一种"个人或社区反对某种设施或土地使用所表现出来的态度"。陈俊宏从民主决策的角度认为,邻避症候群主要是描述一种反对国家强制执行某些对社会整体而言是必要的政策,但是在地方上却强烈反对将当地作为政策目标的草根运动。邱昌泰认为,邻避情结是一种自利的、意识形态的或政治的倾向,很难进行理性的说服,是环保建设的一种障碍,其含有很多非理性的因素。何艳玲认为,邻避设施具有负外部性并造成了"成本—效益"的不均衡分布,由于这两个原因,居民会强烈反对将邻避设施建在自己家后院,在邻避情结的支配下,邻避设施的兴建往往会引发邻避冲突。陶鹏和童星认为,邻避情结其实是一种居民想要保护自身生活领域,维护自身生活品质所产生的抗拒心理和行动策略。乔艳洁等认为,邻避设施所体现的利益分配结构的失衡,会造成公民心理上的隔阂,所以不容易被民众接受,由此滋生"不要盖在我家后院"情结,若处理不当,会激发民怨甚至导致抗争活动。

学者从多个角度探讨邻避问题产生的原因和背景,域外学者更注重从邻避效应的主体(当地居民)的特点和意识形态进行分析,而我国学者在前者的基础上,更注重分析我国政治民主化进程对邻避问题产生的促进作用。邻避症候群有四项特性:一是邻避设施所产生的效益为全体社会共享,但外部效果却由附近的民众来承担;二是居民反对邻避设施的认知与接受程度受到居住地点与此类设施距离远近的影响;三是对具有污染性的邻避设施如能妥善处理,发生意外的概率相当低,但若不幸发生事故,则后果非常严重;四是邻避设施的兴建往往涉及专业知识与民众常识之间的价值冲突。此外,帕特里克(Patrick)通过随着时间的推移民众发生变化的心理反应阶段来描述"邻避"症候群,认为邻避效应具有多阶段、多层次的特点。蒂莫西·吉布森(Timothy A. Gibson)指出了"邻避症候群"(NYMBY syndrome)这一概念的权威性,提出应将土地纠纷视为理性的、具有公德心的规划者和不合理的、自利的反对者之间的道德斗争,其认为"邻避症候群"的框架未能捕捉到当地人性化服务设施设置的政治和道德的复杂性,反而将其推入无休止的党派和政治斗争中。最后,蒂莫西指出,发展社区非营利组织可以更好地代表"公民利益",社区非营利组织既能使人们生活"无邻避",又能不断争取一些人性化的服务设施。马尔滕·沃思肯(Maarten Wolsink)从一种新颖的角度思考"邻避问题",认为"邻避"作为一种语言是一种无效的理论,阻碍我们对问题的理解。通过对风力发电厂案例的回顾,沃思肯认为对"邻避"的争论是一种无奈的迹象,"邻避"语言成了"玷污反对者"的战略,其阻碍了一个真正的分析,掩盖了设施选址问题赞成和反对争论的多样性和可能的有效性。并且,其认为"邻避"语言的使用是一种现象,是要调查的主题的一部分,如果把其当作一个概念、一个分析工具或者作为解释的时候,它掩盖了真正的动机,阻碍了我们对于设施选址问题中冲突性质的理解。

邻避问题的产生是多种因素综合作用的结果,学者从不同的角度分析了邻避问题产生的原因。迪尔从设施选址附近居民的角度出发,认为当地居民对房产价值、个人安全感和社区宁适性的高度关注导致了邻避效应的产生。迈克尔·卡夫(Michael E. Kraft)和布鲁斯·克莱瑞(Bruce B. Clary)关注邻避效应行动主体和政府的互动因素。路德从全球环境保护意识的提升和由此而带来的道德和伦理问题,对邻避效应产生的原因展开了分析,认为,对倡导者信任的缺乏、不断上升的公众环保意识、恐惧、道德和伦理等问题是邻避多样化和广泛的原因。何艳玲提出"中国式邻避冲突"的观点,认为其特征有:抗议层级呈螺旋式提升态势、行动的议题比较单一、冲突双方无法达成妥协,邻避冲突的政治背景是单位制的弱化和伴随着单位制的式微而掀起的社区运动,以及民众环保意识的觉醒。管在高认为,环境污染、社区形象、房价贬值、不确定性忧虑是引起邻避效应的直接原因;政治体制开放、公民的自主性增强、基层政府权威削弱、司法救济渠道不畅、公民的权利意识觉醒是产生邻避效应的深层社会背景。黄岩认为邻避效应产生的原因有以下几个方面:心理因素、决策透明和公正因素、经济因素、利益集团因素、专家因素。另外,邻避效应的产生是基于设施选址附近的居民的集体行动,其范围和数量都是有限的,根据奥尔森"集体行动的逻辑",小集团更具有凝聚力和有效应、行动更果断,而且更能有效地利用他们的资源。邻避设施选址附近的居民范围小、数量少,容易构成小集团,当其个人考量行动和不行动的利弊得失时,认为比无所作为收益大,设施附近的居民便产生集体性的反抗运动。运用“动员能力与反动员能力共时态生产”框架，黄岩认为涉及具体利益诉求的邻避冲突的存在是当代中国城市中的常态，因此重要的问题不是有无冲突，而是能否把这些冲突纳入制度化途径，即建构一种基于“制度缓解”的、恰当的邻避冲突解决机制。邻避设施规划冲突背后存在复杂的矛盾关系，并非单纯的自私心理或利益因素能够解释。邻避设施规划必须回归到理性的公共利益分析与管理上，解决公共利益界定、利益保护和程序[1]这三个关键问题，方能促进规划的顺利实施。邻避问题是基于公众环境保护意识的提升产生的环境抗争问题，但是随着世界政治、经济的发展和国家结构的转型，邻避问题不再是单一的环境问题，其影响已经扩张到政治、经济、社会以及法律等不同的层面，这些议题构成了复杂的网络，提升了邻避问题的重要性。“邻避”概念本身并没有褒义和贬义之分，重点是我们赋予其什么样的思考内涵。邻避问题已渗透到社会生活的许多方面，需要透过“邻避”的理念和分析框架，提高对社会邻避问题的关注和理解，通过政策和技术的双重手段，建立灵活互动的公众参与机制，减少转嫁给周边民众的外部成本，最终形成解决这一问题的最佳决策，实现政府和民众的双赢。邻避问题的产生有其制度化和非制度化的因素，单一的政策工具并不能解决城市发展中存在的邻避效应。综合不同学者的观点，解决或缓解邻避问题需要注意以下几点：注重设施选址政策制定中的公民参与，建立多元协商机制；做好邻避设施的环境评估工作，制订相应的风险减轻方案；政府、企业需要继续推行相应的补偿手段；在设施选址和建设中，要做好充分的宣传教育准备，提升民众对政府的信任度；一旦发生邻避冲突，应建立相应的冲突缓和机制；尝试在解决和缓解邻避问题时，引入非营利组织，发挥第三方部门的协调作用，化解邻避冲突。走出双输困局，落实好我国《环境保护法》，尽快并改善现有的公众参与机制，化解民众对政府的不信任感。

首先是人们关注的污染源增多。涉环保群体性事件的投诉热点从过去的水和大气污染扩大到土壤、噪声、电磁辐射和固体废弃物等污染，特别是重金属污染、危险化学品污染等突发环境事项的投诉呈高发态势。其次是环保维权向纵深蔓延。随着经济的发展和通信技术的发达，当前正呈现全民环保意识、民

[1] 童星：《邻避型群体性事件及其治理》，载《南京社会科学》2010年第8期。

主意识、维权意识觉醒的趋势，群体性事件的地域分布从更多发生于沿海发达地区，开始向欠发达地区蔓延。环境维权越来越具有组织性，但大多数事项仅在民生诉求范围内，尚未上升到政治诉求。此外，值得关注的是，农村污染问题日益突出。随着城镇化的加快，涉及钢铁、水泥、采矿等工业污染从城市加速向农村转移，农村地区成为城市生活垃圾和工业废渣的堆放地，威胁当地群众饮用水安全和身体健康。工业污染在农村地区呈现高发态势，由此带来的环境类无直接利益冲突群体事件风险也在增加。目前我国区域经济发展与环境保护之间的矛盾突出，特别是欠发达地区为了追求 GDP 增长，部分市县政府重经济发展、重眼前利益而轻环境保护，行政干预环境执法的现象较突出，这为环保维权事件的发生埋下了隐患。比如，有的地区为了增加税收，盲目引进高污染项目换取短期经济效益；为了给企业营造“宽松”的发展氛围，阻碍正常的环境监督和执法；污染问题发生后避重就轻，行政不作为或乱作为；部分地区领导“与民赛跑”，赶在民众环保意识觉醒前抢建设、抢发展。地方环保部门在当地政府发展经济的强势影响下很难履责。

在现有的环境保护管理体制下，“违法成本低”导致环境违法行为屡禁不止。行政处罚普遍偏轻，行政执法缺乏强制手段。“停止建设”“责令停业关闭”等现行强制手段在基层很难有效执行，环境案件处理的法院立案、审查、听证、裁判等程序需要很长时间，致使违法排污行为无法及时得到纠正。环境民事赔偿制度不健全，因缺乏可操作性的环境污染损害鉴定评估技术规范和管理机制，污染损害因果关系和赔偿金额难以判定，许多污染案件久拖不决、诉讼成本高昂，导致环保问题成为引发群体维权事件的重要诱因。垃圾焚烧厂在许多发达国家可以紧邻居民区和重要景区而建，PX 在很多国家都有生产厂，然而这些项目却在国内屡遭民众抗议。形成这种反差的一个重要原因是我国民众对有些地方政府和企业存在不信任感，已束缚经济社会健康发展。如何提升政府的公信力，已成为考验政府执政能力的重大课题。民众环保维权意识迅速提升的同时，我国的环境教育却非常滞后。因缺乏对电磁辐射、二噁英、重金属污染等方面的科学认知，一些环保维权事件中的民众抱有“只要不明白、那就不要它”的非理性维权心理，致使一些符合环评标准、有利于民生的项目也被妖魔化，并借助现代通信技术迅速在全国蔓延。企业还未污染，群众思想先抵触的状况让很多地方政府颇感无奈。因此，需要加强对公众的环保知识宣传和教育,引导公众理性表达环境诉求,改善公众参与机制。当前紧要任务不是更新环境治理方式和技术,而是要尽快弥补一系列制度性缺陷,从源头上化解矛盾。只有严格的制度、严密的法治,才能有效遏制环境类无直接利益冲突群体事件的蔓延。落实《环境保护法》,改变"违法成本低、守法成本高"的现状,以往各地环保成效好坏在很大程度上依赖地方领导觉悟和素质,而非强有力的法律约束,因此需要解决一些地方政府环境保护不作为、乱作为、干扰环境执法等突出问题,从科学决策、执法监督、责任追究等方面创建或强化一批制度和机制,如战略及规划环评制度、目标责任制度、强制淘汰重污染企业补偿制度、区域生态补偿制度、环境应急管理制度等,将政府的环境保护责任落到实处。

严格追究污染者责任,切实解决违法成本低的问题。建议在现行《侵权责任法》规定的基础上,制定单行的环境损害赔偿法,明确环境损害责任承担主体、赔偿责任范围、责任承担方式、救济途径等基本制度,将环境和生态系统的公益损害和公民的私益损害列入赔偿范围,建立环境损害鉴定评估机制,为落实环境责任提供强有力的支撑。此外,可以借鉴发达国家的经验,尽快建立环境责任终身追究制度,建立健全行政裁决、公益诉讼等环境损害救济途径,让污染者为其违法行为付出高昂代价。

改善现有的公众参与机制方面,重大项目关键在于怎么建、在哪里建的问题上要充分倾听民意、充分进行风险评估。公众参与是解决环境问题不可缺失的力量,当前形势迫使我们必须搭建更完善的民意表达通道,保障公民对环境信息的知情权、表达权和参与权,在公共决策制度上体现科学性和法治性,才能提升政府公信力。建议从四个方面建立适公众参与机制,及时化解信任危机:一是落实好国控企业重点污染源信息公开制度,要求国控企业必须将污染物排放的信息向公众公开,接受公众监督;二是完善项目的环评听证制度,重大建设项目的环评必须听取民意,完善利益相关者尤其是企业与社区之间的协商机制,从根本上改变当前民意听证走形式的现状;三是积极支持环保类公益组织的发展,这类社会组织在环境教育和动员社会参与方面具有不可忽视的正能量;四是探索社区环保对话制度,建立政府、企业和社区群众三方定期沟通、平等对话、协商解决的平台。发展过程中会出现问题,但若因群众不理解而被迫停止一些事关民生的重大项目建设,则会出现更大问题。因此,在建立公众参与机制的同时,须从现在开始大力加强对群众的环境教育和科普知识宣传,培育公众理性参与公共决策的氛围。同时,针对群众关心的各种环境污染问题,利用广播、电视、网络等多媒体手段开展广泛的环保科普知识宣传,及时给予群众正确的解答和引导。

三、群体事件的结构

(一)群体事件中利益矛盾的非结构性

目前的社会冲突主要是利益冲突,是基于利益比较产生的非结构性社会矛盾,具有较大的化解和协调的空间与余地。群体事件属于人民内部矛盾,是为了被侵害的法定利益或没有得到的比较利益而抗争。在如何认识自身的利益这个问题上,尤其是在理解"比较利益",即认为应得而未得的利益方面,在无直接利益冲突群体事件中,民众把自身的处境看成是由于公权机关不作为或乱作为造成的,因此找公权机关讨说法,不具有政治目的。但近年来,群体事件由单纯的经济利益主张向宗教信仰、基层民主、生态环境等方面扩展,规模有扩大的趋势,呈现暴力化程度加剧与和平化对抗的两极分化状态,越是基层社会,暴力化程度越高。此外,因环境问题诱发的群体性事件,已经相对突出,特别是在经济发达、社会发展较快地区,环境问题已经成为引发群体性事件的主要原因。

解决利益冲突需要公平公正的社会规则。从基层秩序来看,普遍存在的利益冲突会影响国家层面的政治秩序。当社会底层的利益抗争爆发成为无直接利益冲突群体事件时,在责任追究制的压力下,有的地方执政者容易采取大事化小、小事化了的做法。这并不能有效解决问题,农民群体性事件的数量大概占 30% ~60% 的比例。越往基层,农民群体性事件所占比重越大,在以农业为主的地域尤其如此。

改革开放初期,基层农村群体性事件的引发因素是资源纷争、农民负担、干部腐败等。20 世纪 90 年代以后,除上述因素外,由于征地、环境保护、村民选举等因素引发的群体性事件也不断增多,并逐渐占据主要地位。总体来看,近年来农民群体性事件的"发生主体已经明显地转换为农民和基层政府,而主要不是乡村内部农户之间、村社之间的资源利益纷争"。[1] 农村集体土地产权虚无化的现实,使某些乡村干部从自身利益出发,土地征用谈判的维度倾向开发

〔1〕 张星炜:《政治发展重要变量分析》,载《中共四川省委党校学报》2008 年第 1 期。

商。留存在村集体的征地补偿款去向不明,引起村民的不安与担心,导致一些地方干群关系紧张。

群体事件包含行动者的多种行动形式,难以用统一的理论框架来进行解释,但这并不意味着群体事件无规律可循。多数群体性事件的产生,是在特定导火索的作用下,以突发性事件的形态激烈爆发,具有明显的自发性、临时性特点,一般不具有持续性和组织性。在少数群体性事件中,出现有组织的集体行动,但事件中的行为者并没有倡导或者抗拒社会变迁的意图,其行为目的主要在于给地方政府施压,捍卫自身权益,利益诉求明确,多是临时性的一次行动。

(二)群体事件中的利益诉求结构

社会秩序研究中行动与结构的二元理论分析路径认为,秩序是行动与结构共同作用的结果,是个体行动与社会结构的互动。社会秩序的形成可以还原为社会群体实现整合的需要,集体意识、道德规范、惩戒等形式均是保证社会秩序实现的手段。在特定情境之下,社会秩序也表现为个体有目的的行动结果,其道德基础是个体理性寻找秩序维系和内心合法诉求。因此,社会秩序构建的预期,一方面是制度安排对应的社会秩序,另一方面是个体行动在社会制度和社会秩序建构中的作用和意义不能忽视。

群体事件的发生环境可以纳入一个相对统一概括的框架之下,即社会的利益诉求机会结构(interest expression opportunity structure)。[1] 在特定的诉求机会结构下,体制外集体行动才有可能产生。利益诉求机会结构和参与渠道畅通,则不必采取制度外的行动手段,否则采取体制外行动的可能性就会增加。一方面,如果他们在既定的体制下不能满足自己的利益诉求,则容易采取体制外的手段;另一方面,他们又不会因这种行为而受到严厉的处罚,社会上存在各种诱发他们进行集体行动的因素。在这种情况下,群体性事件发生的可能性

[1] 政治机会结构从总体上概括和描述对集体行动的可能性产生制约和影响的各种政治和社会条件的组合情况,最早见于艾辛格对美国种族抗议的分析,后来与蒂利和麦克亚当所倡导的政治过程论结合后,逐渐成为一个流行的概念。在如今对集体行动和社会运动的研究中,政治机会结构这一概念的应用越来越多,有些学者甚至认为政治机会结构已经成为一种独立的理论范式。See Peter Eisinger, "*The Conditions of Political Protest Behavior in American Cities*", American Political Science Review, 1973, pp. 11 – 28. Charles Tilly, *From Mobilization to Revolution*, New York, Random House, 1978, pp. 10 – 25. Doug McAdam, *Political Process and the Development of Black Insurgency*, Chicago, The University of Chicago Press, 1982, pp. 35 – 47.

增大。

群体事件作为转型期社会冲突的表现形式,不仅直接影响基层社会稳定和发展,而且在一定程度上制约了社会结构是否能够顺利实现由传统社会向现代社会的转型。作为社会稳定与社会风险重要指标的联名信增加率、集体上访增加率等指标上升,标志着进入社会风险加剧的时期。[1] 社会不稳定的显现和其潜在特征突出表现为:贫富差距问题、群体性事件、腐败问题、社会治安问题、下岗失业以及就业问题、公共安全问题、社会公平问题、环境问题、弱势群体问题、流动人口问题等。

随着利益主体的分化,基层问题的复杂性增加,引发社会冲突的因素也变得多样化和复杂化。总体来看,社会冲突的诱因主要表现为:权益受到侵害、权利意识在成长、制度安排的错位或缺失引发基层组织和群众的对立。社会公正感及其对剥削的认知和感受,植根于具体的生活境遇,其同生存策略和生存权的维护密切相关,容易转化为对抗性冲突的诱发因素。对利益表达和社会参与的制度安排滞后,有的基层组织没有把自己的工作定位于服务,造成基层组织和群众之间的疏离。有的基层组织对农民的直接索取、变相掠夺甚至暴力剥夺导致农民的抵制则构成冲突。有的乡村基层组织作为公共权力部门,自利性目标在一定程度上取代了公共目标,为公众目标工作演变成为自己工作。越是公共性强的领域,目标替代的负面影响越大。[2] 农村社会冲突产生的根本原因是,乡村基层政权与其治理的社会基础存在脱节现象。

无直接利益冲突群体事件的相关研究在西方属于集体行动的研究范畴,研究范式有三类:一是心理范式,认为集体行动是社会病态的表征,本质是非理性的情感行为,参与主体是社会弱势群体;二是结构范式,否认心理、情感因素的重要性,认为集体行动是社会生活的常态延伸,本质是一种理性策略,参与主体是社会政治生活中的积极分子,这一范式以资源动员理论和政治过程理论为代表;三是新社会运动范式,新认同感和新价值观催生一系列社会运动如女权运动、环境运动、和平运动等。

---

〔1〕 史云贵:《我国城乡结合部的社会风险指标构建与群体性事件预警论析》,载《社会科学研究》2012 年第 1 期。

〔2〕 贺雪峰:《农村边缘群体在快速崛起》,载新浪网:http://blog. sina. com. cn/s/blog_62db23bd01012nk3. html,最后访问日期:2018 年 11 月 28 日。

西方学者认为引发社会运动的重要因素包括新社会阶层的出现、合法性危机、新的社会价值、新的自我认同和新的社会问题等。黄宗智提出的第三领域概念,为无直接利益冲突群体事件研究提供了一定的分析视角。第三领域概念认为,国家与社会的二元对立是从近现代西方经验抽象出来的一种理想构造,并不适合分析中国经验,因此需要转向采用一种三分的观念,即国家与社会之间存在一个第三空间,而国家与社会又都参与其中。第三领域不仅存在于法律实践中,还广泛存在于县以下的行政体系中。集权的简约治理,是把握这一领域的半正式的治理的实践逻辑。聚集抗争手段是介于正式的政治参与和非正式的政治抵抗之间的形式,且只针对基层政权。基层政权在面对民众时,倾向于采取正式权力的非正式的运作方式。集权的简约治理并不意味着国家权力深入社会之时,易于采用简约治理,而是意味着农民反向的利益诉求,同样容易在第三领域这个“灰色”地带采取简约的半正式方式。

群体性事件的集中爆发,表明国家与市民关系超越第三领域发生,虽然第三领域及集权的简约治理,并没有涉及国家权力的正式治理与非正式治理之间的关系,但随着市场化改革及“三农”问题的出现,灰色化隐性的乡村治理与显性的正式和半正式的治理一起成为乡村秩序的主导。灰色秩序的出现,说明乡村社会出现了异化的复杂治理,这种复杂性在一定程度上反映了基层治理的动力和模式以及基层治理转型及国家政治变迁的逻辑。

返乡农民工从经济、社会、精神和治理等层面对乡土社会产生影响和冲击,以新的逻辑改变着农村,用城市化、现代化的方式改变着农村发展的朝向,形成在地市民化,在思想观念和生产生活等各方面都与城市市民趋同。不同于一般城市化和市民化的状态,这是一个没有城市化的市民化过程。自20世纪80年代“打工经济”兴起之后,农村劳动力外流。随着时间的流逝,早期外出务工的农民工进入返乡年龄,构成与农村年轻劳动力外流相对应的一进一出两条线。

农民工回流的趋势在税费改革后显现,由于国家惠农政策的出台,农村生产生活条件得到改善,种田比较收益提高,创业环境优化,对外流劳动力产生拉力。金融危机则直接成为助推众多农民工返乡的力量。农民工返乡与农村劳动力外流,已经成为乡村生活的常态。2008年金融危机爆发后,返乡农民工的创业、就业问题成为社会关注的焦点。农民工返乡带来农村社会安全问题,并主要表现为社会稳定问题。农民工返乡后在村庄中逗留时间的长短不一,从这角度可以将他们划分为永久性返乡和暂时性返乡。永久性返乡者不再有外出务工的打算，而选择在家乡谋生，暂时性返乡者多是因为一些特殊原因而返乡，在处理完事情之后会再次外出务工。从实践来看，两种不同的返乡农民工类型对村庄社会所产生的影响存在很大差异。永久性返乡者在村庄逗留、生活时间长，他们的思想观念、行为方式对村庄社会产生的影响更广。

乡村大量青壮年劳动力外出务工，长期脱离乡村的异地生活，而传统乡村社会的伦理规则与城市陌生人社会的逻辑全然不同，乡村青壮年劳动力返乡后表现为无主体熟人社会，其主要特征是：舆论失灵、面子贬值、社会资本流散。无主体熟人社会已具备了陌生人社会的部分特征，这种新现象增加了乡村治理的难度和成本。从社会治理的角度来看，对无主体熟人社会的研究是值得重视的问题。在农村大量劳动力离土离乡之后，熟人社会的行为逻辑发生了改变，农村空心化现象出现。美国社会学家帕森斯的社会系统理论认为，具备足够数量的行动者作为系统的组成部分，乃是社会系统内部整合及社会系统和文化模式之间整合的必要条件之一。[1] 否则，便有可能无法维持系统的均衡而呈现病态。乡村虽然还是聚居社区，目前乡村大量青壮年劳动力长年的异地化生活已导致乡村社会的日常生活运作有异于熟人社会的逻辑。

（三）群体事件中的基层社会结构

1. 熟人社会群体事件的行动逻辑

熟人社会的行为方式首先有赖于道德舆论压力。舆论压力的形成有赖于一定数量的生活共同体成员在口头传播中的舆论放大效应，行为的道德含量与行为主体面临的道德舆论压力成正比。预设前提是人要面子。熟人社会里的人群众多，由面子所缔结的有效人际关系网络宽广，面子具有扩张和增值的能力。在熟人社会里，血缘和地缘合一，基本是沾亲带故或者非亲即故，自然地理的边界和社会生活的边界清晰且重叠，属于封闭的社会空间。[2] 熟人社会的行为逻辑包括：人际互动带来信息的对称，舆论传播快速广泛，在一定意义上讲，每个个体所拥有的关系，就是其社会资本。在熟人社会的地理边界和社会边界固定且重叠的情况下，彼此长期互帮互助，在有力的道德舆论的约束和正

---

〔1〕 吴重庆：《从熟人社会到“无主体熟人社会”》，载《读书》2011 年第 1 期。

〔2〕 贺雪峰、刘锐：《熟人社会的治理》，载《中国农业大学学报》（社会科学版）2009 年第 2 期。

向激励下，面子和关系如滚雪球般越滚越大，社会资本也随之积累和再生产，甚至实现代际的承接和转换。村民长期信任的民间权威出现，有的民间权威还父传子，类似世袭。[1]

熟人社会的治理，除信息透明度高以外，还有两个特点：一是以情动人。二是充分采用举例说明的办法。[2] 以村民都知道的他们身边发生过的事例来说服教育村民，通过形象思维而调动感情，即不是讲逻辑和程序的道理，而是通过实质正义来打动人，同时调动熟人社会的其他人。因为充满感情，举例又很生动，可以有效地解决熟人社会的矛盾。

熟人社会内部的信息交换成本极低，几乎不用花费专门的时间与精力就可以将这个熟人社会的各方面信息收集上来，又有能力将自上而下的各种信息低成本地传递下来。而一旦超过村民组这样的熟人社会，信息收集成本和传递成本就会急剧上升，管理方式也发生质变，由之前的自己人的内部管理，人情、面子基础上的管理，打比方讲道理，以地方性共识[3]为基础的管理，变成了带有科层特点、以利益为基础的管理，以及以正式制度安排为基础的高成本的管理。这是两种完全不同的管理模式。

2. 矛盾出村

矛盾出村是改革开放以来的新现象。随着农民流动增加，市场经济渗入，村庄边界开放，以权利本位为主导的现代法治观念及其他各种现代性观念全方位进入村庄，村庄越来越丧失自主解决内部冲突的能力。以权利本位为主导的法治观念进入村庄，传统的村庄规范丧失了通过道德强制力来解决内部冲突的合法性；村庄治权弱化，公共资源控制权流失，分田到户以来尤其是取消农业税以来，村庄集体土地所有权进一步虚化，各种收费均被禁止，村庄集体无力再为村庄提供最基本的公共物品，也无力防止少数人的“搭便车”行为。[4] 村庄不能解决自身的问题，矛盾便要出村。民族要复兴，经济要发展，农村要改变，国

[1] 贺雪峰：《农村边缘群体在快速崛起》，载新浪网：http://blog.sina.com.cn/s/blog_62db23bd01012nk3.html，最后访问日期：2017 年 11 月 30 日。

[2] 孙瑾、郑风田：《关于中国农村社会冲突的国内外研究评述》，载《中国农村观察》2009 年第 1 期。

[3] 贺雪峰：《农村边缘群体在快速崛起》，载新浪网：http://blog.sina.com.cn/s/blog_62db23bd01012nk3.html，最后访问日期：2018 年 11 月 28 日。

[4] 贺雪峰、刘锐：《熟人社会的治理》，载《中国农业大学学报》（社会科学版）2009 年第 2 期。

家通过地方政府成为与农民直接接触的当事人,使矛盾出村。

与此同时,农村边缘群体崛起。农村边缘群体,主要是指与农村主流规范和行为有差异的少数人群体,这些人往往越出村庄主流规范,破坏既有秩序,挑战传统感情。任何一个时代都会有因各种原因产生的边缘群体,在传统社会和人民公社时期,这样的边缘群体受到主流规范压制,主流规范有强有力的对付边缘群体越轨行为的惩罚机制。分田到户以后,原有压制边缘群体的村庄内生力量逐步消失。在压力性体制下,有的乡村干部加重农民负担行为激起了农民反抗。取消农业税后,集体经济进一步削弱,取消农业税本身又使国家进一步退出农村社会,农村内生供给公共物品的能力快速下降。基层"不出事"逻辑使一些地方政府不愿也不敢去充当压制边缘群体的力量。农村边缘群体的越轨行为越来越普遍。因此,有的一是尽量不去触动民众利益,二是尽量作为中间人去公正解决利益纠纷和冲突,三是问责应对冲突不力的下级政府官员。从此意义上,上级政府将无直接利益冲突群体事件作为考评地方政府的指标,可以对地方政府构成一定约束。[1]

以上也反映出基层政权悬浮状况。基层政权悬浮,主要是基层政权失去支撑力,得不到群众的拥护和支持。取消农业税后,取代基层政府"征、收、罚、惩"任务的是执行粮食直补等一系列惠农政策。但基层政权不仅没有加强反而在弱化。农村税制改革后"财权上移,事权下移",县乡两级政府出现普遍的财政危机,最终转化为各种税、费、摊派,由农民负担相关费用。

传统的静态观点认为,基层社会冲突是农民和政府的对立,这是简单的二元对立分析方式。群体性事件并不是农民和国家的对立,无直接利益冲突群体事件的发生是动态的,是政策执行或者地方治理中多方利益博弈中产生的极端现象。群体性事件是地方上层精英制造出来的当地政府与民众的冲突,而不是农民和国家的矛盾。一些农民发现,有的地方政府做的、有的地方当官的说的和中央文件不同,对国家和有的当地政府有了不同的认识,把中央政府和有的地方政府分得比较清楚。将地方基层干部和上级干部作比较,对村、乡、镇和县评价较低,认为其代表不了国家,基于"上级比下级好,中央比地方好"的认识,平时对基层干部缺乏信任,当群体性事件发生时,对基层干部的话就更不当回

〔1〕 丁卫华:《村落社会控制模式转型与农村群体性事件治理策略选择》,载《求实》2010年第5期。

事。平时信任感和权威感的丧失,进一步导致一些基层干部处理无直接利益冲突群体事件时的无力。回顾美国社会学家斯梅尔瑟的“加值理论”,其对解释当前群体事件的形成及演变过程仍然具有重要指导意义。斯梅尔瑟重视社会结构因素的方法,认为社会抗议的形成取决六种因素的影响,即结构性诱因、结构性怨恨、推衍式信念、偶发事件、动员、社会控制力的下降。前个因素是后一个因素的先决条件,社会抗议是在各因素的叠加影响下逐步形成的。

从村庄内部事务向村庄外部世界的转移一方面是因为村民已经通过打工这种空间形式上的移动和手机、电视等传媒这种时间形式上的移动,把自己的生活世界与外部联系起来;另一方面更是因为这种外部世界中的信息在有的村民心目中比村里的事情更加有价值和意义。在打工的生活中接触的外部信息是打工者在空间转移的过程中完成的,在手机、电视里,村民接触的依然是外部世界特别是城市中的信息,这种城市信息对农民的铺天盖地的压倒性优势使在农村尚处于农业手工业时代的农民的视野已经拓展到工业化时代、原子能时代,这种“时间移民”比打工式的“空间移民”的影响更为隐蔽,更为持久。外部信息通过这种形式接通乡村社会。手机媒体在近年基层突发无直接利益冲突群体事件中充当了重要角色,随着通信技术的快速发展,手机的作用不再仅限于传统的通话功能,它以互联网为平台,与传统媒体相比具有普及性、便携性、交互性、分众性、融合性、开放性等特征,这使手机成为一种立体的综合性媒体。手机媒体实现随时随地的收发信息,打破了空间与时间限制,实现了及时的信息同步,手机媒体既可以回应、转发信息,也可以观看网络视频、手机报并回复评论,受众由被动接受变为主动交互。手机媒体可以依据不同用户进行分众传播实现精确传送,融合了多种媒介,是集视听、文本、娱乐为一体的多元化的媒介。通过手机,人们可以自由地收发信息,表达意见,并对信息进行编辑,因而传播内容呈现多元化与开放性。手机媒体的上述属性在近年来的基层包括农村地域范围内的突发无直接利益冲突群体事件中得到了充分体现,这提示我们应重视手机媒体在突发无直接利益冲突群体事件中的危机传播能力与危机管理。

基层突发无直接利益冲突群体事件一般分为:危机潜伏期、危机突发期、危机蔓延期、危机恢复期四个阶段。(1)危机潜伏期。任何突发无直接利益冲突群体事件都有矛盾积累酝酿的过程。矛盾潜伏期常为人们所忽视,它却是预防和化解危机的最好时期。潜伏期需要提供舆情、发现隐患并快速预警的有效渠道,为管理者将矛盾解决于萌芽之中创造条件。充分利用手机媒体的优势建立快速舆情民意反馈预警机制,不仅是预防突发无直接利益冲突群体事件发生也是平时了解民情民意的重要途径。(2)危机突发期。危机突然爆发并急剧恶化会给社会秩序与公众心理造成极大冲击。谣言的迅速传播导致具有一定组织性大量人员聚集于城镇要害部门与公共场所,并产生群体行为。此时涉事民众通常因情绪激动,或由于少数别有用心的人煽动而发生非理性的过激行为乃至违法行为。这时迫切需要政府发布权威、准确的信息,消除因不实谣言给公众心理造成的愤怒不满与恐慌。此时,手机媒体便于在第一时间、第一现场采集事件第一手信息,为管理者研判形势、及时启动应急预案提供第一手资料。并且,手机可以通过公共信息平台向社会发布各类预警提示避免事态进一步扩大。管理者可以充分发挥手机媒体的分众准确性特点展开危机公关,政府部门可以有针对性地对于核心问题及矛盾诉求进行情况说明与信息发布,匡正谣言,安抚群众激动情绪并对公众进行正确的舆论引导。向市民群发短信告知缓建决定结合网络征集意见建议,详细解释项目与市民交流沟通,能为迅速缓解事件起到积极重要作用。(3)危机蔓延期。此时,事态范围有所扩大但强度开始减弱。管理者应该发挥手机媒体的互动性,基于手机媒体的各种交互形式开展互动交流,公众可以发表看法直述关切,这既有利于相关利益方表达诉求参与决策,也可以帮助管理者多角度、全方位地了解和剖析危机发生的真实情况与深层次矛盾,并适时调整危机管理策略进而有效应对局势。(4)危机恢复期。这一时期,人们开始对事件的反思。管理者可以利用互动平台开展深入讨论与反思,既要向民众普及相关方面知识,批判与警示事件中的违法行为,又要对事件的发生、发展过程以及解决方案加以反思总结。让公众通过手机主动参与到讨论中,让他们成为事件反思与总结者。管理者还可以为因事件而遭到损失的集体或个人进行补偿、协调,以慰问短信抚慰群众的感情,展现管理者的人文关怀。

具体措施是:(1)完善手机实名制。这一制度便于管理者准确掌握相关资料并向相应用户点对点发送相关信息,可以有效地遏制与打击不法分子在平时,特别是在突发无直接利益冲突群体事件中利用手机发布各类虚假谣言的恶意行为,遏制手机媒体的负效应传播功能。(2)建全全国与地方联通统一的公共信息发布平台。为应对各类突发事件设立全国与地方联通的公共信息平台,建立全国地方联通的跨运营商的权威公共信息平台,如遇突发事件,政府可以通过这一平台发布相关信息,但是政府需要确保信息的准确及时从而树立起高度权威性与公信力。对于地方政府来说,应该建立和完善手机公共信息平台,及时准确对重大事项给予通告并发布与公众民生利益相关的重要信息。管理者应该利用公共信息平台建立畅通利益诉求表达机制与通道,构筑管理者和公众的良性互动机制,协调不同利益群体的利益诉求化解矛盾,保持社会稳定。(3)加强手机媒体法律监管,营造良好手机媒介生态环境。在无直接利益冲突群体事件中谣言短信泛滥的一个重要原因是对手机媒体监管不严,缺乏相应法律法规。目前相关的法律主要有《互联网信息服务管理办法》《电信条例》。但要从根本上解决问题,必须从源头抓起,制定专门的法律法规和行业监管,规范手机媒体信息发布,还需要推进手机媒体的法律监管,营造良好的手机媒介生态环境。采用过滤信息软件可以实现手机负效应传播的有效控制。

创新社会治理体制,是从长远和全局出发作出的战略部署。创新社会治理体制,关键是创新规则体系、社会组织体系、基层自治体系、社会公共服务体系、预防和化解社会矛盾体系、公共安全体系和价值体系等,其目的在于建立健全相关机制制度,采取有效措施,推动社会治理能力现代化。

《城乡创新发展蓝皮书》对新农村和新农村建设进行的定义与传统农村和计划经济时代的农村相比,特点是“五新”:第一是新技术环境,是信息化时代下的新农村。第二是新自然环境,要保持良好的生态环境。第三是新体制环境,要在现代市场经济体制下和城乡统一制度下建设。第四是新的分工,即推进农业现代化、工业化、城镇化建设新。第五是新居民主体,即培养新型农民。新农村建设是促成具有上述“五新”内涵和特点,新农村的所有行动的总和,包括推进改革、发展生产、进行基础设施建设、发展农村公共事业、提高农民素质等行动。在这样的背景和条件下,农村基层治理格局面临相应的挑战,需要根据新形势的要求,作出相应的调整,确保并提高政府的权威和基层治理能力。

因此,加强基层社会治理是推进国家治理体系和治理能力现代化的重要基础。为此,需要加强顶层设计、鼓励社会创新,发动群众、依靠群众,坚持德治、法治、自治有机结合,全方位整合各种资源,运用信息化手段,充分发挥社会组织的作用,探索提升基层社会治理能力的新路子,实现社会既充满活力又安定有序的目标。

从基层实际情况来看,当前乡政村治的治理模式,存在一定程度的断层状况。社会转型使农村社会管理更复杂化,农村社会的碎片化增加了社会管理难度。突出体现为:一是乡镇组织和村委会有效管理监督的功能在下降;二是乡镇党政组织的管理职能弱化,其精力主要放在上级考核的各个项目中,税费改革、农业税取消后,乡镇财政收入来源进一步削减,其提供公共管理和服务的能力下降或受到牵制;三是乡镇党政组织的治理手段单一,其习惯于采取行政手段和经济处罚的方式,在对村干部和农民群众管理过程中,常常显得"失灵",不能有效应对农村出现的新情况和新问题;四是制度惯性使村委会的行政化和离农化倾向突出,农村社会管理主体权责失衡,出现"无限责任,有限权力"的乡镇政府。乡镇政府职能的碎化,缺少基本的资源,使基层农村治理出现有心无力的状况。

实现社会治理体系和治理能力的现代化目标,需要积极探索社会治理的渠道,在实践中总结完善,真正在政府和群众之间架起沟通的桥梁。根据以上实际情况,主要侧重以下内容:(1)如何构建"党委领导、政府负责、公众参与、社会协同"的社会管理新格局。针对农村社会治理主体和手段单一的问题,主动回应民众诉求,把社会管理的重心前移。农村社会治理包括事前预防、事中控制和事后处理三个环节。事前预防是最重要的手段,事前预防的关键在于主动回应民众诉求。(2)如何处理好政府与社会、政府与市场的关系,培育和发展社会组织,统筹整合各种资源,健全培训机制、服务机制和激励机制,支持和引导社会力量参与到社会治理中来。(3)如何发挥信息化、智能化在社会治理中的基础性和作用,注重信息开发利用和共享,提升大数据背景下的社会治理水平。(4)农村社区矫正和矛盾化解的机制和具体措施。创新社会治理体制,重心在基层,关键在基层。因此,需要研究如何把动员群众与服务群众有机统一,创新预防和化解社会矛盾体制,建立畅通有序的诉求表达、心理干预、矛盾调处、权益保障机制和具体措施。

3. 新生代农民工的聚群性与群体事件

目前我国存在人口超载、务农收益相对较低、外出打工农民增多、农民工与务农农民之间收益的差距拉大的现象,为致富,更多的"80后""90后"青年加入了打工行列。大中城市能够提供的工作岗位数量有限,与沿海地区务工的工资差距较大,因此新生代农民工大多选择东部沿海工厂企业打工,向沿海较发达地区聚集。成功的务工者,其家庭成员、亲戚、朋友、乡亲也到同一工厂或附近工厂务工的现象较为常见。具有这种熟人关系的打工群体出现后,他们会介绍更多的亲朋好友进入同一地区。具有相对熟悉关系的新生代农民工容易形成聚集群体。[1]

新生代农民工与第一代民工有很大的区别,新生代农民工掌握了一定知识,很少或从未从事农业生产,这决定其打工目的是提高生活质量并融入城市生活。东部沿海发达地区对新生代农民工的管理成本和工资成本都出现了大幅度的提高。权利意识强、自身选择余地相对大的新生代农民工跳槽频繁,影响了工厂的正常生产,这与仍以劳动力为主的生产方式产生了一定的冲突和矛盾。劳动力供应与有限的就业容量之间存在客观矛盾。[2] 受多种因素影响,快速发展的城市化与就业增长未必成正比。在农民工对城市劳动力产生就业挑战的同时,城市也对农民工的就业空间形成挤压,城市下岗失业人群调整就业预期,就业选择趋理性和实际。由于其拥有再就业政策的扶持和社会关系网络等优势,随着社区经济的规范化,以农民工为市民日常生活所提供的分散服务面临退出市场的风险。

新生代农民工的聚群性对城市安全产生的影响体现为两个方面:第一,新生代农民工的聚群性,容易形成共同的利益扩求,并通过其群体的骨干去企图实现这些利益。在隔离的环境下,社会成员的生活方式、利益取向、目的追求、社会预见与预测形成一致,造成并加深了个体对群体的联系和依赖。成员与外界交流很少,或者在现实中只能与自己观点一致的人接触,从而产生共同观点,保持行动一致。因生活习惯等文化差异,他们与务工地的民众保持一定的距离,难以融合,产生冲突在所难免。冲突一旦发生,新生代群体的聚集性力量就很明显,在维护群体的前提下,他们往往会忽视冲突发生的真实原因,维护群体利益的热情很高。不同群体仅维护本群体的利益,主观容易忽视冲突的真正原因,不能采用公正平和的态度处理,因此小冲突容易引发大的公共安全事件。第二,新生代农民工群体相对于务工地其他群体而言,处于弱势地位。当外部

---

〔1〕 钱骏、张劲松:《新生代农民工聚群性挑战传统管理》,载《人民论坛》2012 年第 7 期。

〔2〕 谭翊飞:《新观群体性事件》,载《财经》2011 年第 15 期。

群体压力施于整体时,群体的聚群程度决定了群体的反弹力。外在压力与反弹力成正比。生存和发展的基本欲望,激发起高度的群体团结,最大范围地提供人力基础。[1] 新生代农民工的文化精英,在号召集体行动和思想支持上起重要作用。参与者自身或许并不愿发生冲突,但为群体利益,或担心被群体排斥,其也会被动卷入其中。

针对新生代农民工聚群性引发的城市公共安全问题,考验政府的社会管理水平,因此管理方式上需要创新。新生代农民工聚群进城务工,其行为方式与市场经济运转规则二者之间不可避免地有所冲突,仅靠市场运转来实现新生代农民工的利益并不现实。农民工群体在市场竞争中处于弱势地位,在市场失灵的前提下,需要政府干预,有序接纳,实现共同富裕为目标,保护新生代农民群体的经济利益。[2]

多元化的交往融入公共问题,在以信息、文化和公共资源为主要生存轴心的社会平台,差异主体间的交往、一体化中的多元化及冲突,成为城市化进程中的突出问题。不只是简单的劳资纠纷和利益矛盾,而是外来农民工不能融入城市,被歧视和被剥夺的情绪综合爆发,本地人与外地人矛盾增多。多元化的冲突如果处置不当,城市公共安全事件可能就会在瞬间发生。多方沟通、包容他者,是防患于未然的必不可少的措施。新生代农民工群体进入东部沿海地区以后,这些地区的公共领域又增添了新的人员结构,新生代农民工群体的话语权在公共领域中虽然影响较小,但因这一群体的聚群性,需要公共领域中其他群体的尊重和理解。所以,让公共领域中的各种群体进行广泛的沟通与对话,才能有效地实现不同群体之间的尊重和理解,消除彼此之间的文化冲突,促进社会管理与和谐。[3]

4. 国际金融危机冲击下的基层群体事件

"三农"问题经历了区域性、工业化、国际化演变过程,在金融危机影响下的极端表现即为农村群体性事件。在经济利益失衡、制度渠道缺乏、生活方式变化、现代传媒普及等因素影响下,呈现出利益型群体性事件和工具型群体性事件两种状态。国际化视野下农村群体性事件的新特征表现为,以经济与社会

[1] 钱骏、张劲松:《新生代农民工聚群性挑战传统管理》,载《人民论坛》2012 年第 7 期。
[2] 于建嵘等:《群体性事件呈现许多新特征》,载《大事件》2011 年第 5 期。
[3] 钱骏、张劲松:《新生代农民工聚群性挑战传统管理》,载《人民论坛》2012 年第 7 期。

发展为主轴的现代化历程并不是线性发展过程。现代化和经济全球化的发展也呈现出各国、各行业、各地区之间的非均衡性。非均衡性是现代化的动力。农村群体性事件在金融危机这一时代发展的波动中,呈现出新动向。

当前的农村改革发展中,在农村公共品供给、土地流转与征用、农村社会保障、农业发展风险问题等事项中,利益分配不均时有发生,而利益表达和申诉的制度渠道又相对缺乏,一些矛盾只能通过制度外的、非正式的方式解决,这是农村群体性事件的深层原因。如果利益表达不畅及整合不力,矛盾就会爆发,并呈现冲突升级快、对抗激烈、社会破坏力强、处置难度大等特点。

从具体参与农村群体性事件的人群来看,更多的参与者是无直接利益相关者。农村群体性事件也是对金融危机的恐慌的一种反应和发泄,反映出长期以来在利益分配和利益分配机制中的问题。参与者都是对社会的不满群体,在沿海地区金融危机冲击下,大量务工人员被迫返乡或者滞留家乡,不能形成正常的利益流动、缓冲和化解机制。正常的流动可以相对转移农村的矛盾,但农民流动的受阻,使农村矛盾积压并进一步凸显,滞留农村的农民工关注其在农村的利益,加之长期外出对农村的信息不了解,现有信息如果不公开,累积的矛盾就有可能爆发甚至升级为群体性事件。因此,在金融危机冲击下,城市和农村均要留意农民工的游民化生存状态。农村群体性事件的发生有其客观经济社会基础,但离不开其主观的文化心理基础。现代化造成城乡差别同时也带来了平等意识。当下农村是传统与现代、农业与工业、乡土观念与城市文明的交汇点,观念碰撞使人们难以形成稳定的心理认同。观念差异使人们既有生活方式也面临分立和重新选择,当经济社会发展处于波动时刻,文化差异和心理焦虑便成为无直接利益冲突群体事件发生的文化基础。因此,寻求文化和心理认同、寻求群体意识和群体保护成为群体性事件的心理预期。

社会弱者并不必然在任何时候都处于弱势地位,其有时甚至拥有优势,特别是体现为"弱者的武器"的日常抵抗上。斯科特将农民底层政治的自主性作为分析农民的维权抗争的基点,发现农民的另一种底层抗争的政治机制——"作为武器的弱者身份"。他研究了弱者所具有的隐性力量及以弱者身份作为武器进行抗争的作为,对学界以往对弱者的传统认识提出了修正。"作为武器的弱者身份"的抗争机制的研究对于社会管理与发展具有启示意义。

农村组织体系的缺位是农村群体性事件发生的重要原因。有效的社会控制有赖于相应的组织化体系,其行为的组织化、有序化程度越高。基层社会转型中,维权组织体系的缺位是农村群体性事件高发的重要原因。处于分散无组织状态的农民,当遭受基层政府及其他强势集团利益侵害时,没有组织能够代表他们的意志与利益侵害者进行磋商、协调和沟通,导致农民利益表达的混乱和无序,一旦出现能够表达自己意志的契机,大家就会一哄而上,形成大规模的群体性突发事件,给社会的稳定带来影响。[1]

以孟连事件所在地区的调研为例,可以发现,土地是农业生产最基本的要素,是农民的命根子。稳定和完善农村土地承包关系是保障农民权益,促进农业生产,保持农村稳定的基础。土地使用权的合理流转是优化配置生产要素,促进农业发展的客观要求。但是,近几年来,在所在州范围内,由于天然橡胶等经济作物的市场价格迅速上涨,部分农民和机关单位的干部职工受经济利益的驱使,以承包土地、转让山林、买卖胶园等形式大量流转农村土地,导致农村土地以空前的速度和规模发生流转。据调查统计,仅勘腊县农村土地使用权流转面积就达 23.67 万亩,占勘腊县承包土地面积 92.46 万亩的 25.6%,而在流转的 23.67 万亩农村土地中,绝大部分都没有按照《农村土地承包法》和《农村土地承包经营权流转管理办法》的有关规定,依照法律程序进行流转。勐腊县的农村土地流转大多处于非法律程序流转状态,在人口不断增加和退耕还林政策的贯彻落实、人均土地面积日益减少的当下,任其发展下去会造成严重的后果:一是大量土地无序流转,造就新的失地农民;二是非法律程序流转,导致出现大量的法律纠纷,给农村稳定埋下隐患;三是大量的山林流转,超海拔开发种植橡胶,造成森林资源的浪费和生态环境的恶化。上述后果,直接关系农村的改革、发展、稳定大局,关系建设社会主义新农村的进程,关系构建新时代富强民主文明和谐美丽的乡村建设目标的实现。

理解当前中国乡村治理的状况,一方面的工作是理解自上而下的政策、制度、法律是如何制定及实施的,这个方面的研究,以理解政治及行政体制为要,相对于以田野调查为基础的农村研究有一定差异。另一方面的工作是理解自下而上的农村社会对自上而下实施的政策、制度和法律的反应,以及这种反应

---

〔1〕 杨春萍:《昆明群体性事件,四成以上因为征地拆迁》,载云南网:http://yn.yunnan.cn/html/2012-11/27/content_2508514.htm,最后访问日期:2018 年 11 月 28 日。

的结果、过程和机制。中国农村地区极其庞大,区域非均衡状况严重,因为区域非均衡,使自上而下的各种安排在与不同农村社会的接触过程中产生十分不同的后果,理解农村区域性的差异,才能真正理解农村政策实践的机制与过程,找到农村政策实践结果不一样的原因。自上而下的农村政策不能"一刀切",但事实上又将农村非均衡作为进一步讨论的出发点,而不能理解或不愿下决心去理解这个出发点是如何得来的,内部结构要件的分析,理应由社会科学的经验性研究予以支撑,对农村非均衡状况进行经验性研究。概念体系以中村经验事实作为支撑,因此需要在众多研究者智慧的、经验性的及批判性的研究中,逐步发展完善,最终形成本土化的成果。

四、群体事件的变化状况

近年群体事件呈现的新特征与趋势是,近期群体性事件参与者的诉求明显朝抽象的不满情绪发展,可能会上升到更高层面的价值观追求,由此可能演变为价值观冲突;网络传播使事件影响力加大并吸引更多参与者,各利益群体的不满情绪有蔓延和相互结合的趋势,事件性质不排除发生根本变化的可能性;各领域深层次矛盾开始集中爆发,在地域上表现为全国扩散。无直接利益冲突群体事件的发展脉络,一般分利益冲突、情绪主导冲突、价值观冲突。早期群体性事件的诉求简单,现在可能会上升到价值观层面。如果冲突产生的原因是价值观,那就超越了一般的利益诉求,甚至有知识分子参与。相对以往参与者多是利益受损或潜在受损者,群体性事件有更多无直接利益相关者参与的趋势,诉求不仅局限于事件本身,而且出现与事件无关的多元特征,网民和非直接利益参与者对事件进程的影响很大。在个别群体性事件中,组织化程度比较高。[1]

有研究认为,群体性事件的数量和人数总体呈现逐年上升态势。[2] 从近两年来的典型群体性事件来看,参与人数动辄几十人、数百人,甚至上千人。值得注意的是,群体性事件呈现类型化、多样化、地域分布广泛的特点。利益诉求

---

〔1〕 杨春萍:《昆明群体性事件,四成以上因为征地拆迁》,载云南网:http://yn.yunnan.cn/html/2012-11/27/content_2508514.htm,最后访问日期:2018年11月28日。

〔2〕 以西部某省会中心城市的调研为例。

的差别性和复杂性决定了群体性事件的多样性。征地拆迁类群体性事件较突出,占总数的43.2%。诱发因素涵盖市政道路建设、矿产资源、农民工权益、企业改制重组、移民安置补偿、村务管理、物业管理、交通运输管理、环境污染等领域,具有主体多元化、成分复杂化的特点。由于群体性事件发生所涉利益因素复杂,导致人员结构越来越复杂,各阶层人员均有涉及,有下岗失业职工、权益受损职工、失地农民、农民工、军转干部、复员军人、城镇居民、民办教师、环境污染受害者等。一起群体性事件中就有多种不同社会身份的人参与,对抗性也有所显现。政府部门对于群体性事件的处置难度增大。[1]

分配不均、利益冲突激化了矛盾。作为西部省会城市,昆明的社会变革和转型的"阵痛性"尤为明显,新旧体制之间、传统和现代观念之间、不同发展模式之间、各个利益主体之间的冲突不断;因利益分配不均、不公导致的矛盾趋向激烈,甚至在一定条件下局部的、暂时的矛盾会尖锐化、极端化;征地拆迁引发的群体性事件数量高居不下。2010年以来,以征地拆迁为主的基础设施建设方面的矛盾在定期排查出的矛盾纠纷中几乎每月均在首位。随着利益格局的深入调整,新问题、新矛盾逐渐增多,社会管理类、企业级金融类群体性事件呈现出上升态势,由环境污染、物业管理、交通运输、社会投资等因素引发的矛盾开始涌现,这加大了群体性事件应对和处置的复杂程度。[2]

群体性事件的发展趋势,随着城市建设开发的范围和力度不断扩大,利益冲突将更加激烈,社会矛盾也将更加凸显。从数量上来看,在社会转型期的大背景下,群体性事件仍将在高位徘徊,主要集中在城市基础设施建设、城市管理、"三农"问题方面。[3] 群体性事件突发多变、对抗激烈、手段多样、利益诉求复杂、危害后果扩散的特质可能会愈加明显,处置难度也将进一步加大。冲突爆发相应地反映现存社会问题。无直接利益冲突群体事件爆发反映了基层社会存在的不公平现象和一系列社会问题。社会发展过程中长期存在的隐形利

---

〔1〕 赵明、张亚力、蒋梦婷:《检察机关介入群体性事件应急处置机制研究》,载《云南大学学报》(法学版)2011年第6期。

〔2〕 杨春萍:《昆明群体性事件,四成以上因为征地拆迁》,载云南:http://yn.yunnan.cn/html/2012-11/27/content_2508514.htm,最后访问日期:2018年11月28日。

〔3〕 韩海阔:《昆明群体性事件四成以上因为征地拆迁》,载新浪网:http://news.sina.com.cn/o/2012-11-27/070225669931.shtml,最后访问日期:2018年11月28日。

益失衡,事实上已经影响基层社会的稳定。随着阶层、群体和组织的分化,不同社会群体和阶层的利益意识势被唤醒和强化。利益冲突是利益双方基于利益矛盾而产生的利益纠纷和利益争夺过程,是利益双方的利益矛盾积累到一定程度所产生的一种激烈对抗的态势,其强度与烈度的散点矩阵排列见图 3。在各种社会资源有限的前提下,多元化的利益群体不可避免地相互竞争和冲突。当冲突以明确的形式表现出来,并对一定权威结构产生根本性冲击时,行为者在自身素质和现有现实条件下只能选择群体闹事。

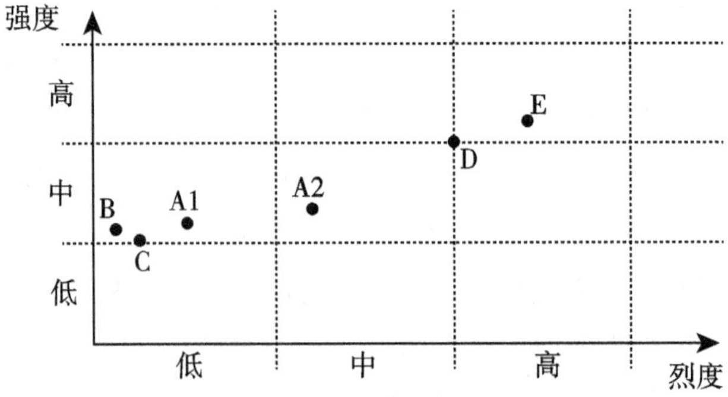

图 3　典型事件参与者行动方式的暴力化程度

近年来,群体事件的诱因多样化,社会纠纷导致的群体性事件数量占近 1/3 比例,征地强拆成为导致社会秩序不稳定的重要因素。这些现象显示了社会利益分化和复杂化,各方利益在调控中不能达到合理平衡,易导致利益纠纷并引发群体性事件。群体事件的另一个特征是来去迅速,75.6% 的群体性事件在一天之内得到处理和平息,7 天之内解决的比例高达 95.6% ,个别事件如果持续时间过长,容易牵出更多的利益关系,从而演变成长期的持续性、规模更大的群体性事件,协调和解决起来更加困难。有研究表明,政府部门在应对和处置群体性事件时,如果采取的措施比较单一或简单粗暴,则易导致处置时间的延长,并使后期化解难度加大。从某种意义上说,无直接利益冲突群体事件是对地方基层政府应急能力和应对水平的考验,相关部门在应急预案中宜准备多元化的应对策略,以避免多方共输恶性后果。

贫富悬殊增加群体剥夺感、心理失衡感是引发群体事件的主要心理因素,这种心理的放大会进一步滋生不满情绪,对社会稳定造成消极影响。平时不满却沉默的大多数可能在一个很小的突发事件中成为愤怒的大多数,以暴力破坏性行为危及公共安全和社会稳定。参与群体性事件,除了表达自身利益诉求,就是发泄长期积聚的对社会的不满情绪。在无直接利益冲突群体事件中,被裹挟参与人群多属于经济不发达地区的权利悬置阶层,其在社会发展过程中承受社会不公的压力,随着信息化渠道的拓宽,不公心理不断得到强化,心理结怨到达一定的限度后爆发。另外一种情况是,群众朴素的公平观念不断强化,但合法参与能力普遍低下,法制观念淡漠,出现利益摩擦或纠纷时,认为聚众肇事可以对公权机关和领导者造成压力,以此促成问题的快速有效解决,使本来能在法律程序中得到解决的矛盾演化成无直接利益冲突群体事件。农村宗族势力和民族势力经常出现在经济欠发达地区的群体性事件中。本姓、本宗族的村民受到侵犯或因同一少数民族利益受到侵害,同姓或同族的其他村民抱团联合行动,这种情况属于群体事件特有表征,表明基层社会控制机制弱化,社会整合机制明显滞后。依据互联网新闻检索,以工人罢工罢运、教师罢课、环境污染、土地矛盾与冲突、警民冲突五类典型性无直接利益冲突群体事件中的组织化程度分析,可见传统型无直接利益冲突群体事件、个人利益相关程度高的无直接利益冲突群体事件,其组织化程度和规模相对较高,组织者行为方式容易触犯《刑法》《治安管理处罚法》等高阶位法条,甚至构成犯罪的无直接利益冲突群体事件,其组织化程度较低,见表1。

表1　典型性群体事件组织化程度

是否有组织	工人罢工罢运	教师罢课	环境污染	土地矛盾与冲突	警民冲突
有组织	68.4%	98%	47.5%	61.1%	0%
没有组织	31.6%	2%	52.5%	38.9%	100%

基层地区经济文化相对欠发达,基层农村中基层政权权威和民间权威并存。基层政权作为国权力家代表者,处于权威结构的核心位置,民间权威处于边缘状态。群体性事件的直接诱因与经济欠发达地区群体当下面临的利益矛盾及迫切需求相关,主要表现在以下几个方面:摊派、集资、收费等使农民不堪重负,矛盾激化;征地拆迁与安家、补偿费不能及时补偿;基层管理组织软弱涣散,干部官僚作风严重、漠视弱势群体生活疾苦及切实利益;贯彻党和国家方针政策,特别是直接关系群众切身利益政策时,因执行者认识上的偏差、方法简单粗暴,使部分群众利益受损;因资源枯竭和环境问题而引发无直接利益冲突群

体事件。

"90后"学生以及外来流动人口的参与,在近期群体事件中明显增多。学生群体熟练掌握网络技术,熟悉手机操作,使用新媒体比例较高,易于网络动员并突破消息封锁,持续扩大事件的影响力;流动人口参与无直接利益冲突群体事件,主要基于与本地居民或不同地区来源流动人口之间的利益矛盾,激化发展成群体性事件。与2010年相对平缓相比,2011年群体事件增加明显,主要集中于几个方面:违法违规土地征收、拆迁导致因征地拆迁引发的群体性事件持续增长,环境污染和环境保护议题凸显,劳动争议案件急剧增长,出口制造业发达的地区成为无直接利益冲突群体事件新的生长点。大规模的暴力无直接利益冲突群体事件多发生在经济欠发达地区的县城或乡镇。[1] 2012年和2013年,大规模、参与人群众多的群体性事件重心有向经济发展较好地区转移的趋势。无直接利益冲突群体事件的发生与规模和地区外向型经济发达、商贸型流动人口增多存在一定关系,与局部环境关联度较高。受经济环境影响,对其发生的变化更敏感,利益摩擦增加,土地等资源稀缺,成本和价值增高,利益矛盾更加突出和尖锐;流动人口增加使社区管理、社会管理难度加大,面对的情况更加复杂;中小企业融资难、资金紧张,产业转型升级困难,原材料和劳动力成本上升,企业负担增加,利润下降,劳资关系紧张,金融危机下劳动密集型产业出现的问题和弊端,[2]造成社会矛盾和劳资矛盾隐患。一项典型无直接利益冲突群体事件结构中的四类主要角色的特征、分工、人数见表2。

表2 群体事件结构中的角色分工及规模

角色	主要特征	分工(作用)	人数规模
决策者	理性分析	寻找解决方法	少
搜索者	搜索信息	提供相关资料	较多
宣泄者	发泄感情	实现情绪感染	最多
旁观者	耐心观察	静观事态发展	无法统计

由表2分析可见,法律责任越明确和行为方式越具体,对应的角色人数越

[1] 2011年发生的云南绥江"3·25"事件、湖北利川"6·9"等事件。

[2] 单光鼐、蒋兆勇:《县级群体性事件的特点及矛盾对立》,载《领导者》2009年第29期。

少;法律责任越不明确,责任标准及界限越不清晰的行为方式,对应的角色人数越多。

出现以地域文化分野为标志的族群无直接利益冲突群体事件,尤其以外地人和本地人冲突的群体暴力械斗事件规模较大。此类群体性事件中冲突双方是外来务工者和当地人,其发生原因是城乡分割造成的文化歧视,经济发展差异造成的地区差异,不同地区的人享受不同的公共福利待遇,外地人无法分享当地经济发展的成果。城乡二元分割和悬殊的地区经济差异形成双重歧视,造成冲突和对抗的结果。[1] 外地人以相同的生活经历和体验,以省籍为标识,以共同的地域空间、共同的风土人情和共同的历史记忆,寻找地域共同体认同。这些想象的共同体,以想象中的关系将自己与另外的人联结在一起,形成共同体观念。以省籍为标识界定边界,建构壁垒和集体抵抗,对抗歧视和盘剥。在群体性事件中,这种集体认同所释放的巨大的动员力量,使个体自愿归属于群体。地域族群间的紧张关系反映了在权力结构中优势和劣势间的对立,一旦有偶然事情发生,瞬间会将潜隐的分野明朗化,呈现对峙、对抗,弱势一方把平时压抑的、郁积的屈辱、怨恨、不满爆发为集体暴力,借此呼唤社会关注,表达渴望改变现状的诉求。[2] 同族同姓的宗法意识、同乡老乡的地域意识,是底层民众的心理依托。遭遇利益损害,在没有其他社会资源的环境中,只好借助血缘、亲缘、地缘认同纽带,聚群而居的外地人求助同乡会,聚族而居的村落倚重宗族组织,选择这种组织形式的模式受限于民众的经验,包括本人与组织的亲近程度、该组织的动员潜能、已熟悉的组织的实务运作,以及有效程度等。[3] 实践中的动员力量主要是同乡会和家族组织两种。依凭承袭地域化的帮会提供组织资源的方式,组织聚集讨要说法的行动,地域意识强烈的排他性组织形式将普通劳资或医患纠纷激化为规模化社会冲突,组织动员能力强大,在短时间内能聚集大量人群,甚至形成较高结构化组织,促动广泛参与。从群体文化角度分析,是建立社会或群体的身份和边界线,与外群体的冲突是对群体身份的建立和重新肯定,并保持它与周围社会环境的界限。一个认同感较强的群体,当意识到

---

〔1〕 单光鼐、蒋兆勇:《县级群体性事件的特点及矛盾对立》,载《领导者》2009 年第 29 期。

〔2〕 单光鼐:《2011 年群体性事件出现的新变化》,载新浪网:http://blog. sina. com. cn/s/blog_6d60d16001014t1g. html,最后访问日期:2018 年 11 月 28 日。

〔3〕 单光鼐、蒋兆勇:《县级群体性事件的特点及矛盾对立》,载《领导者》2009 年第 29 期。

外部群体威胁到整个群体,将导致群体的团结。冲突以集体的形式发生,说明参与者对群体有认同感,当共同面对共同被损害的利益时,[1]他们会采取一致行动解决他们当前的共同问题。

群体事件波及或影响社会生活的各个方面,在事件基本结束后,仍能够对社会生活的方方面面产生持续的影响力。除追求目标和手段的政治化倾向之外,经济问题政治化最显著的是表现在无直接利益冲突群体事件中"非直接利益者"的卷入。非直接利益者成为直接的参与者,表明运动的性质发生变化。群体运动的偏激、非理性,在法不责众的心理庇护下,不计后果地进行泄愤和破坏,使原本简单的问题变得复杂和不可收拾。[2]

---

〔1〕 史红美:《正确认识我国农村群体性事件的正功能——以科赛社会冲突理论为视角》,载《克拉玛依学刊》2010 年第 1 期。

〔2〕 赵杰:《族群认同——一种社会冲突的解决方案》,上海社会科学院科学社会主义与国际共产主义运动专业 2008 年硕士学位论文,第 15 页。

第二章　利益矛盾中的群体事件

利益矛盾有三种理解，第一种是需要主体与需要对象之间的矛盾，即利益需要能不能满足的矛盾；第二种是各种利益之间的矛盾，现实生活中人总有各种具体利益，而这些具体利益之间并不都是和谐一致的，在许多情况下存在各种各样的矛盾，如经济利益与政治利益之间的矛盾；第三种是不同的利益主体之间的矛盾，如不同个人之间的矛盾、个人与集体的矛盾等。[1]

冲突理论强调社会生活中的冲突并以此解释社会变迁。科赛的冲突理论对冲突的定义是：价值观、信仰以及稀少的地位、权力和资源分配上的斗争，斗争中的一方目的在于企图中和、伤害或消除另一方。在科赛对冲突的诠释中，冲突的根源可归结为物质性的和非物质性的：物质性的原因指稀少的地位、权力和资源分配方面的不均；非物质性的原因指价值观念和信仰的不一致。人们对物质资源分配不均的失望，属于心理方面的反映，最终可归结为非物质性起因的范围。[2] 社会冲突理论将冲突视为人类互动的一种基本形式。

科赛对冲突进行了归类研究，着重分析三种冲突类型：一是现实冲突与非现实冲突。现实冲突是指那些由于在关系中的某种要求得不到满足以及由于对其他参与者所作所为的估价而发生冲突。冲突是为达到某种目标的手段而作为，非现实冲突不是由竞争性目标引起的，而是由冲突中至少有一方为释放紧张情绪的需要引起的。这时，无论人们是否认识到冲突的存在，冲突本身就是目标。二是初级群体与次级群体。在初级群体中，参与者之间关系紧密，他们尽量压抑各自不满的情绪，不将其表达出来，敌对情感趋于积累起来。因此，

---

〔1〕 马雁：《无直接利益冲突群体事件的发生、结构及场域——以情绪暴力为视角》，载《南京林业大学学报》(人文社会科学版)2011 年第 1 期。

〔2〕 冯宇红：《冲突理论视角下的高校管理冲突与调适》，载《黑龙江高教研究》2011 年第 5 期。

在初级群体中，冲突不易发生，但冲突一旦爆发，可能非常激烈。与此相反，在次级群体中，人际互动中情感投入不明显，无须压抑个人的情绪，敌对情绪相对自由表达，冲突不易发生。三是内部冲突与外部冲突。内部冲突是发生在群体内部的冲突，其激烈程度与其成员参与程度相关。内部冲突可在压力状态下通过排除反对者来避免群体的解体，尤其当冲突给人们提供更为一致的认同时，社会群体将获得更高的生命力和内聚力。外部冲突是发生在群体之间的冲突。外部冲突的发生，一方面使各个群体强烈地意识到自己的独立性，明确了群体之间的界限，在群体内部强化共同意识，增强认同感；另一方面树立了强大的反面参照群体，使群体成员意识到他们之间的同一性，增强群体的整合力度。[1]

社会是由互相联系、互相依赖的部分所组成的功能系统。这一功能系统各部分之间存在资源、声望和权力的不平等分配，当处于不利地位的社会成员对分配方式的合法性产生怀疑时，就会发生冲突。冲突是否起到促进社会整合的积极作用，主要取决于冲突的主题和社会结构两个因素。在一定的条件下，频率高但强度小的冲突能增强系统内各单位的创造性，缓解群体间的敌对情绪，扩大社会联合，从而提高社会的整合水平，增强群体适应外部环境的能力。社会学家帕克认为，无直接利益冲突群体事件是在集体共同的推动和影响下发生的个人行为，是一种情绪冲动。斯坦莱·米尔格拉姆认为，无直接利益冲突群体事件是自发产生的，相对来说是没有组织的，甚至是不可预测的，它依赖于参与者的相互刺激。戴维·波普诺指出，无直接利益冲突群体事件是指在相对自发的、无组织的和不稳定的情况下，因为某种普遍的影响和鼓舞而发生的行为。无直接利益冲突群体事件的特征是无确定组织者，大多数参与者与最初引发的事件没有直接利益关系，主要是随机参与和借题发泄，宣泄累积的不满情绪。一般而言，集体行动中暴力行为者之间的协同程度和冲突升级的散点矩阵关联，如图 4 所示。

---

〔1〕 王荣启：《科赛的功能主义冲突理论》，载人民网：http://theory.people.com.cn/GB/49154/49156/5261168.html，最后访问日期：2018 年 11 月 28 日。

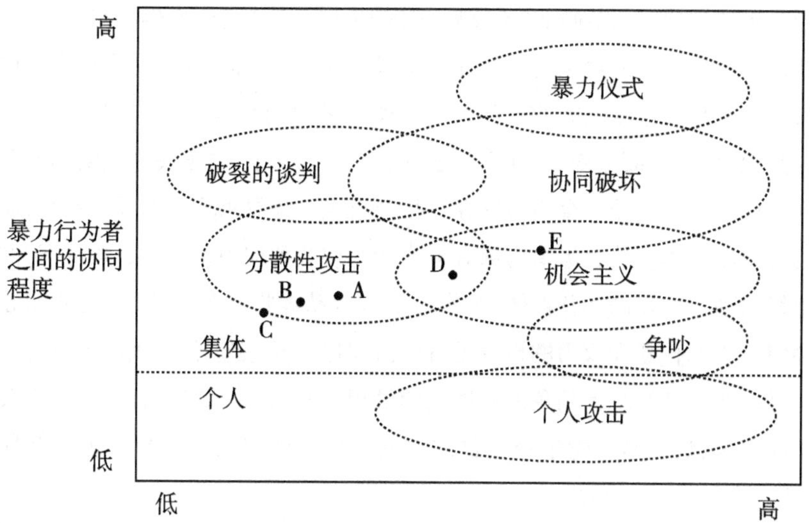

图4 典型事件的暴力化协同机制及烈度

目前对群体事件,学术界研究范围如下:一是从研究的侧重点来看,主要是研究群体性突发事件的概念、类型、特点、原因、后果及如何预防和解决群体性突发事件。二是从研究方法来看,有个案分析的研究方法,即从微观层面关注国家与公民互动过程,研究权力运行与权力结构在群体性突发事件形成与发展中的关系;有小叙事、大视野的研究方法,即从宏观层面关注群体性突发事件的诱发原因、发展规律,对策设计等进行一般性解释与阐述。三是研究的理论视角较多,包括博弈论、集体行动理论、政治参与理论、模仿理论、感染理论、紧急规范理论、匿名理论及控制转让理论等。综观群体性突发事件研究,存在一个缺陷——研究偏重于“后果的消极性”,倾向于从社会稳定的考虑出发及从外部激发因素着手而过于强调保持社会稳定的重要性。对此,冲突理论可以适度弥补研究视角上的不全面。从社会冲突理论角度研究对群体性突发事件的启示具有客观性和辩证性,观察到群体事件有负功能的同时,如果引导得当,也具有正功能。

结构功能分析方法与社会冲突分析模式相结合,冲突具有正功能和负功能。在一定条件下,冲突具有保证社会连续性、减少对立两极产生的可能性、防止社会系统的僵化、增强社会组织的适应性和促进社会的整合等正功能。[1]从变迁、冲突、诸要素对系统分化的作用以及暴力等方面,现代社会冲突的根源是权威的分享和排斥之间的矛盾。社会现实呈现两个方面:一方面是稳定、和谐与共识;另一方面是变迁、冲突和强制。在此意义上,富强民主文明和谐美丽的社会模型和冲突的社会模型同在。社会组织不是寻求均衡的社会系统,而是强制协调联合体。社会组织内部有不均衡的权威和权力。在一定条件下,准群体组织表现为明显的利益群体,并作为集体行动者投入公开的群体,从而导致社会组织内部权威和权力的再分配,社会暂时趋于稳定。但权威的再分配同时也是新的统治和被统治角色的制度化的过程。一旦时机成熟,社会成员就会重新组织起来,进入另一轮争夺利益的冲突。社会现实是冲突与稳定的循环过程。[2]

正确全面认识突发性群体性事件及其功能,可以适度并有选择地借鉴科赛的社会冲突理论。科赛认为,冲突在对社会发展起到阻碍作用的同时,还具有社会"安全阀"作用等积极功效,从这个方面来说,冲突可以促进社会的协调运行。科赛之前的冲突理论主要有结构功能理论和以齐美尔为代表的冲突理论。冲突理论产生之前,以帕森斯为代表的结构功能主义占主要理论地位,其强调社会系统的静态平衡,认为社会是一个由相互支持的基本制度模式构成的系统,这一系统由无数个子系统构成,并在这些子系统彼此协调和作用下运行,社会冲突是社会中的不稳定因素和反常状态,具有破坏性和分裂性等反功能,是一种社会病态,其只会起到阻碍社会发展的消极作用,必须消除。[3] 齐美尔则认为,社会冲突能够划清社会交往各方面的界线,促使社会交往各方都能够维持自己的个性,并且小范围的社会交往关系只能被更大范围的交往关系代替。冲突具有正向和反向作用的性质,如果引起冲突的问题不涉及冲突双方关系的基础,就有维护和加强社会关系的积极作用,反之就具有破坏社会关系的消极作用,使原有的社会交往关系难以维持。齐美尔的理论解释了为什么冲突可以

---

〔1〕 王娜:《社会冲突理论对我国构建和谐社会的启示》,载《西藏发展论坛》2008 年第 5 期。

〔2〕 王荣启:《科赛的功能主义冲突理论》,载人民网:http://theory. people. com. cn/GB/49154/49156/5261168. html,最后访问日期:2018 年 11 月 28 日。

〔3〕 王荣启:《科赛的功能主义冲突理论》,载人民网:http://theory. people. com. cn/GB/49154/49156/5261168. html,最后访问日期:2018 年 11 月 28 日。

被减弱而不是一直在强化，这是通过冲突为社会提供一种释放被压制的敌对情绪的“安全阀”装置来实现的。[1]

从唯物辩证法角度来看，稳定的意义是相对于冲突而言的。在特定的意义结构中，如果没有冲突，稳定的价值前提就丧失了。稳定与冲突的对应关系结构揭示了冲突与稳定之间的辩证关系。稳定的提出是要将冲突化解，稳定的进展是要将冲突的程度降低，稳定的结果就是一定冲突的终结。因此，分析和研究社会冲突理论，对于构建新时代富强民主文明和谐美丽的社会主义现代化强国具有借鉴意义。社会冲突理论吸收了结构功能主义的有益成分，指出了普遍存在于当时社会的各种利益分歧和社会各阶层之间的矛盾和冲突，合理解释了困扰人们的种种社会问题，并提出了解决这些问题的办法。[2]

利益矛盾是不同利益主体之间的矛盾，在宏观层面，利益矛盾大致分为基本矛盾、多样性矛盾和利益分配的矛盾三类。科技进步和经济发展是解决社会利益基本和多样性的矛盾。利益表达是指不同主体之间的利益博弈。冲突源于主体安全感的剥离、信任感的丧失和受挫感的增强。从冲突的成因来看，其是社会进程的客观反映。马克思认为稀缺资源的分配越不平等，基本利益冲突就越深，而韦伯强调社会流动程度，即获得权力、声望与财富的机会成为产生不满与紧张，进而造成人们倾向于冲突的重要变量。[3] 现实冲突基于利益矛盾和利益分配矛盾，非现实性冲突是社会分配与社会流动非均衡态、非连续性在一定程度上的反映。稳定本身是个中性词，其可能意味着良性的秩序，也可能意味着保守、滞后、不公平、酝酿着危机的秩序。表面的稳定可能在为激烈的社会动荡酝酿爆发力，良性、持续的政治发展才能为社会与政治稳定提供长治久安的活力。因此，社会进程在本质上是由某种程度上与他人利益相一致，也是与他人利益相冲突的连续过程。一致与冲突是社会存在的基本动力；稳定与变迁是社会存在的基本形式。社会系统只有在不断的变迁与冲突中才能形成新

---

〔1〕 草根堂：《社会学学派：冲突理论》，载新浪网：http://blog.sina.com.cn/s/blog_4ec9d27f01007u38.html，最后访问日期：2018 年 11 月 28 日。

〔2〕 [美]科赛：《社会冲突的功能》，孙立平等译，华夏出版社 1989 年版，第 56 页。

〔3〕 冯宇红：《冲突理论视角下的高校管理冲突与调适》，载《黑龙江高教研究》2011 年第 5 期。

的稳定与统一。[1]

一、利益矛盾产生的一般原因和具体原因：基于微观动员及环境的分析

研究群体事件，必须充分了解社会动员机制。就社会动员研究而论，群体事件均属于一种小型的、非正式凝聚团体的短期的被动反应。[2] 群体事件反映了社会结构的缺陷，即底层利益表达渠道不通畅、合法权益不能得到有效维护。群体性事件参与者所形成的群体本身的特性则在一定程度上决定了群体性事件的发生、发展、变化和走势。从心理学角度来看，群体是在意识和行动上相互发生联系或影响，为共同的目标而协同活动的一群人。群体性事件参与群体是社会心理学意义上的群体。群体性事件的参与群体属于非正式群体，参与群体多数属于社会弱势群体，参与群体对社会的认知趋同。群体认知趋同，是引发群体性事件的重要因素，也是群体性事件的参与者得以结成群体的重要心理基础。群体性事件的参与群体在社会生活中的直接或间接联系，使参与者对社会中的某些现象、事件有相同或相似的看法、观点和态度。这些相同或相似的看法、观点和态度构成参与群体对社会的认知趋同。无直接利益冲突群体事件是一种集体行动，强调群体在思想、言论或行为上的一致性。群体一致性以社会认同而不是个人认同为前提。参加者以其群体成员身份来互动，而不是以个人特征来互动。这种在思想或言论上的去个体化一致，在行为上抑或是网络向现实的转变态，不能不加以重视。在非直接利益群体越过网络参与到涉及直接利益冲突的现实过程中，这种行为上的一致不仅具有清晰的目标，而且具有统一的行动。[3] 社会心理学对突发性群体性事件的分析为从总体上把握突发性群体性事件提供了特殊的视角。从社会心理学的角度来研究群体事件，可以弥补对突发性群体性事件原因解释的不足。突发性群体性事件作为转型时期一种特殊的社会现象，社会心理学的因素在群体性事件中普遍存在，在群体性

---

〔1〕 王荣启：《科赛的功能主义冲突理论》，载人民网：http://theory. people. com. cn/GB/49154/49156/5261168. html，最后访问日期：2018 年 11 月 28 日。

〔2〕 李育全：《边疆民族地区社会稳定的影响因素分析》，载《黑龙江民族丛刊》2010 年第 1 期。

〔3〕 马雁：《无直接利益冲突群体事件的发生、结构及场域——以情绪暴力为视角》，载《南京林业大学学报》（人文社会科学版）2011 年第 1 期。

事件中的个体和集体层面上的心理过程构成并调节着参与者的行为。任何一种行为总是存在心理上的因素。无论是作为群体性事件参与者的个人的行为还是群体的行为，这些行为归根结底总是由个人来作出决策的，个人在作出决策时总是存在心理活动与认知的过程。深入剖析这些心理因素和认知过程与个体行为、群体行为之间的因果关系就显得尤为重要。从心理因素到认知过程，都是在一定的社会背景下发生的。在群体性事件中，由于参与到群体性事件中的个人、群体和对方以及政府及职能部门处于冲突关中，它们之间的互动更突出，作为冲突双方的参与者的心理活动与认知过程更容易受到社会环境的影响。从这个角度看，群体性事件的发生是一个社会过程，这个过程通过大量的个人和群体行为的互动得以实现。因此，研究突发性群体性事件中冲突双方的互动过程和冲突所处的环境尤为重要。

所谓群体规范，指群体所确立的标准化的观念，其是群体成员的行为准则。为保持群体的一致性，群体有自己的规范，把成员的行为限定在一定范围。群体性事件的参与群体属于非正式群体，群体之中没有任何人承担约束、规范他人行为的义务。这一方面会导致群体规范力弱，另一方面会造成群体只有组织者，没有管理者，使群体性事件参与群体难以被控制。这是群体性事件易于扩大，甚至走向极端而难以控制的一个重要因素。随着改革的进一步深入，国家经济快速增长，社会呈现出跨越式发展，现代化进程快速推进，压缩式、现代化发展模式同时出现在社会利益博弈的舞台上，在这场声势浩大的社会利益博弈中，社会活动的参与者除了追求物质利益，也追求各种各样的政治社会权益和更好的生活品质。博弈的多方有强有弱，当弱势群体利益得不到保证而被损害时，他们就易联合起来争取共同利益。[1]

一方面，在群体事件中，群众之间的人际传播和组织传播居于主导地位。在无直接利益冲突群体事件中，参与者依赖人际传播和组织传播来传达信息，这为流言提供了滋生空间。另一方面，为了同官方进行沟通协商，他们又希望能借助媒体表达他们的要求和愿望，对媒体寄予厚望。鉴于危机，民众常常怀疑主流媒体没有完全披露实情，一旦大众媒体缺位，即面对突发事件大众媒体

---

〔1〕 张波：《论经济法行为边界的甄别及其偏失性矫治——一种社会冲突视角的认知》，载《生产力研究》2010 年第 12 期。

没有反应,将会进一步加剧相关信息的小道传播,甚至谣言传播,容易产生社会恐慌心理。[1]

因此,针对无直接利益冲突群体事件中的情绪管理是有的放矢的。社会抗争是一个情感集体唤醒的过程。民众中存在的怨恨是引发社会抗争的重要媒介,个体的消极情绪状态是事件发生的心理基础。群众的挑战、违抗和不服从往往表现为情绪冲动、宣泄和抒发。即时情境中产生的强烈的情感唤醒是在群众的面对面互动中发生的,非抑制的情感表达,游离在既有的规则和习惯例外。群体性事件表现出的非常态现象,提醒我们不能忽视情绪因素在集体行动中的作用。无直接利益冲突群体事件,更提醒我们关注情绪心理因素,研究社会文化条件影响行动者情感的机制,尤其行动者集体强烈情感的突然唤醒过程。各种不同想法的人在匿名或似匿名状态的情境下,在直接指向政府这个目标下聚集到一起,政府成为集体行动的目标对象,并向既有秩序挑战,当地政府在其辖区内可能会面临着大量不服从。群体性事件还有一个影响是危害基层政府的威信,出现管治危机,倘若政府没能控制局面,群众认为应由政府负责;倘若事态进一步持续,引起社会各界乃至上层精英的不满,基层政府陷入进退两难的尴尬,无论是严厉打压,还是妥协退让,都会招致社会舆论的强烈谴责。[2] 反复下去,将消耗和磨损政府的权威性、合法性和公信力。就无直接利益冲突群体事件采取暴力化行为及程度,需要放置在特定空间范围具体分析,一般而言,空间(地域范围)小、发展时间短,无直接利益冲突群体事件的暴力行动的可能性低、程度强;空间(地域范围)小、发展时间长,无直接利益冲突群体事件的暴力行动的可能性高、程度强;空间(地域范围)大、发展时间短,无直接利益冲突群体事件的暴力行动的可能性低、程度弱;空间(地域范围)大、发展时间长,无直接利益冲突群体事件的暴力行动的可能性高、程度弱。因此,无直接利益冲突群体事件的暴力化可能性及其程度与具体的时空条件密切相关,与可否集中爆发的实现条件相关,与组织联络的便利性和周期相关,与参与者相互之间的情绪感染和互动程度相关。具体行为方式及关系如表3所示。

---

〔1〕 王巍巍:《东北亚地区的国际冲突与危机管理模式研究》,吉林大学行政学系2011年博士学位论文,第20页。

〔2〕 马雁:《无直接利益冲突群体事件的发生、结构及场域——以情绪暴力为视角》,载《南京林业大学学报》(人文社会科学版)2011年第1期。

表 3　地域范围与群体事件暴力化的可能及程度

地域范围	发展时间短	发展时间长
空间(地域范围)小	暴力行动的可能性低、程度强	暴力行动的可能性高、程度强
空间(地域范围)大	暴力行动的可能性低、程度弱	暴力行动的可能性高、程度弱

从课题调研和访谈以及针对典型个案的分析,能够找到群体性事件的微观动员及情绪激发的一般路径。群体性事件的微观动员的特征是,无论农村的还是城市的群体性事件,组织化程度低,科层制不明显。群体性事件有一个从开始到高峰的发展过程,这个过程中参与者如何被动员,是研究群体事件并针对性采取防治措施的关键。县级冲突的组织化程度低,人员召集和动员依靠熟人社会,社会底层和边缘化的弱势群体无组织资源,但弱者有自己的武器、自有资源和优势,即个人嵌入社会的人际关系网络,势单力薄也就变得人多势众,行动基于人际关系网络和集体认同,“搭便车”的现象也不易发生。事起于小团体,组织成本低,相互沟通便捷,弱势群体依靠血缘、地缘、业缘等人际关系把事情闹大,主事者辈分越高,涉及的亲友越多,动员的力量就越大,动静越大,吸引的人越多,围观的人越多,人群就这样被动员起来。微观动员的动员机理不可小视,在县域环境中,血缘、地缘、业缘的动员效能很大,熟人社会认同感很强,成员间团结一致容易形成,呈现强关系。在民族因素无直接利益冲突群体事件中,利益直接相关因素呈现弱化趋势,其动员机制及组织化程度与情感和宗族的影响因素关联密切,并因此衍生出原态型无直接利益冲突群体事件、反应型无直接利益冲突群体事件、主动型无直接利益冲突群体事件、竞争型无直接利益冲突群体事件四类,原态型无直接利益冲突群体事件中的情感和宗族的影响最弱,与一般无直接利益冲突群体事件特点无异;反应型无直接利益冲突群体事件没有组织号召,情感和宗族的利益影响较大,一般呈现“弱者的武器”状况;主动型无直接利益冲突群体事件破坏性大,参与者处于不明真相被鼓动的状态;竞争型无直接利益冲突群体事件有利益之争,有明确的组织激励和动员,也有情感和宗族的影响因素,参与群体的处于实际物质利益、土地利益和情感因素、宗族精神利益的虚实结合的心理需求。其要素及关联的矩阵如表 4 所示。

表4　民族群体事件动员机制的要素及关联矩阵

—		情感+宗族	
		无	有
组织性	无	Ⅰ原态型	Ⅱ反应型
	有	Ⅲ主动型	Ⅳ竞争型

无直接利益冲突群体事件中的微观动员至关重要。县域的群体性事件是地方性的社区抗议活动，主要靠微观动员形成，微观动员情景明显，地理空间局促和接近，传统非正式的人际社会关系网络发达，沿着村庄、家族组织、亲属或其他形式的社区网络，人际社会关系边界不断扩展、蔓延而得以组织动员起来。群体互动占主导地位，社区人际依靠性高，群体明白只有依靠相互接济才能生存。[1] 因此，发生在狭窄地理空间和熟人社会的群体性事件，发酵和裹挟社区情绪的微观动员更为容易，也是一种普遍存在的动员方式。想象的共同体，具有相同或相似的生活体验、历史记忆，能把客观的社会关系转化为主观上体验到的群体利益共同性，能利用文化象征要素构筑边界将"已群"与"他群"区别。

微观动员机制下的群体情绪发展有相对固定的发展步骤。在微观动员的激发下，群体性事件中参与者情绪高涨，除了情绪宣泄，情绪的调动也是社会抗争的一个情感集体唤醒的过程。强烈的情绪唤醒是社会解释的结果，其不是简单的生理情绪冲动，而是源自文化的，总是被社会文化情境所限制和引导的，一个多重想象共同体共同建构情感的过程。[2] 强烈情绪在很短的时间内被唤醒，既有直接受损者，更多的是非直接受损者，没有直接利益冲裹挟到事件当中。群体性事件过程中有个现象，事发时当事人仅是个别的少数的利益直接受损者，参与者却是多数的与事件无关的人。形成一个涟漪形状的层层波及圈，位于中心层次的是当事人，或直接利益相关者，事情因其直接关联而发生，事情发生时在现场，但其后的发展、蔓延，甚至发生暴力，不一定与他们有关系。当事人在事件中的作用是由头和引子。第二重是命运共同体，是依靠既有人际关系网络动员起来的当事人的亲属、朋友、同乡、同学，或者是认为跟他们有共同

[1] 单光鼐、蒋兆勇：《县级群体性事件的特点及矛盾对立》，载《领导者》2009年第29期。

[2] 刘矛、黄文博、周海娟：《从科赛冲突理论看我国基层政府处理群体性事件》，载《经济视角》2010年第5期。

经历、共同身份、共同处境的人，因相互之间的共同体关系而认为与当事人有相同的命运，命运共同体的作用是帮衬，将事情延续、扩展，为其后事件发生的群体性打下规模基础。第三重是道义共同体，他们和当事人的关系很浅，甚至完全没有关系，是依凭传统文化、习俗而形成的，认为自己站出来就是为了"正义""公道"，[1]道义共同体的形成与大众文化有密切关系。

道义共同体在群体性事件中处于关键因素，他们站出来对情境定义，以自封的意见领袖身份对社会不公进行定义，解释并界定情境，输送认知解放文化观念，制造场景或仪式，呈现出强烈刺激的情景，通过文化标签，制造出标识群体身份，促进群体凝聚团结，保持情境互动沿着一定的主题和轨迹进行；迫使旁观者道德判断受到冲击，造成道德震撼，激发同情、仇恨等情感，引起在场所有人的共鸣，唤醒所有人的强烈情感，使他们参与到集体行动中。道义共同体是事件发生的关键群体，事情往往因为他们的出现或存在而暴发成事件。信息的传播冲破时间和地域的限制，同时信息具有爆炸性，群体又具有相对封闭性，在这一群体内，虽然不受传播速度的影响，却因信息来源单一，往往会接受单一方面具有偏见或片面的信息。这就导致群体在社会冲突过程中会采用非理性的行为，受偏激观点左右，使冲突朝着恶性方向转化。一旦有恶意的势力参与信息传播，便容易引发公共安全事件。最外围是情绪共同体，情绪共同体是因为突发事件的刺激、道义共同体的解释而聚集拢来的，他们与事件没有直接利益关系，但为事情缘由所吸引，为道义共同体定义、解释出的"意义"所触动，为现场共同的集体情绪所感染，为集体亢奋所激动、裹挟。围观的人越多，这种情绪震撼就越强烈，情绪解放越容易被激活。围观者有好奇者，有情绪冲动的行动者，有趁火打劫者。围观者虽然不一定参与，但是他们的情感、情绪和当事人、和命运共同体、和道义共同体一致或相同，在现场占了大多数，其刺激了命运共同体或者是道义共同体的行动和行为。行动者任何动作都会引起情绪共同体的强烈喝彩和卷入，情绪共同体的强烈喝彩以及他们的卷入进而也会刺激行动者采取更为激烈的行动，事情容易闹得更大，且闹到最后当事人大多都不在现

---

[1] 单光鼐、蒋兆勇：《县级群体性事件的特点及矛盾对立》，载《领导者》2009年第29期。

场,在现场并最后把事情闹得很大的,都是与这些当事人无关的其他成员。[1]

因此,情绪因素在群体性事件中至关重要,它直接决定了事件的规模和发展方向。社会抗争是一个情感集体唤醒的过程。民众中存在的怨恨是引发社会抗争的重要媒介,个体的消极情绪状态是事件发生的心理基础。群众的挑战、违抗和不服从往往表现为情绪冲动、宣泄和抒发。这种即时情境中产生的强烈的情感唤醒是在群众的面对面互动中自然发生的、非抑制的情感表达,游离在既有的规则和习惯例之外。群体性事件表现出的非常态现象,说明"情绪"因素在集体行动中的关键作用。非直接利益冲突事件中群体大量参与的事实,更说明关注"情绪"心理因素,研究社会文化条件影响行动者情感的机制,尤其是行动者集体"强烈情感的突然唤醒"过程很重要。[2]

二、群体事件发生过程中基于利益衡量和判断的情绪动员、发展及管理

作为一种研究方法与范式,发生学从自然科学到人文科学的启用,是研究方法和视角的转变,也是认识论上的突破。发生学研究与认识相关的结构生成、认识和观念的发生过程及其原因。除了关注单线的发生与发展,发生学更注重系统理论在各层面分类单元上的应用分析。发生学以事物的相互作用和非线性、非对称、随机性的耗散结构作为事物发生基本结构,把事物的微观状态与宏观状态放在统一语境下分析。基于无直接利益冲突群体事件的复杂成因和动态演变等特点,从方法论角度,针对复杂系统状态下的宏观与微观作用分析,发生学具有独到的解释视角。近年来发生的社会泄愤事件和网络无直接利益冲突群体事件所呈现的新特点显示,无直接利益冲突群体事件往往蕴积着很强的情绪能量,不特定之人因不特定之事引发的普遍和长期的"抽象愤怒",[3]在导火索事件的诱发下,甚至走向情绪暴力。[4]

在现代社会中,人们所面临的精神压力增大,焦虑感增强,社会事件的影响

---

〔1〕 马雁:《无直接利益冲突群体事件的发生、结构及场域——以情绪暴力为视角》,载《南京林业大学学报》(人文社会科学版)2011 年第 1 期。

〔2〕 同上。

〔3〕 于建嵘:《有一种抽象愤怒》,载《南风窗》2009 年第 18 期。

〔4〕 如在石首事件中,民众因为和他们没有直接关系的厨师死亡事件,愤怒地走上街头,用砖石袭击武警;邓玉娇案、杭州飙车案等吸引了全国的眼球等。

已经不再局限于人的生活表面，而深入人的内心，因此应对和解决的方法也必然超出原有安全管理的范畴。什托姆普指出，自20世纪后半叶以来，社会学理论发生了一个重大转变——从重视“硬变量”的研究转向重视对“软变量”的研究，结果是，情感因素成了社会学家研究社会和社会关系的聚焦点。[1] 忽略对诸如社会价值风险、社会道德风险、社会情感风险等主观性风险的调控，将使社会的公共安全失去底线。社会公共安全奠基于人们的情感安全，有两层含义：第一层含义是，社会公共安全最重要的评价指标是社会公民的安全情感；第二层含义是，社会公民的情感素质是影响社会公共安全的决定性因素。情感不仅能连接人们以加强社会团结，承诺对社会的公共安全，也能导致人与人之间的矛盾和冲突，从而破坏社会的公共安全。

在无直接利益冲突群体事件研究的社会学理论中，美国学者斯梅尔瑟提出的“价值累加理论”(value-added theory)从发生学的路径，系统分析造成社会集体行动发生所需的条件。按照斯梅尔瑟的观点，社会冲突行为是由6个方面的因素相互作用产生的，分别是结构性诱因、结构性紧张、相对剥夺感、一般性信念、触发因素和行动动员，以及社会控制的疏忽或失效。当这些因素孤立出现的时候并不足以导致事件的发生，但按照一定的顺序与组合出现时，效能就会被放大，群体性社会摩擦行为出现的可能性便大大增加。[2] 斯梅尔瑟的理论中，除对社会结构和治理效能等客观因素进行发生学意义上的梳理外，也强调社群心理结构和信心指数对社会稳定形态的构建作用。在斯梅尔瑟看来，结构性的社会不满必须转化为某种一般性的社会意识才可能促成无直接利益冲突群体事件的发生，群体行为的参与者必须对他们诉求的社会问题达成一种一般性的共识，这个共识的产生被所有参与者理解并认同。就多数社会成员而言，对一个社会问题产生共识的客观机制往往是简单粗糙的舆论传播，对一个集体行为的发生来说，朴素认知与从众感受的引发作用比事实真相的推促性更强，缺乏约束的谣言传播夸大了主观怨恨感和被剥夺感。这一因素往往与特定的导火索事件没有关联，导火索事件不过是这种结构性诱因的一次爆发刺激。[3]

---

〔1〕［波兰］什托姆普卡：《信任：一种社会学理论》，程胜利译，中华书局2005年版，第50页。

〔2〕关凯：《社会学家怎样看待无直接利益冲突群体事件发生的原因——评斯梅尔瑟的“价值累加理论”》，载《中国民族报》2009年2月13日，第4版。

〔3〕周晓虹：《现代社会心理学名著菁华》，社会科学文献出版社2007年版，第99页。

非直接利益冲突因素的表现，通常集中于一些具有普遍性意义的社会问题上，如社会不平等、不公正等，造成普遍的社会不满。这种结构性紧张的关键是作为行动者的特定的人群明确感受到了他们的诉求是什么，并认为有足够的理由采取行动以表达这种诉求。

群体性事件参加者在聚众情况下产生的特定心态，是其采取激烈对抗行为的心理基础。这种特定的心态可以归纳为：第一，群体性事件的参与者希望寻求直接快捷、短期奏效的方法，是产生激烈对抗性行为的心理基础。第二，追求所谓正义与平等是激烈对抗性行为的道义基础。第三，聚众形成的非理性心态是激烈对抗性行为的重要原因。[1] 现实中大多数的集体行动的特征与行为方式是混合并处在一个连续谱中的，其有相似的发生过程和因果机制，可以作为无直接利益冲突群体事件的总体类型归纳。

在特定利益结构背景下，就群体事件中的情绪暴力的结构及其效应逻辑而言，情绪本身是一种抽象的作用力，其发生、结构及变化，亦集中于个体层面的主观体验或者感受。无直接利益冲突群体事件中的情绪及情绪暴力及缺乏有效的公共利益表达机制使“民怨”得不到化解和宣泄，造成情绪积累。缺乏矛盾和冲突的化解机制使个别情绪演化为面积和规模扩大的普遍情绪。在社会结构变化过程中，单一化和均质化的利益格局被打破，地区、行业、单位和身份群体成为相对独立的、多元化的利益主体。社会转型中随着新的利益博弈格局的出现，不特定无直接利益相关者的参与是一个新特征，或者行动由个体利益非理性诉求表达开始，发展过程中矛盾激化，直接利益和非直接利益诉求混合或者处在一个连续谱系中，依靠微观动员而生发，事件中参与进去的非直接利益冲突人群，往往因其共有的底层、边缘和贫困等社会特征而成为行动一致的情绪共同体或者道义共同体。无直接利益冲突群体事件的发生，一般由累积性的社会矛盾、谣言传导和集体非理性行为三个主要因素共同促成。[2]

无直接利益冲突群体事件的集中爆发区域是县城，这与县城的具体社会环境和文化环境相关，如社会分化程度低、人们的集体认同感强、人际相互依赖

---

〔1〕 孙正：《组织化群体：关于群体性事件参与者的基本分析》，载《中国人民公安大学学报》2004 年第 5 期。

〔2〕 宋立会：《社会冲突理论及其对我国构建和谐社会的启示》，创新 · 发展 · 和谐——河北省第二届社会科学学术年会论文，石家庄，2008 年 3 月，第 7 页。

强、亲缘救济网络发达,只有嵌入社会人际关系网络中,依靠相互接济才能满足基本的生存需求,同质性强,一致行动的能力也很强,熟人社会的微观动员及情绪激发明显。冲突中行动者的动员往往是依靠既有的人际关系网络,尤其是家族、亲属、同乡、同学网络,利用人际频密的交往、互动,借助手机、互联网等新技术媒体而发动、组织。行动植根于既有的人际关系网络中,群体相互之间容易联系、协调,产生共识,组织成本很低,相互沟通便捷。弱势群体虽然缺乏组织资源和组织动员依靠,但是他们可以依靠自己的人际关系网络,即血缘、地缘、业缘、情面等人际关系把事情闹起来。为吸引公众关注,他们故意做出一些极端的行动,借以寻求伸张正义的舆论支持和同情,甚至采用暴力或自残手段。

强烈的情绪认同是具体社会文化情境所限制和引导的,形成团结的"想象共同体",即具有相同或相似的生活体验、历史记忆,能把客观的社会关系转化为主观上体验到的群体利益共同性的,且能利用文化象征要素构筑边界将"己群"与"他群"区别开来的群体。[1] 强烈的情绪唤醒就是多重想象共同体边际迁延、扩展的过程,依靠既有的人际关系网络动员起来。如当事人的亲属、朋友、同乡、同学,或者是认为跟他们有共同经历、共同身份、共同处境的人,通过亲缘、地缘、业缘关系聚集,其作用是帮衬,将事情延续、扩展开,博得更广范围的舆论支持,使旁观者道德判断受到冲击,造成道德震撼,引起在场者的共鸣,唤醒强烈情感,且参与到集体行动中。情绪共同体的强烈喝彩以及他们的卷入进而也会刺激行动者采取更为激烈的行动,事情由此闹得更大。

情绪因素在群体性事件中至关重要,甚至其决定了事件的规模和发展方向。社会抗争是一个情感集体唤醒的过程。民众中存在的怨恨是引发社会抗争的重要媒介,个体的消极情绪状态是事件发生的心理基础。因而,群众的挑战、违抗和不服从往往表现为情绪冲动、宣泄和抒发。这种即时情境中产生的强烈的情感唤醒是在群众的面对面互动中自然发生的、非抑制的情感表达,往往游离在既有的规则和习惯例之外。群体性事件表现出的非常态现象,使研究中无法忽视"情绪"因素在集体行动中的作用。因此,需要关注"情绪"心理因素,研究社会文化条件影响行动者情感的机制,尤其是着力研究行动者集体

〔1〕［美］本尼迪克特·安德森:《想象的共同体:民族主义的起源与散步》,方言译,上海人民出版社 2005 年版,第 6 页。

“强烈情感的突然唤醒”过程。[1]

吉登斯的结构二重性理论(duality of structure)认为,结构与能动作用的二元论割裂了主体与客体、行为与结构、个人与社会之间的关系,或者片面强调社会结构、制度、环境对个人及其行为的决定性影响,或者单向度地将个体的行为、理性作为社会发展的决定性因素。事实上,结构,作为规则与资源,既是能动作用的先决条件,也是能动行为的非预期结果。[2] 结构不只是约束,也是行为的助力,甚至是能动作用产生的必要条件。结构性因素的“可信赖性”缺乏导致不信任产生,而不信任作为一种心理诱因,不仅左右个体的能动选择,同时催生极端的焦虑与愤怒,令行为趋向暴力化。当暴力在利益诉求和纠纷解决中常规化后,其本身也转化为一种结构性因素,进而影响人们的信任感和行为选择,形成恶性循环,而缺乏矛盾和冲突的化解机制使个体怨恨情绪扩大化为积怨情绪,增加无直接利益冲突群体事件的处理难度。

社会冲突的产生是社会多元化发展的结果,其根源在于社会资源的稀缺性及其分配承受失衡,这也是一种社会常态。科赛认为,社会冲突是价值观、信仰以及对于稀缺的地位、权利和资源的分配上的争斗。冲突产生于社会报酬的分配不均以及人们对这种分配不均表现出失望之时,过大的贫富差距极易引起公众心态的失衡,潜伏着强烈的不安定因素,对社会稳定局势带来威胁。[3] 在无直接利益冲突群体事件中,集体情感心理突出,甚至形成危害社会秩序的共同行动。通常来说,激烈情绪的爆发有一个累积和酝酿的过程。民众对公平正义的理解和价值判断,与其在政策、法律及其实施中的体现出现偏差,集中于民生问题的利益分配方面,基层政策二次分配有失衡的地方,民众利益受到一定的损害,日益发现自己与某些不公平事件中的受害者处于同样的境地,缺少安全感带来了一种感受式的愤怒和情绪发泄冲动。突发事件导致非理性情感的爆发,谣言、抱怨和暴力举动是几种典型表现。其集结起来的情感往往具有失范

〔1〕 单光鼐、蒋兆勇:《县级群体性事件的特点及矛盾对立》,载《领导者》2009 年第 29 期。

〔2〕 金小红:《吉登斯结构化理论的逻辑》,华中师范大学出版社 2008 年版,第 103 页。

〔3〕 李培林:《社会冲突与阶级意识:当代中国社会矛盾问题研究》,社会科学文献出版社 2005 年版,第 123 页。

性、冲动性、无组织性、情绪化和破坏性等特征。[1] 这种未经升华的情感能量的积聚，构成社会生活结构危机。集体的冲动能量和欲望具有一种爆发性的破坏性质，行动方式也经常突破法定的限度，在一定程度上已经危害到社会公共秩序。因此，社会的安全情感管理也具有情感政治学的意义。

社会情感风险给社会造成的损失可以从两个变量加以衡量：一是损失频率，即指在一定时期内，某种社会情感风险可能造成社会失调或利益损失的次数或概率。二是损失程度，即指社会情感风险造成社会失调或利益损失的范围和大小。例如，因出现社会信任危机而同时发生经济信任危机、公权力信任危机、公共政策信用危机等。此外，社会情感风险是动态的，其随着社会环境的变动而变化。风险频率低、损失小的风险也可能会转化为风险频率高、损失大的风险。[2] 无直接利益冲突群体事件的非理性和采用暴力对秩序形成冲击，是一种长期压抑带来的情绪反应，一定规模人群的意见与情绪，集中爆发在某一个具体的事件上，大量的介入者并无利益相关性，或者是现场激发了义愤，或者是长期压抑的借机发作。[3]

这种放大、连锁、爆炸效应，从法社会学的角度来看，是一种"集群效应"在起作用。集群行为是在相对自发不可预料无组织的几乎不稳定的情况下对共同刺激产生的行为。其产生要具备一定的条件：首先，缺乏足够的规范来指导人们的行为。其次，集合行为者的价值观与规范存在冲突。再次，相对剥夺的存在。相对剥夺是导致混乱和其他形式集合行为的普遍因素，它是指一种人们没有获得他们认为应得之物的情况。最后，社会控制机制的缺乏或失效。当社会控制变弱时，人们可能对现存的规范失去信心，控制机构不能有效开展，也易引发集合行为。[4] 从心理学角度来看，共同的认知、共同的情绪基础是人们形成共同行为的必要条件，没有共同的认知，人们的积怨没有一个共同指向的目标，也不易产生共同的行为。[5] 就无直接利益冲突群体事件的结构来说，社会

---

〔1〕［法］古斯塔夫·勒庞：《乌合之众——大众心理研究》，冯克利译，中央编译出版社 2004 年版，第 41 页。

〔2〕郭景萍：《情感社会学理论：历史·现实》，上海三联书店 2008 年版，第 93 页。

〔3〕郭景萍：《社会公共安全视野下的情感安全调控》，第 18 届中国社会学年会——改革开放进程中的公共安全管理分论坛论文，长春，2008 年 7 月，第 87 页。

〔4〕黄哲：《城市公共安全与集群行为》，载《中国公共安全》（学术版）2007 年第 3 期。

〔5〕孙中国：《社会学基础教程》，中国人民公安大学出版社 2002 年版，第 133 页。

网络对于群体行动的发生有重要影响。通过网络,群体成员对社会问题的诠释得以不断传播、交流和整合,从而上升为集体层面的意义建构,成员内部的积极情感与消极情感借助网络得以产生、传播和强化,群体的凝聚力以及参与集体行动的内驱力也因此得以强化。其意义建构能对群体行动潜在参与者产生强大的动员潜能,通过对信息的传递、对行动者的监控、激励与庇护、对组织者和积极分子的供给施加影响,从而改变潜在参与者集体行动的预期收益,进而改变他们的行动选择。值得注意的是,无直接利益冲突群体事件的发生和发展,作为结构性因素之一的谣言和传闻,在传播过程中常常挟带了传递者个人的情绪、愿望、希冀、褒贬等,实际上是民众情绪的一种表达。一些没有事实根据的消息,在传播过程中常常被"修改",不断产生变异,形成不同版本,被不特定传播者不断创作和改造,而传播源头却难以寻找。[1] 群体传播具有统一性、简化性和情绪化的特点,群体一旦形成,个性弱化,与他人一起组成统一心理,加入群体后,群体的心理被简化,放弃差异,找到共同点,且个体无法自觉理性思考和判断,并且情绪冲动。在从众、暗示、刺激、感染的情绪下形成群体意识和群体结构,并对个人成员的态度和行为产生制约。因此,针对与事件发生、发展以及处置有关的临场措施、消息的及时澄清和公布,不仅是对民众知情权的满足,也是处理群体事件的必要技术手段。充分的意见交流能够在很大程度上削减冲突的可能及激化。[2]

相对剥夺感是个体将自己的地位与其他类似地位的人进行对比后产生的一种情绪体验。焦虑心态一方面源于社会竞争压力过大引发群体性焦虑,另一方面民生问题突出也会引发人们的焦虑情绪。突发事件演变成无直接利益冲突群体事件,通常由这样一些人群参与:当事人或家属、经济利益共同体、政治利益共同体、情绪共同体。当事人或家属是直接利益攸关者,处于参与人员的核心位置,事情是因为他们的直接关联而发生,他们是群体性事件的由头或引子。经济利益共同体往往是与当事人有共同利益、共同身份、共同处境的人,他们因为相互之间的这种关系而自认为与当事人有相同的命运,认为"当事人的

---

〔1〕 李希光、郭晓科:《群体性事件的网络舆论引导》,载《行政管理改革》2012 年第 6 期。

〔2〕 陈敏昭:《21 世纪前期中国的社会冲突与化解》,载新浪网:http://blog. sina. com. cn/s/blog_616ffdc40100ee8f. html,最后访问日期:2018 年 12 月 1 日。

事就是自己的事”,他们在群体性事件中的作用是积极的参与者和帮衬者。情绪共同体是因为突发偶然事件的刺激,或者形成某种共识而聚集拢来的,他们与事件没有直接利益关系,但为事情缘由所吸引,为现场共同的兴奋、愤怒、怜悯、仇恨等集体情绪所感染,为集体亢奋所激动、裹挟。情绪共同体的强烈喝彩以及他们的卷入也会刺激行动者采取更为激烈的行动,“网络围观”者就是这种情绪共同体。[1]

从更为宏观的情绪暴力的场域逻辑和共同体伦理来看,社会学理论认为,集合行动(无直接利益冲突群体事件)本身并不是社会常态,而是对社会已然存在的危机的一种反应,即无直接利益冲突群体事件不是社会危机的原因,而是社会危机的结果。集合行为理论的代表人物斯梅尔瑟指出,社会运动是过速社会转型的副产品。在由平衡子系统构成的系统中,集合行为提示了同质平衡机制暂时不能吸收的紧张。在快速、大规模转型时,各种集合行为的出现具有双重意义,一方面反映现有制度和社会控制机制不能产生社会凝聚力;另一方面社会企图通过发展共享信念对危机情境做出反应,为集合团结奠定新的基础。[2] 从社会构成角度理解,无直接利益冲突群体事件是社会转型产生的社会紧张状态,且不能被现有的制度和控制机制舒缓而导致的一种社会的自我治疗和自我重构过程,是对社会危机的一种反映。因此,针对情绪暴力宣泄的两个主要领域即网络上下,进行关注、疏解、引导和排解,是处理社会情绪危机需要重视的方法。发展适应社会发展的利益调整机制,包括利益表达机制、利益博弈机制和制度化解决利益冲突的机制等整体构建和运作,是处理无直接利益冲突群体事件的关键因素。[3] 其中的网络领域,更因为其拓扑结构和去中心化、信息流的快速传播与聚合,以及海量传播、匿名即时交互等特点,达到聚涌效应下的传播共振效果,形成了多个交叉互动的“舆论场”。在这些“舆论场”中,“无数个人意见在‘场’的作用下,经过多方的交流、协调、组合、扬弃,会以

---

〔1〕 李希光、郭晓科:《群体性突发事件的网络舆论引导》,载《党政干部参考》2012 年第 7 期。

〔2〕 王国勤:《“集体行动”研究中的概念谱系》,载《华中师范大学学报》(人文社会科学版)2007 年第 5 期。

〔3〕 李希光、郭晓科:《群体性突发事件的网络舆论引导》,载《党政干部参考》2012 年第 7 期。

比一般环境下快得多的速度形成舆论,并有加速蔓延的趋势”,[1]博客、播客、维基、RSS(简易聚合)、SNS(社会网络)被普遍应用,互动、涌现特质在成熟的Web2.0概念下表现得更加突出。在网络事件的传播中,微内容能够产生巨大效应。网民不断地利用发帖、转帖、即时评论、博文评价等形式参与到事件中,推动事件的发展,改变事件的走向。同时,网络匿名场效应带来的安全感使参与者进行自我表达时较少顾及社会规范的约束。在公共性议题的网络事件传播中,网民充分利用网络民意平台,发表自己对于社会事务、政府的意见建议,以有效监督行政体制健康运行。在技术的支持下,网络媒体的“舆论监督”显示了比传统媒体“舆论监督”更大的能量,从而促进事件最终的公正解决。[2]同时,网络事件传播中还存在的问题如非理性情绪滋蔓、群体极化现象,对现实社会也会带来负面影响,甚至会导致网络无直接利益冲突群体事件的发生。网络无直接利益冲突群体事件是无直接利益冲突群体事件一种新的形式,广义解释认为,网络无直接利益冲突群体事件是“数量众多的网民在非预期的特定阶段为达到共同诉求而通过网络集中参与的社会事件”,“网络群体行为具有非预期性,强调的是在特定感情支配下的集体行为,所以行为产生的结果具有不确定性,这使其能够与强组织性计划性的社会运动相区别。可以认为网络环境下包含了情绪上的利益表达和切实需求满足,并且运用直接的网络技术实践,发生在网络环境中或直接通过网络组织的群体性努力都可以纳入网络群体行为的范畴。”[3]狭义解释认为,其是在一定社会背景下形成的网民群体为了共同的利益或其他相关目的,利用网络进行串联、组织,并在现实中非正常聚集的活动。目前的网络无直接利益冲突群体事件发生模式主要有四种,分别是网络舆论引发模式、由网络谣言而恶化或失控模式、利益受损群体网络发动模式,以及境内外敌对分子发起模式。[4] 本书认为,从避免矛盾不必要扩大和升级的角度看,取狭义概念更适合和准确,网络上非理性情绪的宣泄,更宜作舆论引

[1] 刘能:《怨恨解释、动员结构和理性选择——有关中国都市地区集体行动发生可能性的分析》,载《开放时代》2004年第4期。

[2] 李希光、郭晓科:《群体性突发事件的网络舆论引导》,载《党政干部参考》2012年第7期。

[3] 鲁曙明:《传播学——西方人文社科前沿述评》,中国人民大学出版社2007年版,第95~98页。

[4] 杨久华:《试论当前我国的网络无直接利益冲突群体事件及其治理思考》,载《吉林师范大学学报》(人文社会科学版)2009年第4期。

导、化解、澄清,而不是首先定义为一个无直接利益冲突群体事件去锐化处理。

无直接利益相关冲突和矛盾折射出一些民众对社会的普遍的、经常的不满情绪,矛头指向权力与利益集团,其根源仍在于现实利益问题。在通常情况下,民众的不满情绪有一个积累过程,当其"累积效应"总量等于或大于社会有序组织可能承受的临界值时,在外部条件的刺激下,就有可能转变为普遍的冲突。因而,无直接利益冲突群体事件的发生看似突然,但事实上都有一个酝酿、发作的过程,有的事前已有苗头,有的已发出群体聚集信息等。公众的不满情绪也并非都是负面的。群众的情绪是一种要求改造社会的自发性,它蕴含着强大的创造力,但也往往具有盲目性和破坏性。善于引导这种自发性,使之成为自觉性,它就可以成为社会进步的巨大动力,否则其就有可能对社会发展进程带来破坏。并且,这类无直接利益冲突群体事件客观上也具有某种基于弥补利益失衡的防御性,从协调现实利益问题入手,化解行动者的内心积怨,以及针对其传播特点的预防和临场处理技巧,是防止这类群体性事件规模扩大或再次出现的关键。

在化解"无直接利益冲突"矛盾过程中,有效的协商对话能积极促进冲突的防范和化解,有效的协商劝导能及时缓解参与者的冲突情绪。因此,除培育协商理念、完善协商制度和构建协商平台外,根据我国协商民主既有的实现方式,探索具体的矛盾协商机制,是化解"无直接利益冲突"矛盾的重要实践途径。

一是建立科学的矛盾预警机制。"无直接利益冲突"矛盾体现的是对社会的不满情绪,有一个持续积累、酝酿和发酵的过程。因此,在现实的社会治理过程中,要高度重视和加强矛盾冲突的预警机制建设,加强对全方位的信息预警系统的研究。具体而言,要在容易引发矛盾冲突的改制企业中,在城市拆迁、移民安置、收入增长、教育公平、医疗改革、社保改革等重大民生问题中,在弱势群体、边缘群体、社区民警、调解代表、政协委员和人大代表中,加强舆情收集和分析,对一些警示性的舆情认真探讨,对矛盾冲突的苗头进行协商引导,从而有效预防矛盾冲突的爆发,将矛盾冲突化解于无形之中。

二是完善具体的矛盾处理机制。许多"无直接利益冲突"事件的扩散蔓延,是因为矛盾未得到及时有效的化解。因此,要有针对地在重点行业、重点问题、重点人群上进行矛盾过滤排查,进行归类处理和跟踪管理,寻找矛盾的化解规律和办法;积极发挥街道居委会、乡镇综治办的协商调解作用,加强对收入分配、住房医疗、教育就业等问题的专门性调解组织建设,大力推进人民调解、司法调解、行政调解三位一体的“大调解”体系建设;积极引导一线调解部门和基层调解组织有效发挥协商调解作用,把牢基层防线;健全领导干部调研机制,用领导调研代替群众上访,及时把握民众的思想动态,就地协商化解矛盾纠纷。

三是构建高效的应急处置机制。“无直接利益冲突”矛盾处置工作相当复杂,需要政府各部门密切配合,同时要把握好政策尺度。因此,要在党和政府的统一领导下,各部门高度重视,加强配合,层层负责,形成系统的化解工作体系。要注重对参与群体的疏导教育工作,控制矛盾规模和程度;加强与群众协商对话,阐明政府立场,对极个别的煽动者要进行必要的警告,用政策来疏导群众,用法律来震慑违法犯罪行为。协商对话无果后,要严格控制强制措施的实施,避免激化矛盾。在必要时,要对违法犯罪行为严厉打击,防止冲突升级。要注重事件的后续效应,做好对相关参与主体的调查反馈,把协商对话工作落到实处,真正通过协商对话来消除冲突的诱因,监督处理结果的落实,防止冲突的反复和遗留问题的爆发,从根源上化解“无直接利益冲突”矛盾。

随着经济政治不断发展,利益格局关系也会发生深刻调整,“无直接利益冲突”矛盾的表现形式也会越来越复杂多样,化解“无直接利益冲突”矛盾是一项艰巨的任务和一个漫长的历史过程,应更多地围绕制度创新探索解决路径。社会主义协商民主为化解“无直接利益冲突”矛盾提供了化解理念和实践路径,对新时期的社会治理具有重要的指导意义。

三、利益矛盾结构中的“安全阀”及其运用

社会冲突理论对冲突进行了功能上的探讨,指出社会冲突既有负功能也具有正功能,功能的发挥取决于冲突的性质及社会群体或社会系统的内部结构。负功能方面,无直接利益冲突群体事件是社会生活中因群体利益受损,社会矛盾激化,在一定时间和一定范围内发生的违反社会规范,扰乱社会秩序的行为,是社会关系中出现的一种不协调、不和谐现象,是影响社会稳定的消极因素,在本质上与社会稳定相对立。群体性事件在一定时间、一定范围内能打破社会活动的组织性和社会关系的协调,使社会生活处于波动之中,破坏社会稳定。群体事件的负功能包括损害政府形象、权威和公信力、破坏法律和社会秩序、危害

社会心理和造成社会心理波动等几个方面。

群体性突发事件是转型时期各种矛盾长期积累的结果，其产生具有一定的客观性，应公开承认其存在的不可避免性并加以解决，这是根本解决群体性突发事件问题和制度政策创新的前提和基础。辩证冲突理论启示了研究群体性突发事件不可避免的根源。受马克思冲突思想的影响，达伦多夫发展了辩证冲突理论，他认为社会系统始终处于一种冲突状态之中，而冲突来源于两个冲突群体间的利益对抗。冲突是辩证的，一种冲突通过产生一系列新的对抗利益而得到解决，然而新的利益在某些条件下将进一步产生新的冲突。社会变迁具有必然性，它是社会存在普遍冲突的必然结果。群体性突发事件作为社会冲突的表现形式，从冲突理论的视角分析，具有不可避免性，根源在于产生群体性突发事件的原因具有客观性。尤其是在转型时期，无直接利益冲突群体事件由多方面原因引起，是社会变迁过程中多种因素综合作用的结果、各种社会矛盾的综合反映、各种利益冲突的集中体现。面对诸多新矛盾和困难的出现，并无现成经验可循。

科赛用“安全阀”术语，将敌对感情引向替代目标的制度或为这种转移提供替代手段的制度。科赛认为就像锅炉里过量的水蒸气通过“安全阀”适时排出而不会导致锅炉爆炸一样，敌对情绪也可以像锅炉里过量的水蒸气一样对着替代目标或是通过其他手段发泄出来，而不至于使整个社会关系破裂。社会冲突便在维持社会关系稳定方面起到了这样的作用。即使从强调系统的先决条件的观点看，社会冲突也是具有建设性的、有益的。结构功能主义对社会冲突的极端看法，是促使科赛社会“安全阀”思想产生的首要原因。社会冲突被视为有价值依赖的有机功能论，科赛将齐美尔关于社会冲突的观念条理化、清晰化，通过强调冲突对社会系统的整合性与适应性功能来修正达伦多夫的分析，形成冲突理论。[1]

冲突功能“安全阀”理论对群体性事件的功能分析，有一定的启发作用。一方面，界定冲突需要区分和细化。科赛的冲突理论中“安全阀”并不是对所有的社会冲突都有效。他强调的冲突包含三个方面的含义：第一，冲突不涉及双方关系基础，是不冲击核心价值的对抗。第二，冲突应该是社会系统内部不

---

〔1〕 黄建宏、肖显富：《社会冲突理论启示群体性突发事件研究》，载《老区建设》2009 年第 14 期。

同部分之间的对抗,而不是指社会系统本身的基本矛盾。第三,冲突是指制度化了的对抗,是社会系统可以容忍的,可以加以利用的对抗。另一方面,需要客观认识冲突的性质。目前群体性事件多为人民内部矛盾,多为工具性冲突,是群众维护自己权利的一种斗争,但有负面作用即扰乱社会治安,多由利益矛盾引发。中性分析,冲突是社会社会生活不可缺少的部分,人们回避冲突,主要是由于在文化上把冲突定义为可能造成分裂的标志。冲突可能表明群体生活中实际存在成员比较高程度的调适。冲突不一定是不平衡的标志,而是一种平衡机制运转的标志。科赛的社会冲突理论认为冲突具有促使社会与群体内部整合,提高社会的灵活性的作用,能够在激发社会新规范和新制度建立的同时又是重要的平衡机制,起到缓解矛盾"安全阀"的作用。这种思路对理性地认识以及处理目前存在的群体性事件有一定的借鉴作用,但必须区分情况有鉴别地运用。

社会现象本身充满辩证关系,呈现矛盾的二重层面:稳定与变迁、整合与冲突、功能与反功能、价值共享与利益对立等。社会冲突与社会变迁无处不在,社会中的每一个要素都可能促使社会变迁。科赛重视冲突的过程和结果,尤其注意分析社会冲突的功能。社会冲突不仅是一种破坏社会稳定与整合和单纯引起变迁过程的因素,而且其对于社会团结、一致、整合具有积极作用。冲突在具有负功能的同时,也具有正功能的一面。社会冲突的正功能主要表现在冲突对社会具有内部的整合功能、稳定功能,对新群体的形成具有促进的功能,对新制度和规范的建立具有激发功能,是重要的社会平衡机制;社会冲突的负功能主要表现在分裂、破坏群体的团结,引起群体结构的解体,导致社会的不稳定。现实性冲突更多导向的是利益谈判与博弈,非现实性冲突是释放紧张状态的需要。而紧张状态产生于剥夺和受挫,故往往表现的是思想上或意识形态上对社会的分配不公,利益失衡现实中的受挫等的不满。[1]

作为社会冲突理论的重要成果,"安全阀"理论认为社会应该保持开放、灵活、包容的状态,通过可控制的、合法的、制度化的机制,各种社会紧张能够得以释放,社会诉求得以回应,社会冲突得以消解。因此,冲突自身是一种释放敌意并维持群体关系的机制。使用"安全阀"这个概念来描述为社会不满提供释放途径的合法冲突机制,通过允许自由表达而防止敌意倾向的堵塞和积累。现代

---

〔1〕 宋立会:《从冲突理论视角看和谐社会之构建》,载《河北法学》2008 年第 3 期。

冲突论在承认社会冲突的普遍性的同时,将社会富裕文明和谐美丽作为研究的落脚点,建设性地认为社会冲突具有社会整合的功能,是社会变迁的动力。辩证冲突理论中的两大冲突群体来源于贫富差距的拉大。辩证冲突理论中的某些条件来源于“片面发展”。辩证冲突理论认为在“某些条件下”将进一步产生新的冲突,而这些条件来源于改革开放过程中出现的片面发展。这种片面发展强调以经济建设为中心,忽视社会与人的全面发展,出现“一条腿长和一条腿短”的状况,民主法制建设与经济发展要求不相适应,思想文化建设不能满足人们的精神需求。[1]

冲突具有两面性。正功能方面,具体表现在以下两个方面:(1)能量释放。群体性突发事件中大多是现实性冲突并伴随非现实性情感,其爆发能起到“安全阀”作用而释放长期积聚的社会能量,群众不满情绪得到宣泄后,能获得心理上的平衡,这在网络无直接利益冲突群体事件中表现得较明显。(2)社会警示。社会转型期的复杂问题可集中体现在群体性突发事件上,通过群体性突发事件反映出来,成为一定时期社会基础稳定的“晴雨表”,相关政府部门如以积极科学的态度应对,弄清群体事件爆发的来由,可改进工作作风,从根源上减少群体事件的发生。群体性突发事件本身具有冲突性质,从原因上讲,群体性突发事件源于权力、地位和资源的分配不均以及价值观念上的冲突;从表现形式看,群体性突发事件伴随不同程度的冲突;群体性突发事件的存在不可避免。国家和公民在根本利益取向上是一致的,经济发展是为丰富供给和满足公民的物质和精神文化需求。目标价值观念、利益及相互关系赖以建立的基本条件不矛盾的冲突具有积极的功能。冲突在一定程度上可促进社会改革和开放,以建立更富弹性的包容体制,在这层意义上它是积极的。但频繁的冲突会通过加强群体意识和分离感,在社会系统中的各群体间建立起边界线,使系统内的群体身份得以确立。群体身份的确立在一定意义上表现为阶层意识的增强,群体分界线更加明显,并在不断冲突中增强群体的团结。这种冲突会损害政府的公信力,否定政治权威的合法性。

“安全阀”理论在一定程度上提供了处置无直接利益冲突群体事件的策略。充当沟通敌意通道并防止其向原初对象释放,从而维持社会系统结构的制

---

〔1〕 黄建宏、肖显富:《社会冲突理论启示群体性突发事件研究》,载《老区建设》2009 年第 14 期。

度也会对社会系统或行动者或同时对二者有严重的反功能。“安全阀”能释放出长期积聚的社会能量,能使部分心理失衡的群众得到心理上的平衡,这对保持社会的长期稳定是有积极作用的。虽然这种处置策略在一定程度上释放了一方紧张的情绪,但在利益矛盾较难调和的情况下,没有解决根本的问题,反而可能使这种情绪不断高涨。因此,这样的处置策略最根本的在于把握度,即法理依据。社会“安全阀”,起到发泄释放情绪的作用,在一定程度上,通过群体性事件,社会能在面对新环境时进行调整。一个灵活的社会通过冲突行为而受益,因为通过规范的改进和创造,保证社会在变化的条件下延续。当社会问题产生、社会矛盾尖锐化时,它向社会发出警告或信号,促使各级政府调整职能,提高执政能力。如以积极的态度来对待,及时改进工作并调整相应的政策,就能化解社会矛盾,降低社会风险。

四、“蝴蝶效应”和混沌理论在群体事件中的运用

“蝴蝶效应”是为理解复杂系统而建构的一个精确而有效的概念体系,旨在为描述提供明确的表达手段。在一个动力系统中,初始条件下微小的变化能带动整个系统的长期的巨大的连锁反应,这是一种混沌现象。微小的变化引起整个系统震动的原因在于,复杂系统结构属于非线性的,它的变化并不按线性规律进行。社会体系的复杂程度不亚于自然体系,其内部诸多因素相制约,错综复杂,因此也存在相应的蝴蝶效应。蝴蝶效应作为一种理想类型,是从自然科学中借鉴到社会科学领域用来解释复杂的社会系统变化的,即一个微小的变化就能引起大范围的震动。群体性事件之所以用“蝴蝶效应”来解释,是因为引起群体性事件的偶发事件往往很小,当这种小的事件按照非线性规律变化时,达到一定阀值,就会引起大范围的骚动。解决这类事件的根本措施,就是建立社会“安全阀”,它是一种机制,既是一种社会情绪的宣泄机制,又是一种利益协调机制。通过这个机制,社会情绪进行释放,相关利益有效协调,起到社会稳定器的作用。

利用蝴蝶效应理论分析复杂的社会系统中群体性事件的发生机制,其价值在于,对于一切复杂系统,在一定的阈值条件下,其长时期大范围的未来行为,对初始条件数值的微小变动或偏差极为敏感,即初值稍有变动或偏差,将导致未来前景的巨大差异,看似一些极微小的事情却有可能造成集体内部的分崩离

析，即表面上看来毫无关联、非常微小的事情，可能带来巨大的变化，这往往难以预测或带有一定的随机性。蝴蝶效被运用到社会学领域的群体性事件的解释，即一个坏的微小的机制，如果不加以及时地引导、调节，会给社会带来非常大的危害。这可以解释单个事件和连续的几个事件。

蝴蝶效应和混沌学理论在研究群体事件的启示，主要包括宏观和微观两个方面。从宏观角度看，社会矛盾问题的连带性很强。在现阶段，社会矛盾问题之间常常相互影响，相互加重，从而使社会矛盾问题从总体上看愈加复杂化；而且，在某个特定的条件下，某个原本属于个案化的社会矛盾问题有时会演化为整体化的社会矛盾问题。社会矛盾问题的势能越来越强，惯性越来越大，越来越会按照自我演变的逻辑加速度扩张。现阶段，因为社会矛盾问题所构成的宽泛压力的存在，使得整个社会关于变革失误的包容空间大幅度减少，特别是容许政策试错的空间在减少。政策一旦执行有误，很快就会造成直接的负面影响，进而使相关的社会群体产生不满。

从微观角度来看，群体事件的发生方式一般具有偶发性、情绪性、非组织性、对抗性等特点。群体性事件的发生往往是一种突发事件，偶然发生的一个事件就有可能引发一个群体性事件的爆发。当不公平、不公正的问题还只是一个谣言的时候，往往也无须组织者动员，参与者就已经聚集起来，群体性事件便会发生。同时，事件的推动者和参与者往往情绪激烈，怀有强烈的对立情绪，甚至无意于通过理性的方式来解决问题。这种对抗并不是敌我矛盾式的对抗，而往往只是情绪性的对抗。强势群体对弱势群体利益的侵犯使弱势群体的情绪受到长时间的压抑，一旦找到一个宣泄情绪的突破口其即会爆发。这与社会文化结构的特点相关：一方面，基层治理和社会控制在加强，使集体的、公开的大量人员聚集的机会趋小，风险趋大、趋难，大规模群体性事件发生的空隙收窄。各地政府加强社会政治动员，强化区域性社会治安、社会管理，是对群体性事件直接约束、消解的结果。另一方面，微观环境里结构性怨恨依旧存在，尤其是底层社会结构性张力实际并未消减，且随着近年来拆迁、征地矛盾、环境污染、劳资关系紧张等，微观环境里的结构性矛盾的郁积仍在继续。经济相对比较落后地区的群体性事件表现为官民利益之争，或者百姓与企业以及地方权势阶层的利益之争，行动者的抗议都是指向县域这个微观环境里具体的经济、民生问题,[1]原则上属于利益矛盾和摩擦导致的利益纠纷和诉求,属于人民内部矛盾范畴。本书选取了1120份样本,按照地区、人口、经济状况、是否边界或边境接壤地区、地区赋闲青壮年男性比例等指标,通过SPSS分类统计,按复合指标和单一指标体系,分析无直接利益冲突群体事件中的不同程度暴力及所占比例,如表5所示。

表5　多元指标下群体事件的暴力程度影响因子(N=1120)

选项	比例	非暴力	低暴力	高暴力
多项复选	案例数	682	568	470
	百分比	60.8	50.5	42.1
单一项选	案例数	386	264	470
	百分比	34.6	23.6	42.1

社会冲突的根源在于利益冲突,利益冲突反映到心理上就是心理冲突,心理冲突反映到行动上就形成社会冲突。非理性心态主要表现为人们不能按照事物发展的内在规律理性地去认识事物,在社会群体行为习惯的影响下,单纯根据自己的感性认识作出决策,导致特定社会群体的投机行为。社会矛盾问题的连带性很强。在现阶段,社会矛盾问题之间常常相互影响、相互加重,从而使得社会矛盾问题从总体上看愈加复杂化;而且,在某些特定的条件下,某个原本属于个案的社会矛盾问题有时演化为整体化的社会矛盾问题。社会矛盾问题的势能越来越强,惯性越来越大,越来越会按照自我演变的逻辑加速扩张。现阶段,因为社会矛盾问题所构成的宽泛压力的存在,使整个社会关于变革失误的包容空间大幅度减少,特别是容许政策试错的空间在减少。政策一旦执行有误,很快就会造成直接的理想负面影响,进而使相关的社会群体产生不满。

在现代社会中,人们的精神压力增大,焦虑感增强,社会事件的影响已经不再局限于人的生活表面,而深入人的内心,因此应对和解决的方法也必然超出原有安全管理的范畴。什托姆普指出,自20世纪后半叶以来,社会学理论发生了一个重大转变——从重视"硬变量"的研究转向重视对"软变量"的研究。结

[1] 马雁:《无直接利益冲突群体事件的发生、结构及场域——以情绪暴力为视角》,载《南京林业大学学报》(人文社会科学版)2011年第1期。

果是,情感因素成为社会学家研究社会和社会关系的聚焦点。[1] 忽略对诸如社会价值风险、社会道德风险、社会情感风险等主观性风险的调控,将使社会的公共安全失去底线。社会公共安全奠基于人们的情感安全,有两层含义:第一层含义是,社会公共安全最重要的评价指标是社会公民的安全情感;第二层含义是,社会公民的情感素质是影响社会公共安全的决定性因素。情感不仅连接人们以加强社会团结,承诺对社会的公共安全,而且能导致人与人之间的矛盾和冲突,从而破坏社会的公共安全。[2]

就心理状态而言,无直接利益冲突群体事件中的心理诉求也明显具有蝴蝶效应的特征,了解群体性事件参与者的集体心理,有助于开展有效的舆论引导。从众心理、匿名参与、自发规范、社会挫败心理、相对剥夺感等方面分析,个体在群体中会感受到来自群体的压力,形成意见沉默的螺旋,大众媒介、人际传播与社会关系、个别的意见表达及个人对于自身社会环境中意见的感知,相互之间的交互作用。从众心理能转化为从众行为,从众心理表现为思维的简单化、口号化,极易受到意见领袖的煽动。聚集成群的人,敢于践踏任何人类文明和规范。勒庞认为,对于群体中的个人来说,"不可能"的概念消失。孤立的个人很清楚,当其孤身一人时,不能做的某些事情,在成为群体的一员时,就会意识到人数赋予他的力量,生出暴力宣泄的念头,并且会立刻付诸行为。个体在群体性事件中敢于打砸抢烧是由于匿名参与。在人多势众的情况下,法不责众的心理助长了犯罪行为。如果一群人中有人已经做了,并且没有产生相应后果,就会使人们产生非理性的思维,造成集体无意识。群体性事件中的人往往会自发采取统一的行动,形成自发规范。情绪上相互传染、行为上相互模仿、相对剥夺感加剧了行动的决心,当将自己的处境与某种标准或某种参照物相比较,发现自己处于劣势时所产生的受剥夺感,这种感觉会产生消极情绪,表现为愤怒、怨恨或不满,会觉得自己的权利受到了剥夺。相对剥夺感往往产生于相对剥夺地位,是某一个人或社会群体与同一社会的其他成员或者群体相比较,所处的对有价资源占有较少或不占有的状态。相对剥夺感是介于相对剥夺地位与阶层

〔1〕［波兰］什托姆普卡:《信任:一种社会学理论》,程胜利译,中华书局2005年版,第50页。
〔2〕陈潭、黄金:《群体性事件的多维动因:若干理论的多向度阐释》,载《政治学研究》2009年第6期。

认知之间的一个中间变量。相对剥夺感从是否丧失传统社会条件下的既得利益、是否得到期望得到的收益两个方面比较衡量，并在特定群体中形成相对一致的共识。

首先，从众性感染，导致行为失范。作为集体行为的一种非理性行为，群体性事件是由多个变量引致的从众性行为的失范。其次，环境是无直接利益冲突群体事件产生的现实空间，若无一定场所，群众无法聚集，群体行为就难以产生。社会产生结构性压力，从而促使人们自发地凭集体努力去解决问题。社会的结构性压力孕育社会风险，在某些社会冲突的环节成社会结构的薄弱地带，严重时可能导致社会结构的断裂。再次，导火索的触发作用不容忽视。导火索的出现通常具有很大的偶然性，其作用在于肯定已经存在的怀疑与不安，助长普遍性的社会情绪，容易推动非理性集体行为的发生。最后，关键因素是社会控制能力，社会控制是社会组织运用社会规范对人们的社会行为加以约束的过程，政权、法规、信仰等都是进行社会控制的基本要素。在危机的临界点，社会控制如果强大有力且措施得当就可阻止非理性集体行为的发生；社会控制如果软弱无力或者措施不当，非理性集体行为将难以避免。环境作为首要条件，聚集较多的是政府机关大楼和公共广场。同时，随着互联网技术的迅速发展，网络逐渐成为发生群体性事件的新场所，出现了现实与虚拟并存的“网上群体性事件”，它们之间相互“感染”呈现出相互联动的特点。在社会环境方面，由于机会的不平等、个人能力差异和资源占有状况的不平衡，强势群体和弱势群体在竞争中产生优势积累与劣势累加的马太效应，社会结构性压力由此形成。如果政治和社会结构缺乏必要的韧性和延展性，没有缓冲地带，这些压力就极易促成普遍非理性情绪的产生。在具备环境条件和结构性压力的前提下，从不满的共同情绪到群体性事件的发生往往需要诱发变量。群体性事件的发生离不开集体行动的动员。一些群体性事件由于酝酿时间较长，或者事件发生后由于处理得不及时、不彻底，因而出现多次反复的情况。而在反复过程中，经过集体非理性成员之间持续的互动产生核心成员、领袖人物，他们不断促使群体内部呈现出层次性和结构性，从而导致群体性事件变得有计划、有步骤。加之有的地方政府及其部门社会控制能力不强，促使从众性感染持续扩大，[1]导致事件一触即发。

---

〔1〕 魏婷婷：《浅析网络传播浪涌效应》，载《榆林科技》2015 年第 4 期。

第三章　无直接利益冲突群体事件中的舆情

——基于建构论视角

近年来，越来越多的研究者开始关注集体认同在无直接利益冲突群体事件中的作用，并将其与传统集群行为的研究结合起来，形成新的研究范式即建构主义。建构主义强调社会问题本身并不必然引起集体行动，只有当社会问题被人们感知并赋予其意义时才会成为问题。该理论强调群体的意义建构，特别关注话语、符号、合法性等的影响，强调共同认知、共同意识以及归因模式在集体行动中的作用。从群体层面上看，无直接利益冲突群体事件多是涉及群体间的冲突，因此在社会冲突领域的研究中社会认同逐渐成为具有解释力的重要变量，这一无直接利益冲突群体事件的情感逻辑近年来开始为国内学者所关注，去个性化、情绪、怨恨、气场、感染、价值等社会心理机制逐渐进入无直接利益冲突群体事件动员的分析框架。有研究表明，当面对一个可能引发大规模集体行动的事件，如果人群中存在高的集体认同，该群体中爆发集体行动的可能性就会大大增加。可见，集体认同对于无直接利益冲突群体事件发生的内在机制影响十分巨大，其冲击力不可低估，亟须予以更加深入的研究。通过建构主义视角考察无直接利益冲突群体事件中集体认同的建构路径及其功能演进，剖析无直接利益冲突群体事件中认同建构的主要情境因素，揭示聚集者参与集体行动的内在心理轨迹，有助于提出有针对性的干预策略，丰富研究的微观视角。[1]

网络舆情是通过互联网表达和传播的，公众对自己关心或与其自身利益紧密相关的各种公共事务所持有的多种情绪、态度和意见交错的总和。它具有自

---

〔1〕 杨久华：《试论当前我国的网络无直接利益冲突群体事件及其治理思考》，载《吉林师范大学学报》（人文社会科学版）2009 年第 4 期。

由性与可控性、互动性与即时性、丰富性与多元性、隐匿性与外显性、情绪化与非理性、个性化与群体极性化等特点。网络舆情主要通过电子邮件、新闻组、IM、BBS、Blog和Wiki等途径传播。网友借助非正式媒体发布信息、探寻真相。网络无直接利益冲突群体事件是公民基于利益表达的集体行动。网络无直接利益冲突群体事件的本质是网民群体围绕某一主题、基于不同的目的,以网络聚集的方式制造社会舆论,促发社会行动的传播过程,其可以是自发的也可以是有组织的;可能是有序、健康的,也可能是无序、不健康甚至是非法的。广义的网络群体性事件并不一定具有反社会性,而是基于某个特定或非特定的事件或目标,狭义的网络群体性事件则通常具有反社会性的特征。网络无直接利益冲突群体事件的形成过程,从传播手段看主要有网络、手机;从参与主体来看,有现实中的公民,虚拟的网民;从作用中介来看,有网中和网外的事件、谣言;从参与客体来看,有意见精英、媒体和政府部门。网络无直接利益冲突群体事件从冲突的成因来看,是冲突主体在社会进程中安全感的剥离,信任感的丧失和受挫感的增强使然;从冲突的类型来看,主要存在现实性和非现实性冲突;从冲突的性质来看,这种冲突具有积极性和消极性。网络无直接利益冲突群体事件是公民基于利益表达的集体行动。对于网络无直接利益冲突群体事件的概念,目前学术界并没有统一的定义,概括起来存在三种不同意见:一是网络无直接利益冲突群体事件发生场域的分歧,即不管发生在网中网外都为网络无直接利益冲突群体事件,还是向现实转变的才属于网络无直接利益冲突群体事件;二是网络无直接利益冲突群体事件性质的分歧;三是网络无直接利益冲突群体事件的特征分歧,即网络无直接利益冲突群体事件是有目的、有组织的,还是自发、无组织的和不稳定的。在网络无直接利益冲突群体事件中,冲突的本质是利益,利益需要主体以一定的社会关系为中介,以社会实践为手段,使需要主体与需要对象之间的矛盾状态得到克服。发起者自己的利益需求具有明显的动机,往往将利益问题主动曝光于公众视线,以谋求舆论声势支持,借此途径对冲突方施加压力,以达到对方妥协和维护利益的目的。引发式的动机往往牵连隐性的利益或非直接利益关系,而触发式往往是政府和媒体在处理或平息事态过程中,违背了部分人或群体某种需要的满足。

从环境来看网络无直接利益冲突群体事件是网络的泛在(见图5),是国家的发展状态和公民意识觉醒的综合产物。囿于利益的相对主观性和环境的相对客观性,可以预测类似网络无直接利益冲突群体事件的冲突将在一段时期内将持续存在。从冲突主客体来看,国家发展最终是为最广大的人民谋利益,体现了主客体利益的一致性,利益的一致性决定了利益的可协调。利益的可协调性保证了冲突的可控性。

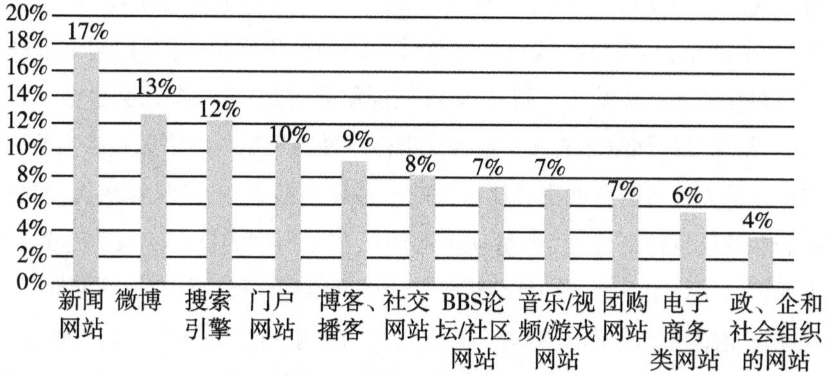

图5　网络应用在网民中的渗透率统计

从社会构成角度理解,无直接利益冲突群体事件是社会转型产生的社会紧张状态,且不能被现有的制度和控制机制舒缓而导致的一种社会的自我治疗和自我重构过程,是对社会危机的一种反映。因此,针对情绪暴力产生的两个主要领域即网络上下,进行关注、疏解、引导和排解,是处理社会情绪危机需要重视的方法。发展适应社会发展的利益调整机制,包括利益表达机制、利益博弈机制和制度化解决利益冲突的机制等整体构建和运作,是处理无直接利益冲突群体事件的关键因素。其中的网络领域,更因为其拓扑结构和去中心化,信息流的快速传播与聚合,以及海量传播、匿名即时交互等特点,达到聚涌效应下的传播共振效果,形成了多个交叉互动的"舆论场"。在这些"舆论场"中,"无数个人意见在'场'的作用下,经过多方的交流、协调、组合、扬弃,会以比一般环境下快得多的速度形成舆论,并有加速蔓延的趋势",[1]博客、播客、维基、RSS(简易聚合)、SNS(社会网络)被普遍应用,互动、涌现特质在成熟的web2.0概念下表现得更加突出。在网络事件的传播中,微内容具有巨大效应。网民不断

〔1〕 刘能:《怨恨解释、动员结构和理性选择——有关中国都市地区集体行动发生可能性的分析》,载《开放时代》2004年第4期。

地利用发帖、转帖、即时评论、博文评价等形式参与到事件中,推动事件的发展,改变事件的走向。同时,网络匿名场效应带来的安全感使参与者进行自我表达时较少顾及社会规范的约束。在公共性议题的网络事件传播中,网民充分利用网络民意平台,发表自己对于社会事务、政府的意见,以有效监督行政体制健康运行。在技术的支持下,网络媒体的"舆论监督"显示了比传统媒体"舆论监督"更大的能量,其能更有效地促进事件最终的公正解决。同时,网络事件传播中还存在如非理性情绪滋蔓、群体极化现象等问题,对现实社会也会带来负面影响,甚至导致网络无直接利益冲突群体事件的发生。网络无直接利益冲突群体事件是无直接利益冲突群体事件的一种新的形式,广义解释认为,网络无直接利益冲突群体事件是"数量众多的网民在非预期的特定阶段为达到共同诉求而通过网络集中参与的社会事件",[1]"网络群体行为具有非预期性,强调的是在特定感情支配下的集体行为,所以行为产生的结果具有不确定性,这使其能够与强组织性计划性的社会运动相区别。可以认为网络环境下包含了情绪上的利益表达和切实需求满足,并且运用直接的网络技术实践,发生在网络环境中或直接通过网络组织的群体性努力都可以纳入网络群体行为的范畴。"[2]狭义解释认为,其是在一定社会背景下形成的网民群体为了共同的利益或其他相关目的,利用网络进行串联、组织,并在现实中非正常聚集的活动。目前的网络无直接利益冲突群体事件发生模式主要有四种,分别是网络舆论引发模式、由网络谣言而恶化或失控模式、利益受损群体网络发动模式,以及境内外敌对分子发起模式。[3] 本书认为,从避免矛盾不必要扩大和升级的角度来看,取狭义概念更为适合和准确,网络上非理性情绪的宣泄,更宜作舆论引导、化解、澄清,而不是首先定义为一个无直接利益冲突群体事件去锐化处理。[4]

网络的去中心化,使网民拥有更大的传播自主性,成为网络内容生产的重要主体,微内容的聚合者。同时,自媒体传播方式增强,人际传播与群体传播互

[1] 陈潭、黄金:《群体性事件的多维动因:若干理论的多向度阐释》,载《政治学研究》2009 年第 6 期。

[2] 鲁曙明:《传播学——西方人文社科前沿述评》,中国人民大学出版社 2007 年版,第 95 ~98 页。

[3] 杨久华:《试论当前我国的网络无直接利益冲突群体事件及其治理思考》,载《吉林师范大学学报》(人文社会科学版)2009 年第 4 期。

[4] 陈潭、黄金:《群体性事件多种原因的理论阐释》,载《政治学研究》2009 年第 6 期。

动。当一个事件发生时，博客、播客、即时通信工具都可以成为传播工具，自主议题设置功能增强。这些技术因素，导致网络事件的传播已不只是传统意义上的点对面的大众传播，而增强了点对点的互动传播。多种传播方式共同展开，使事件的传播更加系统并具有组织性。而当群体动员与组织达到一定程度时，就可以使事件即使在传统媒体不参与的情况下亦可大规模爆发，产生较大影响。因此，网民群体参与和主动参与的自媒体传播方式，是一项重要的推动力。每个网民对于事件的传播，使大量微内容在网络传播的环境中得以聚合，形成群效应，使议题讨论成为多角色、多渠道、多介质的媒体聚合互动的结果。在网络事件传播的过程中，媒介间的议程设置和频繁互动，导致了事件的凸显化、集中化与白热化。同时，事件传播过程中媒体间的议程设置呈现复化和多样态。在公共议题网络事件中，事件在网民参与，网媒、自媒体、传统媒体的同步互动中发展。网民利用博客、播客、社区论坛、即时通信工具等自媒体平台，大量转载事件相关信息、评论、图片。人际传播、组织传播、大众传播几种不同形态的传播方式同时展开，使事件的传播力度与影响力加大。

网络事件的“三棒传播”模式认为，网络信息的传播如同接力赛，以一般性网络媒体完成第一棒传播，由部分报纸等传统媒体接过第二棒传播，最后由较大的网络媒体完成第三棒传播后，使事件“放大”，成为网络热点事件。[1] 该理论认为，第一棒的要素是“群体传播”，即事件的最初传播者是群体而非个人。议题同时由不同人点燃，使事件得到凸显并持续讨论。以社区 BBS、博客、微博客等媒体为平台，各种观点在网络中进行理性争辩。这期间，传统媒体与网络媒体对事件进展状态同步报道，由此使网络事件产生现实的社会影响力，并形成网络上下呼应的二次同态传播模式，“一个网络新闻能否产生较为广泛的社会影响力，一个重要的因素是看传统媒体是否对其有所反应，即看传统媒体是否会对网上最先报道出来的这一新闻信息进行进一步报道和二级传播。如果一条网络新闻发布出来以后，传统媒体立即就有反应，或立即给予转载，或立即对该新闻事件进行进一步追踪报道等，那么，这条新闻就往往能引起社会公众相当范围的关注，从而产生相当大的社会影响力；相反，如果某条网络新闻发布出来以后，传统媒体没有任何反应，这条新闻就往往不会在相当广泛的社会

〔1〕 吴风：《网络传播学：一种形而上的透视》，中国广播电视出版社 2009 年版，第 57 页。

公众中引起普遍关注，因此也就不会产生应有的社会影响力。”[1]当网络媒体与传统媒体共同互动，相互促进，便使事件的影响力扩大。近年发生在互联网内外的无直接利益冲突群体事件出现了交织放大的趋势，事件的形成途径和传播方式都发生了显著变化，导致事件升温往往是为释放社会情绪，出现了网内网外互相推动、互相影响的新特征，增加了群体性事件的处置难度和防范阻力。[2] 互联网已经成为一些群体性事件的主要动员手段和传播主渠道，两种类型的冲突叠加在一起，在同一个群体性事件中聚集了多种利益类型的人群。[3]

网络事件在传播中有从开始到高潮再到衰变的过程，是一个变化发展的过程，持续时间通常为 1 个月至 3 个月；事件在传播过程中需要有新的变动的信息补充进来，每当新的信息进入，随着信息刺激强度的增大，事件的传播就会暂时性地到达峰值，随后又缓慢滑落。若无新信息补充进来，则会慢慢走向衰变。随着事件最终得到解决，或者事件没有更多的诱因或可以讨论的话题出现的时候，事件的传播就到了停滞和结束性的阶段。[4] 一般来说，网络事件议题衰变的原因大致有三点：第一，事态逐渐明朗化，网民情绪得到缓解。随着事态的发展，一些问题得到了解决，疑问得到了回答，事态发展以及讨论意见趋同，网民情绪缓解。第二，新议题出现促成旧议题衰变。网络信息的海量性致使新的热点不断出现，必然转移人们的视线，对旧话题的关注度因而衰减。第三，网络社区的虚拟性与流动性，致使群体传播缺乏交流的连贯性，社区成员与各种观点流动很快，观点冲突也经常变化，不断更新，这些因素都会导致议题的衰变。[5]

网络海量信息自由流动，群体内成员有众多的消息源与意见源可供选择，可以通过争论达到真理的公开。但在无控制的网络中，群体内部的讨论不是避

〔1〕 樊亚平：《网络新闻传播产生社会影响力的一种特殊模式——兼论网络新闻传播的社会影响力》，载《科学·经济·社会》2004 年第 1 期。

〔2〕 《记者调研对话：提高应对群体性事件能力》，载《瞭望》2009 年第 1 期。

〔3〕 刘中起、龚维斌：《无直接利益冲突群体事件中的集体认同生成及其干预路径》，载《国家行政学院学报》2013 年第 1 期。

〔4〕 杨雄：《网络时代行为与社会管理》，上海社会科学院出版社 2007 年版，第 101 页。

〔5〕 周庆安：《网络无直接利益冲突群体事件中的媒体议程设置》，载《网络传播》2009 年第 9 期。

免而是加强了群体极化,[1]群体极化既能促进群体意见一致、增强群体内聚力和群体行为,也能使错误的判断和决定更趋极端。事件传播中,群体在得出初步的结论后,会让更有利于它的信息与意见发表,并给予极大的回帖声援与支持,而对异议则大力打击,形成对信息的协同过滤。[2] 如 Twitter 运行的模式本身就是一个消息发布、跟随的过程,Twitter 用户感受的意见气候与媒体报道气候同时存在,进一步强化了多数人意见的传播,导致政府"把关人"[3]的作用受限,微型博客具有反封锁能力,导致政府信息控制上的"把关人"作用缺失。Twitter 能够通过互联网和手机短信进行信息发布,也可以通过连接网络的电脑和手机接收信息,以及大量第三方网站和客户端软件提供信息的阅读和发布,Twitter 去中心化的模式使屏蔽网站的功能弱化。[4]

大量旁观者及后来参与事件的网民则根据论坛上表现的主流舆论去判断事实,被群体一致感染,认同并加入同质信息的传播中。随着队伍越来越大,凝聚了越来越多的网民,道德谴责、批判的能量迅速放大,使事件传播出现"一边倒"的局面,并不可抑制地走向极端化,最终逾越虚拟空间的限制,在现实空间展开行动。

有学者对近几年发生的 10 多起互联网内外的无直接利益冲突群体事件分析后发现,这些事件有三种类型,并呈现出网上、网下群体性事件联动的特点。一是"现实与虚拟并存型网上群体性事件",往往在小规模群体抗议的同时,相关情况在互联网上散布并引起更多人关注和响应,随后形成了更大规模的现实无直接利益冲突群体事件,网上事件讨论和现实群体行动互相影响,增加了事件对抗性;二是"现实诱发型网上群体性事件",某些事件引发了网上持续热议和情绪宣泄,但现实中并没有发生群体性对抗,网上则形成了强大的"表达对

〔1〕 所谓"群体极化"现象是指团体成员一开始即有某些偏向,在商议后,人们朝偏向的方向继续移动,最后形成极端的观点。在网络和新的传播技术的领域,志同道合的团体会彼此进行沟通讨论,到最后他们的想法和原先一样,只是形式上变得更极端了,该理论由美国当代法哲学家凯斯·桑斯坦在《网络共和国》一书中提出,用以解释网络中的仇恨。陶文昭:《互联网群体极化评析》,载《思想理论教育》(上半月综合版)2007 年第 17 期。

〔2〕 赵志立:《网络传播理论与实践前沿》,四川大学出版社 2007 年版,第 153 页。

〔3〕 "把关人"理论的提出者卢因认为,信息传媒中有大量信息"把关人"存在,只有符合把关人价值标准的信息内容才能最后进入传播渠道。新型社交网络的兴起与发展,其传播方式和特点决定了在网络传播中没有统一管理及控制信息系统的"把关人",也使切断信息的流向更加困难。

〔4〕 魏婷婷:《浅析网络传播浪涌效应》,载《榆林科技》2015 年第 4 期。

抗”;三是“现实诱发网内网外变异型群体性事件”。[1] 因此,对于网络事件的传播来说,在对它进行宏观角度的梳理后,应以一种科学与理性的态度去引导它的发展,发扬它的正面作用,规避其负面效应。政府、媒体、公众应随着互联网技术的应用与发展而不断调适。保证信息透明公开化的同时,加强并完善网络立法与媒体监管体制;媒体中立、客观分析报道事件。同时培养“意见领袖”,强化政府“把关人”意识,在信息交流中引导大众舆论,促成正确舆论的形成。论坛是意见阶层的主战场。意见阶层的核心人群是所谓的“意见领袖”。根据网络知名度和号召力,包括时事关注度,原帖数、浏览数、跟帖数和贴文转载数,跟帖与原帖价值取向的一致性,个人网络身份(级别、头衔等),可以识别出一批网上“意见领袖”。时事评论、价值评判,首先由他们提出,再由他们传递给大众。舆情主体的年龄和文化程度平均值高于传统媒体受众,因此在舆论酝酿和发酵过程中,他们更容易受到“意见领袖”的影响。因此,需要引导他们成为网络生态环境中的建设性的力量而不是破坏性的力量。同时,可以以舆情主体身份介入 BBS,培养自己的“意见领袖”,在“意见阶层”中形成正面引导力量。[2]

网络无直接利益冲突群体事件显示了网络作为意见空间已经嵌入现实生活。网络作为行动空间是虚拟的,作为意见空间则是现实的,是社会生活空间的一个现实部分。网络空间也不只是一种信息工具,而是社会的基础架构,网络无直接利益冲突群体事件是一种“身体不在场”的抗议方式。身体在场的冲突方式蕴含着危险,人群聚集可以冲击秩序,形成现实危害。网络无直接利益冲突群体事件虽然“身体不在场”,但如同工具延长了人的身体,使人类活动的在场性得到了延伸,“网络在场”与“身体在场”没有本质区别,网络已是社会的基础结构,以网络为形式的冲突仍然可能造成社会的动摇,因为网上与网下的关系并非隔离,网络群体可能与网下群体形成呼应和转换。[3]

社会转型导致了利益格局的调整、社会阶层结构的重组和变迁,社会客观状况的变化必然反映到社会心理层面,尤其是负面或突发性事件更容易吸引民

[1] 杨久华:《当前我国网络无直接利益冲突群体事件发生的模式、趋势及其防范策略》,载《江西公安专科学校学报》2009 年第 3 期。

[2] 徐光:《群体性突发公共事件原因研究述要》,载《现代商业》2010 年第 21 期。

[3] 单光鼐:《县域为何易发群体性事件》,载《人民论坛》2011 年第 S2 期。

众注意和热议,激发非理性情绪的滋生和非理性舆情。过去社会舆情以民谣、顺口溜等形式流传,作为民众情绪发泄的一种方式,其一般不会对社会秩序造成太大影响。但随着互联网和新媒体的快速发展,网络给舆情表达和舆情汇集提供了便捷平台,非理性情绪具有较强的传染性,如社会心理学的剧场效应,剧场中如果前排座的人站起来,那么后一排的人也会紧跟着站起来,最后全剧场的人都会跟着站起来,大家都被迅速地裹挟其中。在短时间内引发广泛关注,是近几年来社会舆情反应鼎沸的危机事件之一。互联网的匿名环境以及网民阅历、思想认识水平具有局限性,面对一些热点事件时,网民很难在短时间内厘清事件背后复杂的社会和心理动因,使非理性和过于主观的声音容易占据上风,网络舆情危机不断上升,产生群体性怨恨心态。民众对自己所处的现状感到不满意,具有相似感受的人就会产生相似的想法和情绪,逐渐形成群体的极化,表现出共同反应。[1]

群体事件发生原因,是社会转型期出现了普遍的社会心理失衡。传统社会向现代社会过渡的转型时期,经济的快速发展与社会其他要素的不协调引起了经济结构失衡。在社会变迁背景下,结构性诱因即表现为双重体制并存,民众中普遍存在的社会性抑郁、底层群众中的社会性怨恨、双重体制并存下的心理失衡和心理秩序混乱。结构性紧张基于成本与收益的非对称分担,即改革的成本为群众所承担,而改革的成果与其无涉;权力与资本的结盟渐趋固化,利益集团出现并成为重要的社会力量,其结构性紧张表现为地方与中央的非一致性,部门与中央的非一致性,社会结构层面表现为弱势群体边缘化状态固化、贫富差异持续增大并凝固、社会阶层上升和流动难度增大。群体性事件发生的根本性原因在于个人无法找到协商机制和利益维护机制。综观已发生的无直接利益冲突群体事件,引起无直接利益冲突群体事件的原因多种多样:有些是由于非正常死亡事故引起的;有些是由于利益纠纷引起的;有些是由于治安问题引起的;还有更多的是因为“抽象愤怒”,不特定之人因不特定之事引发的普遍和长期的愤怒。[2]

---

〔1〕 单光鼐:《县域为何易发群体性事件》,载《人民论坛》2011 年第 S2 期。

〔2〕 李国波:《我国农村群体性事件法律问题研究》,复旦大学法学院 2008 年硕士学位论文,第 22 页。

从近些年发生的群体性事件的总体情况来看，可归纳出如下特点和趋势：第一，对抗性明显加强。一些新的社会矛盾，在部分地区有所加重甚至激化，其结果表现在群体性事件中，就是事件的对抗性逐渐加强，体现在事件的爆发规模、持续时间、冲突强度等多个方面。基层组织社会控制弱化，社会权威结构失衡，是目前群体性事件产生的体制性根源。社会基层组织的社会控制力呈明显的弱化趋势，威信相对减弱。第二，号召力、凝聚力和说服教育作用减弱。群众的利益一旦受损或遭受侵害，为寻求国家权威的保护，单个的社会成员会意识到集体行动的重要，集体上访和无直接利益冲突群体事件就容易产生。政策宣传解释不到位，利益冲突调停不公正，是引发无直接利益冲突群体事件发生的潜在因素。实践中，有的政策本身没有问题，但在实施过程中工作简单化，民众无法理解和承受，或者地方执行政策不够到位，群众的合理要求得不到满足，也容易产生无直接利益冲突群体事件。[1]

从根本上说，区域范围内的利益调整和利益分配直接影响社会稳定，社会结构变化对于社会稳定形成的压力和因素也不容忽视。除了农村中尚未脱贫的农民，还包括国有企业改革过程中下岗工人中的贫困人口和城镇中无固定职业及收入低下的人口。一些地方的亏损企业因拖欠下岗职工生活费以及无力报销医疗费问题而引发的集体上访事件时有发生，这些对社会稳定的维护都是客观的现实压力。同时，社会边缘群体不容忽视，这一群体主要是指居住在城市周边或城乡接合部的进城打工族和流动人口。因贫富差距所产生的生存权利被剥夺感和心理不平衡感，他们习于结群而发生交叉影响，增加了社会的不安定因素，客观上也危及社会安定。此外，还有民族、宗教问题的长期性、复杂性和敏感性，这些都潜存着不稳定因素，处理不当，容易引发社会矛盾和民族矛盾。影响社会稳定的因素是多方面的，消除不稳定因素，维护社会稳定的工作要从多方面着手、多管齐下。政策执行中的偏差和“土政策”极易破坏社会安定，其容易引发群体上访事件乃至刑事案件的发生；[2]停产、倒闭、兼并企业的职工在工作安排和生活保障问题得不到妥善解决，也会引发群体上访甚至闹事

〔1〕 马雁：《边疆民族地区群体性事件的特点、成因及应对机制》，载《云南农业大学学报》（社会科学版）2012 年第 1 期。

〔2〕 牟德刚：《近两年关于正确处理人民内部矛盾问题研究综述》，载《温州师范学院学报》（哲学社会科学版）2001 年第 2 期。

事件，因而也直接影响社会安定局面。因此，改善利益分配机制中的不公正现象，从社会心理上消除影响社会稳定的不利因素、消除部分利益群体的不满情绪，成为社会稳定中的一个重要任务。改善对边疆民族贫困地区不利人群的扶持力度，逐步消除因贫困而引发的社会不稳定因素，既是维护社会稳定的需要，也是发展地区社会经济的根本需要。因此，需要重视社会和政治生活中的各种问题，正确处理各种物质利益碰撞所引发的人民内部矛盾。[1]

不同的社会群体拥有不同的发展能力、条件和机会，不同的社会群体间存在差异是必然的。这种差异在一定因素作用下会转化成利益矛盾或冲突。因此，维护社会稳定的关键不是完全消灭差异，而是化解和消除会导致矛盾激化或爆发的这些因素与条件。社会群体间的利益冲突是我国社会和谐稳定面临的主要挑战之一。目前社会利益分配格局不平衡，原本可能潜在的群体利益矛盾正在逐渐显化，成为被意识到的社会利益矛盾。人们的实际社会地位对他们是否满意自己的生活状况有很大的影响，即不同人群的行为发展也被其认为是符合其道义经济和理性行动的。[2] 经济高增长与社会心理安全感和社会稳定之间并非绝对成正向比例。丹尼·罗得瑞克教授在总结东亚金融危机时提出了“经济增长＝外部冲击×（潜在社会冲突/冲突管理机构）”[3]的公式，认为在既定外部冲击和客观社会矛盾状况下，社会管理机构越脆弱，调节社会矛盾的能力越低，群众参与和利益表达的机会越少，弱势群体越易受到忽视，一旦遇到经济不稳定和外部冲击，就会加剧原有的社会矛盾和冲突，对经济增长的负面影响也越大。换言之，并非所有的增长都会带来社会稳定，包容性的公平增长才会带来社会稳定。集体行动都是以社区和地域共同体为最基本的动员空间而展开的，来自地域共同体的民众为了更安全的居住环境和更公平的产权交易关系而集体性地动员起来。由于空间控制权和空间福利和每一个社会成员都直接相关，因此，即使引发目标集体行动的直接起因与旁观者无关，但旁观者

〔1〕 马雁：《利益结构变迁与边疆民族地区社会稳定的关系》，载《广西青年干部学院学报》2011年第1期。

〔2〕 关于理性，《布莱克维尔政治学百科全书》作了这样的解释：理性是人类具有以推理行为实现有目的的结果的能力，缺乏理性便被视作剥夺此人合法权利的理由，并被普遍当作对此人进行某种监督甚至管束的理由；行为中的理性是阐述行为的理由并依此行动的能力的实施，理性的行为就是理性地适应于追求行为者的某个目的的行为。

〔3〕 胡鞍钢、胡联合：《转型与稳定：中国如何长治久安》，人民出版社2005年版，第29页。

有可能想象，同样的命运很有可能在不远的将来降临在自己的头上，从而会使旁观者产生一种想象的威胁，激发起旁观者参与的情绪和意愿。另一方面，移情还有可能起源于移植的怨恨，[1]在这一类集体行动中成为利益相关者，因此，对地方政府和社会权势者的泛化的社会怨恨，也有可能被引入行动动员的场景中来。这也是解释非直接利益相关者之所以出现在这一类集体行动场景中的一个主要社会机制。[2]

一、社会文化层面的原因

社会冲突是价值观、信仰以及稀少的地位、权力和资源分配上的对立。科赛把冲突的原因分为物质性关系和非物质性关系两类。科赛认为，物质性冲突是权力、地位和资源分配方面的不均，非物质性冲突是价值观念和信仰的不一致。边疆民族地区群体性突发事件的类型划分中，以前者因素引发居多，也掺杂心理宣泄的因素。群体对物质资源分配不均的失望属于心理方面的反映，最终可归结为非物质性起因的范围。面对稀缺物质资源的分配不均，群体的相对剥夺感和不公正感首先在心理上、情感上被唤起，[3]相对剥夺感和不公正感日益强化的结果就是从质疑公平性发展到否定合法性，这个过程累积发展，当疏导不满的渠道不足时，极有可能引发冲突。[4]

对于无直接利益冲突群体事件的“安全阀”作用，社会学理论认为，社会矛盾分为现实冲突与非现实冲突两类。现实冲突是为达到某种目标的手段而作为；非现实冲突“不是由竞争性目标引起的，而是由冲突中至少有一方为释放紧张情绪的需要而引起的”。[5] 无论是否认识到冲突的存在，冲突本身就是目标。冲突有“作为手段的冲突”和“作为目标的冲突”，[6]同时“社会冲突是一

---

〔1〕 刘能：《当代中国群体性集体行动几点理论思考——建立在经验案例之上的观察》，载《开放时代》2008 年第 3 期。

〔2〕 宋志斌：《西部大开发中的社会稳定问题》，载《宁夏社会科学》2001 年第 2 期。

〔3〕 [美]科赛：《社会冲突的功能》，孙立平等译，华夏出版社 1989 年版，第 17 页。

〔4〕 应星：《中国的群体性抗争行动》，载中国宪治网：http://www.calaw.cn/article/default.asp? id = 8126，最后访问日期：2018 年 12 月 1 日。

〔5〕 [德]拉尔夫·达伦多夫：《现代社会冲突》，林荣远译，中国人民大学出版社 2016 年版，第 56 页。

〔6〕 [德]齐美尔：《齐美尔社会学论文选》，林荣远译，广西师范大学出版社 2002 年版，第 43 页。

种基本的社会过程形式”，有助于群体的建立和维持，认为一定程度和一定形式的社会冲突具有社会“安全阀”的释放功能。当满足以下两个条件：一是主题如果不涉及基本价值观、信仰等，社会冲突就具有积极的功能；二是发生冲突的社会结构，在富有弹性的社会结构中，通过为冲突安排制度化的“出口”，通过冲突方在权力关系中的结构调整，实现渐进式社会的变迁，社会冲突就具有促进社会整合，防止社会系统僵化，增强社会组织适应性等正向整合功能。多频度低烈度的冲突，使人们反思和重新组织他们的行为，缓解冲突关系的规范调节程度，通过合理的渠道释放紧张甚至敌对情绪，使之不至于极端化。冲突各方能够较为理性地分析冲突所针对问题的现实性，表达各自的利益和目标，相互之间讨价还价，从而达成妥协，有助于提高社会各群体之间的协作联合程度。多频度低烈度的冲突促进了冲突各方日趋联合，提高社会系统内部的弹性协调程度和对外部环境的适应能力。[1]

社会冲突理论认为，社会整体各部门间的失调必然导致各式各样的冲突，引起社会重组可以促进或至少是有益于社会变迁。基于这种认识，社会“安全阀”的概念指出内部冲突是一种至关重要的“安全阀”机制，“安全阀”可以使过量的蒸汽不断排出而不破坏整个结构，可控限度之内的冲突能帮助形成一个社会情绪“安全阀”，充当发泄敌意的出口，“安全阀”体制应当在社会结构中加以制度化并且处于可控范畴与限度之内。综合社会冲突理论，从这个角度来看待群体事件与社会稳定之间的关系，就是社会应当建立并完善常规化的利益诉求渠道和可控范围之内的情绪宣泄平台，建立维护社会稳定的机制。制度化的利益表达可以看作是一个社会的“安全阀”机制。如果制度化的利益表达渠道通畅，利益表达的效果能够满足利益群体的诉求，是一种低成本的政治参与方式，利益群体和政府之间就会有良性的互动和博弈，从而使利益诉求不至于发展成为人数众多的激烈冲突甚至带有暴力攻击倾向的群体事件或集群行为。[2]

在社会转型框架下，转型社会为群体性抗争行动的合法渠道提供了一定的结构性条件，在这种结构性条件的制约和刺激下，无直接利益冲突群体事件的组织手段和动员方式的差异，是进行分类的两个维度，即行动的合法化程度与

---

〔1〕 单光鼐：《县域为何易发群体性事件》，载《人民论坛》2011 年第 S2 期。

〔2〕 徐光：《群体性突发公共事件原因研究述要》，载《现代商业》2010 年第 21 期。

组织化程度。

社会怨气在底层的逐渐积累,构成对社会秩序合法性的威胁。行为方式的模糊化还与民众诉求实践中的问题化策略有关。由于基层管理机构惯有的推诿、拖延和敷衍,民众并非通过渠道内的信访表达诉愿就能解决问题。为使问题得到重视,民众不得不通过边缘化的越轨行为和问题化技术解决问题,即把民众自身的利益困境问题建构为危及安定团结局面。因而这些问题成为政府不能回避的重大问题,这些问题既给政府带来了相当的麻烦,民众又没有直接触犯法律的红线。有时候,利益受损群体甚至在当地自发宣传中央有利于民众的政策,以对抗地方政府的土政策,有时则以较为理性的群体示威方式对基层政府施加压力。因此,可以明确群体事件是由人民内部矛盾引发的、众多群众自发参加的、主要针对政府的群体聚集事件,其间发生了比较明显的暴力冲突和违法行为,对社会秩序造成了较大的消极影响。无直接利益冲突群体事件具有较强的自发性、暴力性与违法性。这类抗争行动的合法性程度很低,政府容忍度也很低,但尚不构成对现有政治制度的直接挑战。尽管这类抗争行动是制度外的群体性政治行动,但并不旨在挑战社会基本制度本身的合法性,而是人民内部矛盾引发的。可以说,群众与政府之间的利益矛盾是群体性事件的发生背景,行为违法是它的客观后果,其驱动力是情感。[1]

二、社会结构紧张导致的冲突

在社会分层结构的研究中,丁字型所表现的阶层之间的界限比金字塔型更突出,是直角式的,阶层之间几乎完全没有缓冲或过渡,是非此即彼的二分式结构。丁字型结构造成了持续的“社会结构紧张”,社会群体之间需求差异太大,社会交换难以进行。几乎所有的社会问题,都可以从丁字型结构和结构紧张上得到解释。目前严峻的区域发展不平衡,也是丁字型结构的一种反映。丁字型结构、两极型社会的核心是城乡关系问题。社会结构的完整变迁周期包括适应、分化、冲突和整合四个阶段。社会不稳定问题正是由社会处在分化、冲突和整合三个环节交错并存的过渡期所造成的。由于历史原因、社会条件、资源结构分配方向,以及个人的天赋、地位能力和后天的机会等因素,社会分化有片面

〔1〕 于建嵘:《公民参与是社会稳定的缓冲器》,载《人民政坛》2010 年第 6 期。

性、不平衡性、不合理性的,导致局部利益的冲突。社会结构的分化主要表现为利益的分化,社会群体结构的利益冲突和矛盾是造成社会不稳定的主要因素。

在丁字型的社会结构中,由于其下层群体基数过大,而且下层群体与其他群体之间属于一种两极式的(或直角式的)连接方式,因而导致社会群体之间甚至整个社会处于一种结构紧张的状态。[1] 社会结构紧张是一种社会客观存在并制约社会成员的行为,是造成社会矛盾的重要原因之一,并呈现出以下特征:社会利益关系方面的矛盾范围进一步扩大,社会利益方面的矛盾产生原因复杂。整体利益增进的同时,出现利益相对受损的情况,并出现引发原因多样的现象;在社会利益关系方面的矛盾趋于公开化并在一些领域趋于激烈。[2] 因此,社会稳定机制的构建,从根本上来说,需要通过社会结构的调整以及贫富差距的控制来解决。构建运行有序的社会结构平衡系统,平衡既是稳定的表现、实现途径和调控手段,从一定意义上说,改革是重建社会深层利益结构,调整人们的利益关系的关键。需要协调平衡各方面的利益关系,减少由于利益分化和差别所引起的摩擦、冲突和社会动荡。社会稳定的应有之义不是社会结构的单一形态,而是结构和功能的分化与多元及各部分的整合和互赖性增强,社会分化可以优化社会结构功能,具有促进社会稳定的作用。社会资源分配渠道多样化,有利于形成社会平等的结构性基础。合理分化的结果均衡了种种可能出现的社会压力和要求,从而在总体上保证了社会稳定。社会各部分、各要素间的相互牵制和依赖越强,使社会越具有整合能力,社会便容易被控制和约束。

---

〔1〕 结构紧张(structural strain),是指由于社会结构的不协调,而使社会群体之间的关系处在一种对立的、矛盾的或冲突的状态下,社会关系处于一种很强的张力之中。在这样一种状态之下,社会矛盾比较容易激化,社会问题和社会危机比较容易发生。美国社会学默顿用这个概念解释社会结构与社会问题之间的关系。认为当人们对于生活水平、社会状况的期望得不到满足时,结构紧张就会发生。社会结构紧张即社会文化所塑造的渴望成功的期望值,与社会结构所能提供的获得成功的手段之间产生失衡的状态。这时社会矛盾、犯罪、冲突就会激增。斯梅尔瑟则进一步分析了结构紧张的社会后果,提出在结构紧张的状态下,人们会产生非理性的信念或行为,人们会用这种非理性的信念来解释社会状况。当发生突发事件时,比如种族暴力行为,人们的反应是动员起集体行动,如果该行动不能被社会控制的因素所阻止,就会出现混乱的集合行为甚至社会运动。马克思在论证西方社会的基本矛盾时,没有直接使用过结构紧张的概念,但是他的观点与结构紧张类似。马克思在《共产党宣言》中提出,最容易激化社会矛盾的一种社会结构,就是社会分裂为两大敌对阵营的两极型社会结构。参见瞿海源、萧新煌主编:《社会学理论与方法》,中国台湾地区"中央"研究院民族学研究所 1992 年版,第 69 页;[德]马克思、恩格斯:《马克思恩格斯选集》(第 3 卷),中共中央编译局译,人民出版社 1995 年版,第 83 页。

〔2〕 陆学艺:《当代中国社会结构》,社会科学文献出版社 2002 年版,第 28 页。

社会稳定的基本前提与特点是社会结构内部各要素在结构、功能意义上相互适应,对外部环境影响能动适应,对异质要素能动接纳。社会结构能够容纳和吸收并可以控制利用内部和环境不断产生的新的结构要素,并在更高形态和运行水平上重新形成稳定发展的特性与结构。[1]

三、应对机制

社会建构理论认为,群体性事件也是社会建构方式的一种,是行为者借以解释不满、生产意义、相互沟通、制定决策和集体行动的一个过程。群体性事件"是人们对现实的解释,而非现实本身,引发了集体行动"。[2] 通过这种意义建构的复杂过程,不满情绪得到了解释,手段和机遇得到了界定。社会问题以及由此产生的不满情绪并不足以产生群体性事件,只有当社会问题及不满情绪得到解释并被赋予某种意义时,群体性事件才有可能发生。从社会心理整合角度看,社会建构理论对于预防和处置群体性事件具有积极的参考意义。防止和处置群体性事件,需要在发展社会公平的同时,高度重视社会精神文化生活需要和社会心理建设与引导,占据意识形态的话语权,尽可能地阻断群体性事件组织者和参与者反社会的心理不公正感的自我构建,并提高建立群体性事件组织的成本,压低群体性事件的预期收益,使尽可能少的人卷入群体性事件。无论是因利益冲突引发的维权事件,还是因民间纠纷引发的社会泄愤事件,多数事件的出发点都是为了解决群体自身的具体利益问题。群体性事件主要是一种表达民众利益诉求或情绪的方式,但当前的社会稳定维护工作,主要是建立在刚性稳定基础上的,是没有韧性、延展性和一定弹性与缓冲地带的高成本维稳方式。在群体性事件增加的情况下和社会不稳定压力增大的背景下,探求其发生原因及其化解之道已经成为很多社会科学研究者的重大课题。群体性冲突事件的主要症结在于官民矛盾。因此,要减少群体性冲突事件,缓解社会冲突,重建普遍的社会信任。公平公正的社会规范只是重建社会信任的一个方面,另一个方面是公民参与。这其中最重要的是要扩大公民参与网络,畅通民众参与

---

〔1〕 秩志强:《和谐关系下高校师生冲突及其解决对策研究》,哈尔滨工业大学管理学系2010年硕士学位论文,第32页。

〔2〕 闫志刚:《社会建构论视角下的社会问题研究》,中国社会科学出版社2010年版,第52页。

渠道,让公民参与真正成为社会稳定的缓冲器。因此,需要重视网络的重要性,将公民通过网络进行社会政治参与纳入制度化正式参与的轨道,这或许能成为公民表达利益诉求、发泄社会不满情绪的"减压阀"。如果公民参与缺乏正规的渠道和网络,民众只能采取其他诸如非正规甚至非法的渠道进行社会政治参与,表达自己的利益诉求和不满情绪,这会增加社会不稳定和群体性事件的发生概率。政治学和社会学的理论认为,不稳定的心理原因有不公平感、相对剥夺感、社会挫折感、危机感、利益表达和沟通渠道堵塞。利益在体制之内得不到表达,就有可能选择体制外的表达方式,以"闹"的方式来寻求问题的解决,从而导致民众与政府之间形成不信任的结构和循环博弈。

就无直接利益冲突群体事件的危害而言,社会心理学认为,聚集成群的人,他们的思维和感情全都转到同一个方向,他们自觉的个性消失了,形成一种集体心理,成了一个心理群体。他们的情绪互相传染,为了解决问题形成共同的心理特征,焦虑感上升,控制感下降,与同样有"弹压""敲"共同心理特征的政府人员的冲突就难以避免。群体出现暴力后,怕被算账的恐惧心理又上升,就更会团结、凝聚,对抗心态进一步提升,这时无准备、无计划、无命令也无法计划的打砸抢烧等就更难避免。群体聚集之后,借混乱宣泄不满的人增多,如果有人放诱饵,就会把暗示传达给攻击型群众,局面就会迅速失控。而放诱饵的人常是对社会最不满、挫折感最强的人,暴力行为者往往又是自控力差的攻击型、暴力型个体。[1]

在现代化推进过程中,地区利益分化客观存在并向纵深方向演变,利益关系趋于复杂。利益群体间的差异和分殊客观存在,利益群体的组织化程度低,利益分化呈多元化,但尚未对人们的容忍度构成挑战。在发展相对缓慢的,不易产生心理上的落差感和对利益的高预期值的群体间,利益矛盾并不尖锐。不同利益群体间存在利益关联,甚至形成了一定程度的利益依存和利益共享。在社会利益分化和利益关系复杂的背景下,民族关系也会与社会利益关系交织在一起。尤其是在民族杂居地区,普通的利益矛盾和利益冲突往往与民族关系相互纠缠,从而使利益关系更复杂。例如,各个村寨在争夺山林、水利、土地等资

〔1〕 [法]古斯塔夫·勒庞:《乌合之众:大众心理研究》,冯克利译,新世界出版社2010年版,第33页。

源的时候,常常是以民族纠纷的形式出现,使普通的利益争夺与民族间的利益纠纷交织在一起。宗教关系也会渗透利益关系中,由此而产生新问题。宗教的影响和价值观念成为少数民族评价社会利益关系是非的基本标准,进而影响少数民族谋取利益的各种活动。社会利益关系也因此常与宗教关系结合在一起。在一定程度上,群体性事件与社会文化结构的特点有关:一方面,基层治理和社会控制在加强,使集体的、公开的大量人员聚集的机会趋小,风险趋大趋难,大规模群体性事件发生的空隙收窄。各地政府加强社会政治动员,强化区域性社会治安、社会管理,是对群体性事件直接约束、消解的结果。另一方面,微观环境中结构性怨恨依旧,尤其是底层社会结构性张力实际并未削减,随着近年来拆迁、征地矛盾、环境污染、劳资关系紧张等,微观环境中的结构性矛盾的郁积仍在继续。

就目前无直接利益冲突群体事件的发生而言,拓宽合法有效的利益表达渠道,以及维护社会稳定惯常思路与社会"安全阀"之间的合理张力,是处理和解决无直接利益冲突群体事件,创造维护社会稳定有效机制、平衡社会利益结构的关键环节。边疆民族地区社会冲突事件的起因绝大多数还是集中在具体利益相对受损和利益剥夺感主客观两个方面,从民主和公民社会建构层面提出相应主张的现实情况比较少。无直接利益冲突群体事件以谋求安抚型、政策反应型和具体利益诉求型为主,掺杂泄愤型和无直接利益诉求型。因此,相应的维稳思路和工作也需要有针对性地作出预测、预防、应对和善后处理。富强、民主、文明、和谐、美丽的基本标志是安定有序,主要是要从它的社会稳定层面来考察。建立秩序框架,维护和实现自己的利益,富强、民主、文明、和谐、美丽的实现的基础就是能够解决利益冲突。在一个变化的社会中,如果不设定一定的行为规则,那么不仅可能使社会处于无序状态,而且可能造成对民众基本权利的侵害。建立解决利益冲突的秩序框架,社会抗击各种经济灾害和不稳定因素的能力加强,处理群体性事件积累了正的、反的经验教训,懂得认识和应对群体性事件,才能为今后解决社会矛盾冲突提供可借鉴的例证。

群体性事件发轫于某些地方政府政治系统的输入性故障。如果政治宣泄渠道不畅、利益表达机制不健全、话语表达方式单一、制度保障不足,容易形成堵塞型社会。有效利益表达机制的迟钝或缺失往往激发部分群众对现存体制的失望和不信任,当其无法借助既有的制度来维权时,便转向依靠暴力手段来发泄对社会的不满。因此,社会公共治理制度的缺陷,尤其是利益诉求渠道的不畅通与利益维护机制的不完善,是引发群体性突发公共事件的矛盾症结和制度性因素。当下地方政府倾向于采取门诊政治模式和惯常思维,而利益多元化、阶层多样化使得利益诉求出现了居高不下的态势,政府应接不暇,难题越来越多,坐诊者的能力和能量已经无法解决所有的纷争。问政于民就是一种信息输入的政治角色转换,即将公共政策可能产生的利益冲突最小化和前置化,实现政治系统从被动性输入向主动性输入的转变。从一定程度上来说,群体性突发事件作为民怨堰塞湖,是转型社会中的参与性危机,同时表明政府机制的不完备和政治系统缺乏系统而规范的公共参与准则,非制度化参与影响公共参与的效度和公共决策的民主化程度。因此,排除意见堵塞,建立健全且能够充分反映不同利益群体的利益诉求机制,拓宽制度内的公民参与渠道,是解决群体事件的根本之道。

四、邻避事件——群体事件中的新情况和变化趋势

邻避现象指的是政府推行某项政策或者审批设立监狱、游民收容所或工业区、核电厂等具有一定危害性的项目时,目标地域的公众发动的不愿意接纳该项目的社会运动。邻避现象最先发端于发达国家和地区,英文含义是“Not In My Back Yard”,即“不要在我家后院”。邻避是一种基于环境和经济考量的政治和社会运动,是环境意识增强后人们对自身环境、经济权益的关怀。综合国内外情况看,“邻避运动”普遍出现在城市化和工业集中化时期,在这一时期,重化工、核工业以及各类城市生活设施建设频繁,工业化前期累积的环境问题正日益凸显,而人们的环保意识和维权意识正明显增强。更重要的是,在这样的背景下,政府的公信力问题凸显。随着微信、微博的高效传播,一些邻避现象在传播中发酵,最后导致群体性事件。邻避的出现是社会发展过程中的必然现象,意味着社会进入环境优先的发展阶段。邻避现象的出现,说明传统的保护环境权益的管控式模式的效用趋于失灵,因此需要在生态文明体制改革的大背景下,加强多赢的共治和协商法律机制的建设。邻避事件可从突发事件、群体性事件的监测、应对、沟通角度进行分析,但从更深层次看,问题的诊断和化解离不开政府公信力这条主线。

由于公众对邻避设施不满而产生的冲突,称为邻避冲突。戴尔在 20 世纪

80年代提出,邻避现象是都市冲突的重要形式。洪鸿智教授认为,公众对于邻避设施的抗争,主要源于这些设施可能产生的潜在的威胁生活品质与财产价值的风险,因而产生敌视行为态度。因此,当一种产生效益为全体社会所共享,但负外部效果却由附近的民众来承担的邻避设施建设时,就容易引发当地民众的抗拒心态与反对行动。这种抗议行动是典型的邻避冲突。由邻避冲突而引起的群体性事件称为邻避型群体性事件。学者童星将由"邻避"冲突引起的群体性事件分为污染类、风险集聚类、污名化类、心理不悦类设施,这四种情况所引致的群体性事件,共同成为邻避型群体性事件的四个亚类型。换言之,民众因害怕某些设施产生风险而采取的反对行动就是邻避冲突,这种冲突是民众反对邻避设施而产生的一种情绪,由邻避冲突而引起的群体性抗议行为就成为邻避型群体性事件。近年来,因公众担心建设项目的环境影响而引发的群体性事件时有发生,这些群体性事件有的造成社会失序、有的导致财产损失甚至人身伤害,成为影响社会稳定不可忽视的现象。事件成因和影响因素复杂,社会对这些事件的认识不尽相同。针对参与者往往并不反对建设项目本身但抵制将项目建在自己的社区或城市这种现象,学术界和媒体称这类事件为"邻避事件"或"邻避现象"。人们反对这些项目是因为觉得这些项目会影响其生活品质或经济收益。有的担心空气质量,有的担心儿童安全,有的担心房产价值受损。心理因素即个人不愿为公共事物分担成本。当公共事物影响个人利益时,个人利益是优先选择的。因此,当人们在使用"邻避"这个词时,往往隐含道德上的贬义。在诸如垃圾焚烧、污水排放等典型的公益项目中,公众的抵制更多地不是因为项目本身的性质,而是对项目处理方式的不信任。有些项目在规划建设过程中信息不够公开,公众参与不到位,主管部门对公众存在的一些疑虑不能进行及时解答、有效宣传,从而加重了公众的疑虑和不信任。

从邻避冲突的特点与类型看,学者何艳玲认为"邻避冲突"的特点有:第一,邻避冲突的"成本或收益高度集中化",这是指邻避设施将使少数利益相关人负担或享有绝大部分的成本或利益。第二,邻避冲突的"高度动员性",即在一些共识性危机中,因为社会成员感受到社会体系所受的外力威胁,并且认识到问题需要得到尽快的解决,因此会产生同仇敌忾的情绪。第三,邻避冲突的高度不确定性,指许多邻避冲突所指向的目标往往是带有一定行业性环保污染问题。由于信息不对称,邻避设施所在地区的居民对于这类问题产生的原因、带来的危害的概率、可能存在的危险,以及如何避免这类威胁等问题往往不甚清楚。第四,邻避冲突的跨区域性。邻避冲突往往涉及跨区域的、政府间的管理协调,因此有效的邻避冲突管理,常常须跨越不同的行政区,需要政府间垂直与水平的合作。陈俊宏认为,由于邻避冲突涉及成本与效益的重新分配,使邻避问题的本质已不再是科学的,而是政治的问题。有时邻避冲突还是社会公平和公正的问题。邻避冲突的这些特点决定邻避问题成为城市管理者必须面对的现实课题,如果治理不当将会成为社会不稳定的重要影响因子。

按照邻避冲突引起的因素,邻避冲突分为以下几个种类:一是与能源类设施有关的,包括核能发电厂、火力发电厂、炼油厂、石油化工厂等。此类"邻避设施"可以为全国范围的民众带来利益,却由设施附近居民承担成本包括可能影响健康。二是与废弃物类设施有关的,包括垃圾处理焚化厂、污水处理厂等。此类"邻避设施"服务整个城市范围内的使用者,但可能影响设施附近地区居民的生活质量、安全健康,或降低其房屋等财产的价值。随着民众环境保护意识增强,由此类设施引发的社会矛盾近年来有增多趋势。三是与社会类设施有关的,包括特殊交通设施,火葬殡仪、精神病院等场所。此类"邻避设施"让许多附近住户嫌恶、排斥,不愿与之为邻。关于"邻避冲突"种类的另一种分法如下:一是污染类,即在运行过程中可能产生空气、水、土壤及噪声污染等的设施(高速公路、市区高架、垃圾处理设施、污水处理设施)。此类设施因具有潜在危险或污染性导致民众反对。二是风向集聚类。该类设施风险高,发生概率低,但一旦发生风险必然造成巨大的人员和财产损失(变电站、加油站、加气站、发电厂、核电站等),因而引致的民众反对情形。三是污名化类,即由于对于某些群体的污名化,造成对于该类人群集聚的设施(戒毒中心、精神病治疗机构、传染病治疗机构、监狱、社会流浪人员救助机构)产生的反对情况。四是心理不悦类,即令人心理感到不悦的设施类型(火葬场、殡仪馆、墓地)。此类设施具有满足社会需求的服务功能,但令附近住户感到不舒适,为了防止可能产生实质或潜在伤害身体或财产的威胁而发起抗议。根据以上几种分法,邻避冲突主要是由于民众对邻避设施的不满而形成的一种冲突,冲突类型主要与邻避设施的种类有关,不同邻避设施的影响形成不同的邻避冲突。具体冲突类型与发起者、参与者的心理诉求、预期关系如图6所示。

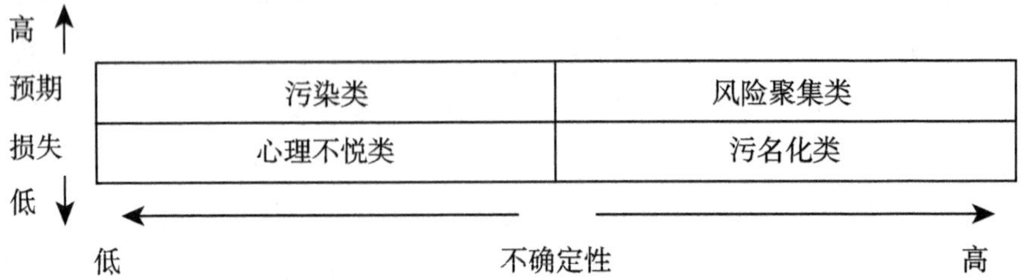

图6　邻避群体事件心理机制类型

邻避现象是公众规避环境污染和生态破坏的本能社会反应,该现象的产生有多方面的社会背景。从微观因素看,首先,一些地方政府所言和所行难以得到社会的认同。有的地方政府为了上马项目,多说益处,少说甚至不说不利之处。有的地方政府在一些事件的处理中信息公开不够。在这些现象的背后,往往存在有的地方政府盲目追求政绩或者官商一体化的现象。其次,一些企业的社会责任和法律责任意识淡薄,为了追求利润最大化,忽视其应当履行的环境污染治理、安全生产等法律责任。由于一些地方政府的庇护,当地百姓受损的利益难以得到有效的弥补,从而诱发社会对企业的敌对心理。再次,一些大企业的设立对当地的益处不太大,污染本地环境,破坏本地生态,开采本地资源,地方获得的税收很少,企业所在的乡镇和街道更难得到税收分成。最后,有关部门没有出面对一些污染物的环境危害作出科学的解释,使事件一而再、再而三地发生。一些事件的发酵,很大的原因是一些人相信了谣传的"科学原理"或者实验数据。

从宏观因素看,很多地方为了刺激经济增长,放松环境影响评价制度、"三同时"制度等强制性法律制度的实施监管,甚至把环评文件作为容缺审批的情形对待,支持高污染、高能耗的企业发展。最近几年全国化的雾霾事件、流域污染事件、土地污染事件甚至食品安全事件,就是典型的例证。这种现象的发生,首先主因是环境法律法规的执行在一些地方让位于经济增长的冲动,国家和社会的环境公益让位于地方和企业的经济利益。加上一些地方随意更改区域发展规划,区域开发规划的环评要求也形同虚设,使环境侵权现象更加普遍,社会的抵触心理更加强烈。其次,现行法律规定的环保执法手段过软,法律责任不严厉,企业违法成本低、守法成本高,使企业的环境信用整体越来越差。在查处污染企业的执法活动中,监管部门或者缺乏强制查封扣押权,或者依照法律规定的罚款标准执行罚款。有的火电厂、冶炼厂的污染治理设施运转一天需要几万元甚至十几万元,停止运转一个月受罚一次则只需要缴纳几万元或者几千元罚款。加上一些地方环保部门出于各种考虑,不全面严格执法甚至采用选择执法的方式,纵容了一些企业的污染行为。同时,目前法律对环境受害者的补偿和救济规定不充分,环境补偿在现实中难以公平、公正,使社会对企业的设立和对政府的监管有一种由里及外的不信任态度。即使企业真的排放达标甚至没有污染,公众也难以相信,从而简单地选择一概拒绝。再次,在市场经济社会里,人们对健康权格外重视,使污染企业的设立越来越难。在实践中,因病致贫现象使居民更加重视自己健康和健康权的保护。住房的市场化使绝大多数家庭为购买住房付出了一代人甚至几代人的心血,如果因为一个企业的新建或者现有企业的污染导致房产价格的下跌,或者因为环境保护和安全生产等方面要求和标准的调整需要拆迁部分居民住宅,容易遭遇居民的抵制。又次,官方解释不够,信息公开不对称、不科学,导致公众的知情权难以得到充分保护。以有关省市多次爆发的PX事件为例,居民的反对不是建立在科学知识的基础上,相反的是建立在对企业排放物环境危害错误认识的基础上,而有关部门却迟迟不肯主动发布权威的科学信息。倘若一开始有关部门和属地政府负责地去做建设性的教育和说服工作,矛盾不会激化,问题也会得到妥善的解决。因此,应当采取措施,加大企业环境信息的公开力度。信息公开全面、准确了,公众才会相信政府和企业。最后,环境保护的公众参与在现实的环境法治架构中未得到真正的重视,主要表现是,公民参与的渠道和程序规定不足,公民表达渠道不畅通,导致公众不能选择有序参与获取环境信息、表达意见,即使能够表达意见,其意见也难以得到真正的重视。由于缺乏法律规则的支持和引导,公众的社会责任感在现实的环境压力下不得以转向共同的抵制行为。

相关项目的选址,往往延续“政府官员 + 技术专家”模式,重技术轻沟通,相关政府部门常常是“内部决定——公开宣布——受到质疑后再辩护”,不少居民感到其被排除在决策过程之外。有的政府部门尽管事前有信息发布,但面对公众普遍的担心质疑,解释、回应不够,未能打消公众顾虑。事前民意征集有不少是走过场,项目计划公布后,多人联名反对,当地政府部门仍未做有效回应,直到事态不断发酵扩大。一些案例都有合法的环评手续,但为何公众仍不相信?深层的原因是一些政府部门长期以来没有摆正位置。一些地方政府部门受到错误的政绩观影响,为招商引资忽视环境保护和公共利益,在项目上马前环评工作睁一只眼闭一只眼,在项目上马后,面对明显的环境问题推诿掩饰,导致群众对环评手续、政府承诺缺乏信任。

邻避运动与维稳压力叠加,使涉环保项目"不闹就上,闹了就撤"在多地不断重演,其所带来的危害,一是公众会进一步认定政府决策"本来就有问题",加深不信任情绪;二是被叫停的项目未必都有问题,手续齐全、技术安全的项目说停就停,投资者利益无法保障,当地投资环境恶化,同样会损害政府的公信力。从国内外经验看,化解"邻避运动"的过程,在本质上也是提升政府公信力的过程。

历史经验表明,政府单方行动会加剧公众的忧虑,而事前告知、民主参与,加大公民的话语权,会让公众更放心地接受,还可能使公众提出更好建议。自下而上的公众参与是解决邻避冲突的重要方案,事关群众切身利益的项目,政府行为应从强制性向协商性转变,给公众提供参与邻避设施决策的机会,由"决定、宣布、辩护"转向"参与、自愿、合作"。其中,如何完善居民代表制度是一个关键和难点。比如,业主委员会如何产生、运作,如何对外代表居民参与相关项目的调研考察,如何对内及时有效沟通,增加居民对项目、政府和项目单位的了解等都是亟须解决的问题。

此外,信任靠制度建立,现代社会的复杂性需要科学的治理体系。在业主代表、政府和项目单位三方共同参与下,明确监测、公示、意外补救等制度,设立监测系统,定期进行环保评估,事前、事中、事后相结合,自上而下与自下而上相结合,才可能得到民众的信任。法治建设又是制度建设的关键,针对大气、水质、噪声、废弃物、海洋污染等环境问题,围绕监测评估、费用负担、赔偿补偿、纠纷处理、责任追究等环节,应进一步完善法律法规,明确相关的目标、流程、要求和各方的权责。居民之所以反对邻避设施"建在自家院子里",主要是认为项目的好处由全社会和经营者占有,而负面效应则要由附近居民承担,收益与代价不对等。因此,用多元补偿手段弥补邻避设施的负面效应,是化解邻避运动的关键办法。在美国,经济补偿一般分为货币补偿和实物补偿。货币补偿不直接发给居民,只能用作社区建设的基金;实物补偿主要有提供就业岗位、修建道路、建设图书馆、兴建游乐设施等公共设施或公共服务。在具体做法上,有区域互补模式,还有将多个补偿方案和邻避设施共同打包"拍卖"、由愿意承担项目的地方竞争的模式。补偿的前提,是从技术和管理上认定相关项目的风险可控性。经过数十年的治理改进,近年来西方国家"邻避运动"的频度和烈度已明显下降。而转型期的中国正在面临着这一大考验,邻避,可以成为中国政府公信力的测试指标,也可以成为提升政府公信力的重要抓手。在城市发展和现代化的过程中,如何从源头上控制邻避冲突,化解邻避冲突带来的风险成为城市管理者面对的课题,能否妥善预防和有效管理"邻避"冲突现象,已成为考验各级政府行政能力的重要难题,这也是世界各国在工业化、城市化进程中普遍遇到的问题。

造成邻避群体性事件的原因众多,客观原因在于邻避性设施存在固有的问题,尤其是污染性邻避设施实际或潜在的对公民生命健康和财产安全风险危害,即不确定的负面后果以及成本和效应呈现不均衡分布。主观原因是目前决策风险分配不公平,补偿不到位,部分决策过程中不考虑民意,人民的权利意识增强,环境信息公开制度尚不健全,邻避设施的运行过程缺少监督,相关法律规范不明确,环境保护规定过于抽象、可操作性不强等,以及决策缺乏公众参与,程序不正当。从以往的研究文献及发生的案例看,政府在决策过程中,基本采取"政府主导 + 专家决策"的模式,而受邻避设施影响的公众却被排除在决策之外。有的政府相关部门在决策过程中存在越权现象,认为只要对项目做了国家环评,有了"科学依据",民众就应该欣然接受,有的地方甚至以经济发展为"硬道理",在巨大的商业利益和诱人的政绩数据面前,忽视了人民的真正需求。政府在作出对邻避设施附近居民的权益有重大影响的决策时,没有保障他们的知情权和参与权,导致民众无法了解决策过程,导致公民产生抵触心理,这是邻避现象出现的重要原因。实践中,还存在个别地方法院受制于地方利益,当诉讼涉及关乎当地经济的大项目时,认为"敏感"而不予立案。一旦权利受损害,公民很难通过司法途径解决,故而导致"大闹大解决,小闹小解决,不闹不解决"的心理,这是造成邻避型群体性事件的法律制度原因。其解决思路及机制如图 7 所示。

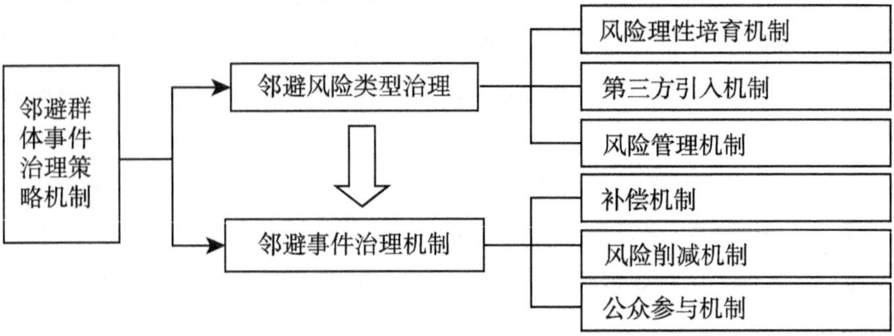

图7　邻避群体事件治理策略机制

近期的研究中,学者将邻避设施分为以下几种:一是污染性设施,指为配合经济发展以放任与形式化的环境管制所衍生出的设施类型;二是空间摩擦性设施,指为拥有优势地位的经济团体在最短时间内追求利益的最大化,牺牲弱势团体的权益,产生空间摩擦的现象;三是不宁适设施,即为令人感到不愉悦的设施类型,邻避设施具有满足社会需求的服务功能,但令附近住户感到不愉悦不舒适,也可能产生实质或潜在伤害身体或财产价值的威胁,火葬场或殡仪馆是"不宁适设施"的例子,它们可能造成一些危害如地价之下跌,但较少产生不可预期之风险;四是嫌恶性设施,指不受欢迎的设施类型,陈彦桦将其定义为嫌恶性设施,其内涵为设施具有潜在危险性或污染性导致民众直接性的反对设立;五是风险集中设施,指为设施外围居民承担的风险多于其所承担利益的设施类型,何纪芳提出民众对设施的接受程度与接受设施的风险高低有关,即风险越高的设施,民众越不易接受,这说明此类设施多是风险集中的设施;六是邻避型公共设施,指引起民众不悦,使民众进一步采取抗争行动的设施类型,吴妙方认为此类设施在整体社会利益的考虑方面有其必要性,但设施周围的居民必须承担设施产生的外部成本或外部性,造成社会不公平不正义的情形出现。邻避设施的两个显著特征是:第一,会产生负的外部效应,包括空气和水质污染、生态影响、景观影响、噪声污染等,以及由此引发的人类健康问题。也有一些非环境的影响,包括经济和社会影响,如房地产价格下降和社区耻辱。第二,成本与效益均衡分布。邻避设施通常对大多数人有好处,但其环境和经济的成本则集中在特定人群,由此造成成本与效益不对称,并导致不公平。鉴于这两个特征,居民往往会强烈反对邻避设施建造在自家附近(后院)。换言之,邻避设施所产生的效益并未通过市场机制来合理地分配,而外部化的成本往往转嫁给设施周边的民众,民众因此产生不满情绪。

邻避冲突产生的原因有多种,从理论来说,主要是由邻避设施的负外部性导致的。外部性的出现意味着邻避设施所生产之效益并未通过市场机制产生合理的分配。邻避设施将生产成本外部化,外部化的成本往往转嫁给设施周边的民众。居民反对邻避设施的原因主要包括心理因素、公平问题、邻避设施对于地方形象的影响,以及政府在环保配套方面的失职。学者认为邻避冲突产生的原因主要有:第一,心理因素,即居民担心邻避设施可能对人体健康及其生命财产造成严重威胁。田野调查显示,如果没有公开的邻避设施选址过程,一旦当居民得知某邻避设施选中其社区作为兴建地址的时候,在其无心理准备的情况下,他们第一反应必定是在诧异与愤怒支配下誓言抗议到底。这种极端化(甚至有时候被夸大化)的情绪性反应可能很快关闭各方进行理性协商和沟通的机会,埋下互不信任的隐患。第二,公平性问题,即大部分居民都了解邻避设施对于社会全体所具有的效益,但问题在于他们会质疑为什么这项设施偏要设置在他们家“后院”而不是设置他处。第三,邻避设施对于地方形象的影响,即某些居民担心邻避设施带来环境污染,进而影响地方形象。第四,当地房地产价值。由于政府对于环保工作一贯以来的漠视,增加了居民对邻避设施的不信任和反对。学者管在高认为产生邻避冲突的原因主要有:第一,环境污染。部分邻避设施的兴建和运行的确会对周边地区的空气、水、土地等造成一定污染。第二,社区形象。火葬场、墓地等邻避设施给人一种阴森恐怖的感觉,会给周边居民造成心理上的不适。第三,房产贬值。房产是一般家庭的主要资产,居民担心由于邻避设施的兴建给周边环境造成污染,或者对居民心理造成影响,进而影响自己房产的价值,使他们的家庭财产受到较大损失。第四,不确定性忧虑。周边居民在心理上对邻避设施的风险存在不确定性忧虑,这是缘于对历史上此类邻避设施所导致的意外事件的恐惧。我国台湾地区学者主要从经济学角度进行分析,曾明逊认为邻避情结(邻避冲突)的产生乃在于成本与效益不能平衡的结果,即邻避设施产生的外部成本在空间上一般集中于附近的居民,而远离此负外部效果的居民却享受邻避设施所提供的效益。因邻避效应将造成负面外部成本大于经济利益,迫使居民不得不采取远离或抗争行动,而采取抗争对居民而言是有利而无害的,若抗争成功,其将可以得到补偿或较低的风险威胁,若是失败也不过是维持现状而已。

从以上观点可以看出,“邻避冲突”主要受心理因素、经济因素、社区形象及其他不确定因素影响,加上邻避设施在审核时很少考虑民众的感受,民众参与的渠道不够畅通,对民众权益保护的途径不足,时常导致邻避冲突的产生。

邻避冲突治理研究是经济社会发展的需要,是保护民众合法权益的要求,也是维护社会持续稳定和保证社会正常秩序的必然选择。随着城市化的发展与居民权利意识的兴起,邻避冲突发生的概率增加,对于邻避冲突,回避与掩盖都可能使冲突越变越激烈,邻避现象中居民与政府部门等发生冲突,是因为公共设施的好处和收益由全社会共享,而风险和成本却主要由设施周边的少数居民承担。但如果这样的事情不断发生而得不到妥善处理,就有可能导致政治性冲突。因而,在当前研究“邻避冲突”的治理符合经济社会科学发展的需要,是转型期中国化解社会矛盾,保证社会长治久安的必然要求。邻避问题不应视其为单一的环境问题,其影响层面已扩及政治、经济、社会及法律层面,如环境政治的问题、环境与经济的问题、环境伦理与环境正义的问题、环境行政管制的立法与执行等问题,形成以环境邻避为中心的议题网络,使邻避问题更加复杂化。

邻避冲突行为治理策略是邻避冲突理论研究中的核心部分,将治理“邻避冲突”行为纳入政府公信力建设系统,提升民众对政府的信任度,能为化解邻避冲突创造良好的政治生态。邻避冲突的不断扩大,实因民众对政府缺乏信心,造成民众对政府管理公共政策的质疑。为避免邻避冲突的发生,应重视如何提升民众对政府的信心,尤其是提升环评结果的客观性及环评程序的公正性。邻避冲突的产生与政治生态密不可分,要彻底解决邻避冲突行为,必须系统考虑提升政府的公信力建设,增强民众对政府的认同和信任,减少邻避设施建设的阻力。厘清政府角色,明确政府的定位,转变政府治理“邻避冲突”的思维模式,应将邻避冲突的解决看成是一个治理问题而非管理问题。不应将邻避冲突的治理过程仅仅看成是邻避冲突的解决或者消散,更应看作政府与其他行动者即冲突的利益相关者在互信、互利、相互依存的基础上进行持续不断的协调、谈判、参与合作、求同存异的过程。为有效地治理冲突,政府的角色必须加以厘清与界定,作为制度和游戏规则的供给者,政府应该在邻避冲突中保持中立角色,以增加自身裁判和调解时的公信力。同时,政府应转变处理邻避冲突的思维模式,使政策更具代表性与回应性,参与在公共政策中调和政府与民众在政策制定与方案执行规划的合作角色。在参与的过程中,政府应营造可沟通与对话的公共领域空间,让民众得以充分地表达意见,使其利益能够受到应有的尊重。同时,要完善民众参与机制,即增强信息的透明度,开通协商性的对话渠道,充分吸纳民意。协商性的对话渠道不仅局限在邻避冲突发生以后,更重要的是,在邻避设施兴建之初,就应该有类似的渠道让尽可能多的利益相关者可以参与到决策的议程中去,通过以利害相关人为基础的政策过程,使邻避设施所在社区变成自愿性社区,以减少邻避冲突发生的可能性和解决冲突的成本。同时,要构建面向城市弱势群体的政治吸纳机制。如果既定的制度安排出现了鼓励体制内参与的诱因,如果政府能够通过政治吸纳机制将这一类冲突纳入政府的常态管理模式中,而不再是将社会运动视为异己的存在,则邻避冲突可能不会发生,或者即使发生其解决的成本也会大大降低。这对政府而言,无疑是治理邻避冲突最有效的方法。在环境争议中,民众通常处于资讯不对称状况,民众几乎没有畅通的资讯来源,若开发单位能开诚布公地提供民众相关资讯,则可以降低民众的疑虑与不安,增加民众的信任感;若迟至民众感到疑虑而开始搜集相关资料时,将倾向于对不利资讯的收集,容易造成政府与居民各说各话的困境。因此,可将公民参与和对话纳入决策机制。协商与对话机制不应局限于回馈或补偿等政府预设的议程,而是应在开发案提出与场址评选之前就尽早就多元广泛的层面全面咨询当地居民。唯有提高民众在决策中的参与与双向沟通,才能将邻避冲突房发生的可能性降到最低限度。在决策过程中,要同时考虑邻避设施的技术经济影响和社会环境影响,从依据传统的"成本最小化"原则转变为同时依据"影响最小化"原则,在多种方案中选出最合适的方案,以达到"阻力最小化"的效果。目前的环评、听证制度、监督制度存在不少缺陷,在一些地方甚至沦为"过场"。政府应该尽快出台可操作细则,使公众有序、有组织地参与到项目的前期工作中,增强公众的程序意识。

"邻避事件"的解决可分为"适应性解决"和"减少型解决"。"邻避事件"发生后的解决,是"适应性解决",一般有两种方案:一是技术性解决,即在原地进行降低影响的技术改造,或者改迁到别的地方;二是经济性解决,即无论在原地还是异地,给予受影响的居民可接受的经济补偿或非经济补偿。在解决过程中一定要杜绝两种做法:一是把出现邻避现象甚至冲突的原因全部归咎于民众的自私心态,认为解决问题的途径在于民众应该牺牲"小我"的权益而顾全"大我”福利。二是当“邻避冲突”爆发后,政府下令停建或易地上马收尾,用“立即妥协”方式在较短时间内平息(重大决策失误除外),这种模式虽然“立竿见影”,但后患无穷,因为它无疑会加剧民间这样的印象,即政府的决策有问题,纠正问题最快和最彻底的办法就是暴力示威。

治理邻避型无直接利益冲突群体事件的群众工作思路是一个方面,完善的利益补偿机制也必不可少。从某种意义上来说,它是化解邻避冲突事件的关键。这与邻避冲突事件产生的深层根源息息相关。尽管邻避冲突事件产生的根源有多种,如邻避设施建设信息不透明、程序不合法、民众参与不足、政府在环保配套方面的失职等,但最主要原因之一是邻避设施给周边民众切身利益带来了相应损失而引起,这是由邻避设施的负外部性导致的。邻避设施外部性的出现意味着邻避设施所生产之效益并未通过市场机制进行合理的分配,邻避设施将生产成本外部化,外部化的成本往往转嫁给设施周边的民众。邻避冲突的产生主要在于“成本与效益”不能平衡,即邻避设施产生的负外部成本在空间上一般集中于附近的居民,而远离此负外部效果的居民却享受邻避设施所提供的效益。因邻避效应将造成负面外部成本大于经济利益而采取抗争,对附近民众而言是有利而无害的,若抗争成功,将可以得到补偿或较低的风险威胁,若是失败也不过是维持现状而已。从成本与收益角度来看,影响最明显的是邻避设施附近的民众房产贬值。房产是一般家庭的主要资产,居民担心由于邻避设施的兴建给周边环境造成污染,或者对居民心理造成影响,进而影响自己房产的价值,使他们的家庭财产受到较大损失。这种现象在城市快速发展进程中非常普遍。从邻避冲突生成的原因来看,经济因素和利益损失是邻避冲突事件产生的重要诱因。因而,建立完善的利益损失补偿机制是化解邻避冲突事件的关键。

为了从源头上化解邻避冲突事件的风险,须健全利益损失补偿机制,消除邻避设施的负外部性,保障邻避设施周边民众的合法权益。主要措施有以下几方面:

第一,强化利益损失补偿的意识。在邻避设施建设中,维护公共利益的同时,更需要保护好利益受损群体的合法利益。决策者应强化利益损失补偿的意识,尊重受邻避设施影响群体的利益,加强对受邻避设施影响群体利益的损失补偿,缓解利益受损群体对邻避设施的对立情绪。利益损失补偿是基于人们追求自身利益最大化的假设,对已经发生或可能发生的损失进行评估、赔偿,减轻设施周边居民的损失,以降低居民抗争的一种有效手段。

第二,畅通民众利益表达的渠道。当前,邻避设施建设中应畅通民众利益诉求表达渠道,加强民众与政府的互动,确保邻避设施项目充分体现广大民意。同时,让受邻避设施影响的群体充分表达其利益诉求,了解因邻避设施给部分民众利益带来的损失程度,并采取有针对性的补救措施,将邻避冲突风险降至最低限度,积极推进公益性工程项目开展,实现公共利益与个人利益平衡,增强人民的获得感。

第三,探索利益损失补偿的手段。在邻避公共设施建设中,根据邻避设施可能产生利益损失的规律,探索各种利益补偿的手段,确立货币与非货币两类补偿方式,平衡各种主体的利益。货币补偿可包括税费减免、直接给付金钱、健康保险、其他经济利益保障等;非货币补偿方式可包括增加公益性设施、房屋置换与搬迁、医疗保健服务、房地产价格保证、就业提供、小区环境改善等其他公益性产品。因而,在现实利益损失补偿中,当现金补偿无法达成一致时,可以考虑采用非货币的补偿方式或是"一揽子"补偿组合计划,从而避免因谈判僵化而导致邻避冲突事件。

第四,发挥市场手段在利益补偿中的功能。要保证受损群体利益得到合理补偿,必须发挥市场在利益补偿中的基本功能。根据市场公平公正配置资源的功能,确定受损群体利益损失补偿的标准,保证利益损失补偿结果的客观性和科学性,便于利益受损群体认同补偿的方案,从源头上缓解民众对邻避设施不满的情绪。

第五,拓展利益补偿的救济途径。拓展民众利益补偿的救济途径,增强民众权益救济的法治性和权威性,为民众权益维护提供有力的保障。如果民众对邻避设施影响的利益损失补偿不满意,可以引导民众走权益救济的法制化途径,在法制框架下维护民众的合法权益,为依法化解矛盾提供有效路径,降低社会冲突的成本。

第六,优化邻避设施决策的模式。要从源头上消除邻避设施的外部性影响,实现利益受损民众的利益补偿,必须转变政府的决策模式,使政府决策从自上而下的"决定—宣布—辩护"模式转化为"参与—协商—共识"模式,充分吸纳民意,增强决策过程中的民主性,使邻避设施建设决策建立在广泛征求民意基础上，尽量考虑民众利益受损状况，及时采取有效措施弥补利益受损者的利益，减少决策带来的风险和冲突，为邻避冲突化解创设良好的政策生态。[1]

公众环境意识提高，环境权利观念增强，是激发人们积极参与环境保护的重要因素。随着人口和经济活动总量的增加和空间的集聚，公共环境与个人利益出现矛盾将成为新常态，需要公民让渡部分个人利益以维护社会整体利益的情形会越来越多。在这种情况下，沟通、协商和补偿是协同这些利益关系的基础环节。沟通产生互信，协商建立共识，补偿协调利益，三个环节缺一不可。许多项目出现问题恰恰是由于缺乏与公众的沟通和协商。有些工业项目确实对国计民生有重大意义，但并不能改变其作为营利项目的性质。如果仅突出其带来的公共利益，不强调对受影响者的补偿，是缺乏说服力的。有些环境保护项目，本身属于公益项目，但在操作过程中有时需要引入商业模式以解决融资和经营困难。在这种情形下，公平公正的决策与实施、公开透明的沟通和交流就更为关键。

除沟通、协商和补偿外，根本的措施是从源头上减少项目可能对环境和公众产生的影响，即所谓减缓。从垃圾处理来看，最重要的管理在于减少垃圾产生量。一提到减量化，人们往往举出日本生活垃圾分类的成功经验，但更重要的却是其对工业、建筑业和商业等领域的非生活垃圾的管理。日本通产省的研究资料表明，日本生活垃圾仅占全社会垃圾总量的一成多，而接近九成的垃圾均来自工商企业。国家和地方立法严格要求企业处理自身产生的垃圾，这一方面使市政的垃圾处理压力减少了近九成，另一方面这项措施倒逼每个企业尽最大努力实现生产过程中资源利用的减量化、再循环和再利用，压力变成企业实行循环经济的动力。若不从根本上处理垃圾的来源和数量，而一味地建立垃圾焚烧设施，不仅显得舍本求末，更令人怀疑政府有效规制企业进行垃圾处理的能力。所谓邻避现象，包含许多对公众的误解和解决方案的欠缺，如果地方政府和企业把沟通、协商、补偿工作做好，把项目对环境和公众可能带来的负面影响降到最低，所谓的邻避是完全可以避免。

和其他群体性事件不同，环境事件有强烈的“共意”特征，动员速度很快：环境议题与政治无关，参与者抛弃了很多顾虑，而且环境事件具有明显的地区

---

〔1〕 童星：《邻避型群体性事件及其治理》，载《南京社会科学》2010 年第 8 期。

性和社区性。邻避思维是一种面对未知危险相对普遍的情绪,但仅有邻避思维,未必会有邻避运动,而社区"共意"一旦形成总会寻找最近的宣泄口,当地人的情绪爆发需要的可能只是一个爆点。社区认同或者地区认同往往在不平等的环境下最易形成。因此,谣言止于真诚沟通,而非止于信息单向输送。例如,番禺垃圾焚烧厂的先例是引入居民参与选址,1979 年日本东京都的武藏野市焚烧厂的经验也是如此:由专家和市民代表组成的环境委员会推荐人员参加选址预备会,每个区都有自己的代表参与,如果一年内选不出地址,则意味着市民没有做出选择的能力,就得接受市长的选址。对此方案市民表示同意。经过选址预备会的投票筛选,四个地方被列入候选,其中包括市长最初的选址方案。随后,选址进入第二阶段,由专家、一般市民代表,以及这四个候选地的居民代表共 35 人组成了"建设特别市民委员会",再做定夺。

舆情蓝皮书《中国社会舆情与危机管理报告(2014)》指出,2012 年以来,环境类舆情事件中已解决事件的比重下降,未解决事件的比例逐年攀升;事件处理"烂尾"情况严重。据统计,重大环境舆情事件的诱因主要集中在环境污染,全年占比为 39.3%。灾害事故类舆情次之,占比 20.0%;环境政策类舆情事件占比 15.3%,位居第三,环比有大幅度提升,环境政策越来越受到重视和关注。该蓝皮书指出,2012 年环境舆情事件中报纸成为主要首曝媒体,网络新闻曝光紧随其后;微博作为首曝媒介增势减缓。在 2012 年影响较大的环境舆情事件首次曝光媒介类型中,占比最高为报纸,全年占比 35.6%,且较历史同期有所上扬,其曝光力度不容小觑。网络新闻也不甘示弱,以 43.6% 的占比位居第二,环境类舆情事件中已解决事件的比重下降,未解决事件的比例攀升,因事件未得到完全处理,即部分解决和未解决,共占比 27.3%,事件处理的"烂尾"情况较为严重。上海交通大学舆情研究实验室、危机管理研究中心通过对 2003 ~ 2012 年 10 年间影响较大的 405 起环境舆情事件的研究发现,不同省份的环境舆情事件数量与当地的上网人数、城镇居民人均总收入、居民消费水平存在显著正相关关系。研究显示,随着上网人数的逐步增多、互联网普及程度的不断提升,环境舆情事件仍将不断增加,这对各地区政府的环境管理、舆情和应对等能力提出了严峻的考验。

一般认为,舆论是公众对公共事务趋向一致的看法。目前,邻避冲突的网络舆论是学术界研究的热点,其已经引起了诸多学者的关注与思考。邻避冲突本身的一些特点,如非直接利益受损、非突发性、有组织、有计划等,通过网络媒体的快速传播,其复杂性与难以控制的特点也变得更加明显。普通民众有环境风险沟通与环境生存权益的权利,网络媒体的出现为民众的公共表达打造了一个绿色话语平台,这为公共交流并最终达成共识提供了可能。从发动形式看,从最初的论坛社区、即时通信工具、手机短信等,到现在最流行的微博动员,网络集体行为日趋常态化,论坛、微博和即时通信方式是邻避冲突网络舆论传播最主要的传播载体。手机携带的便捷性与难以监控性,让手机传播在多起邻避冲突中担当了重要的角色。在多个环境群体性事件中,传统媒体沉默、网络媒体传播受阻之后,手机媒体仍在向外界传递信息,推动事件发展。在多起邻避冲突中,更具封闭性与隐蔽性的QQ群成了社区内的业主联络的媒介首选。利用QQ群强大的管理功能与明显的戒备意识,业主能及时发现社区中的异议持有者并将其剔除,其内部交流的快捷性与难以监控性更是发挥了重要的作用。

邻避冲突网络舆论传播的特点包括:一是初期冷处理及掩盖式应对造成舆情泛滥。邻避冲突发生后,以往避而不谈、封锁消息的方式已然不能适应自媒体时代的舆情应对。对网上开始流传关于某项目可造成生态威胁的质疑与流言,职能部门并未进行风险解疑,忽略对网上流言及时进行舆论引导,从而加剧过激言论在网上的传播与扩散,相继成为新浪微博的热门话题,引发媒体的大量报道,促使群体性事件受到全社会上下的普遍关注。如果政府对网络舆情反应滞后,将严重损害政府形象,进一步放大信任危机。二是谣言的频发加大舆情复杂度。为获得较高的媒体关注度,引起全社会的广泛关注,处于底层的弱势群体倾向于借助未经证实的谣言和网络传播的力量表达环境抗争诉求,以此争取舆论支持并维护自身的环境公民权。通过"冲突的社会化"以增强话语权是弱势群体惯用的媒介话语策略。网络的开放性使公众的政治参与门槛降低,但许多未经证实的信息在其中传播,为网络谣言的滋生提供温床。事实上,在环境领域的公民参与运动中,谣言的传播发挥了建构虚拟社区的环保认同的作用,其在一定程度上使公众的情绪得到宣泄,情绪动员的功能显著,但它同时存在加剧邻避冲突的可能性。多个群体性事件中都伴随着谣言的身影,即使政府部门进行了澄清,但谣言造成的负面影响在短期内难以收回。凭空捏造的恶意谣言进一步激化了社会矛盾,加大了邻避冲突中舆情的复杂度,政府处理起来更棘手。三是民众诉求单一,政府的高频度应对并未缓解舆情。在邻避冲突中,一方面,如果政府引进项目的决策过程忽视民意,则没能保证决策的科学性和民众的环境知情权;另一方面,面对民众对项目的质疑与抗议,如果政府未能及时进行风险解疑释,并采取简单粗暴的方式处理环境领域的公民参与运动,则反映出有关部门处理舆情危机能力的薄弱。邻避冲突发生后,许多非利益相关者的介入,是社会风险加剧的重要标志,也使舆论场声音更加多元化、理性化,一些人开始发表一些"反民意"言论,例如谈论是否是民众过于"环境恐慌",当地民众在微博等自媒体上发布关于冲突现场的博文,异地民众献计献策。综合来看,网民的诉求单一而比较合理,具有相对明确的目标指向,即要求将要或者正在建设的化工项目迁出所在城市,因此就算政府部门高频度应对也不能缓解舆情。因此,官方的高频度应对在一定程度上并不能缓解舆情。四是舆情震荡短暂,线下民众持续观望。区别于公共卫生事件、自然灾害事件,邻避冲突舆情震荡短暂,一般只会出现一次新闻高点。公共卫生事件被媒体曝光以后,由于关系广大人民群众的身心健康和生命安全,会引起政府、媒体和公众的高度重视,相关部门进行的检查、控制、问责等一系列措施接踵而来,新闻媒体会进行持续跟进报道和深度挖掘,从而出现新闻报道的多次高点。重大自然灾害一般会引起大量的人员伤亡和财产损失,随着各种救援行动紧锣密鼓地展开,事件会在发生后一段时间内(至少在 15 日内)持续得到媒体和公众关注,同样出现新闻报道的多次高点。而邻避冲突发生后,一般其先在自媒体上快速传播,紧接着成为传统媒体关注的焦点,新闻报道量迅速攀升,在事件发生后两三天之内达到报道量峰值,随着善后处理工作的结束,一般会在一周内淡出媒体和公众视线。由于邻避冲突的影响范围很大,处理时间会比较长,通常情况下政府承诺的处理方式都让对之不信任的民众持持续观望的态度,一旦出现新情况,网民的注意力会立刻转移回来。五是网上热议与传统媒体沉默形成巨大反差。邻避冲突发生后,网上热议的现象与传统媒体"噤声"的现象形成鲜明对比。长久以来,传统媒体因其新闻生产的合法性与权威性引导着大众的价值观走向,但对于敏感事件,特别是关于政府环境决策与经济发展规划的邻避冲突,传统媒体就失去了新闻的"真实性"和"时效性",因其集体失语而导致的信息真空的状况时常出现。邻避冲突新闻表达的缺口,使传统媒体遭遇尴尬的局面,传统媒体集体失语引发一片唏嘘与质疑声,网络媒体通过帖子、论坛等舆论形式率先突破政府的信息封锁,在宣告政府屏蔽策略失败的同时亦产生极大的社会影响。

新媒体时代化解邻避冲突难度加大,全媒体时代公众参与的特点是,核心层有利益诉求,中间层不加思索扩散,最外层狂欢式参与。根据中国互联网络信息中心(CNNIC)发布的《2014 年第 33 次中国互联网络发展状况统计报告》显示,截至 2013 年 12 月,中国网民规模达 6.18 亿,手机网民规模达 5 亿。随着信息传播方式和途径的多元化,微博、微信、博客等信息传递平台扮演着越来越重要的角色,人人都有话筒,人人都能发声,人人都想发声。全媒体时代,公众参与环境保护渠道和途径在不断拓宽的同时,也出现了公众无序参与的乱象。在各地爆发的以反对 PX 项目、垃圾焚烧厂、核电项目等为借口的环境无直接利益冲突群体事件中,利用 QQ 群、微信好友圈、微博转发等方式迅速传播、动员,直至线下集结。环境领域频出"邻避现象",对政府决策的公信力提出了新挑战。邻避现象的产生,有其社会背景。从法律方面来看,首先,自 2008 年金融危机以来,很多地方为了刺激经济增长,放松环境影响评价制度、"三同时"制度等强制性法律制度的实施监管。其次,现行法律规定的环境执法手段过软,法律责任不严厉,违法成本低、守法成本高,使企业守法越来越难,企业的环境信用整体越来越差。最后,在市场经济社会,人们对自身人格权和财产权,特别是对健康权和房产保值格外重视。如果因为一个企业新建或者现有企业污染导致房产价格下跌,或者因为环境保护和安全生产等方面要求和标准的调整需要拆迁部分居民住宅,而地方政府、有关部门和企业非但不对居民承担补偿责任,还采取行政强制的手段,必然激化矛盾,遭遇居民坚决的抵制和反抗。[1]

近年来环境无直接利益冲突群体事件和热点舆论事件参与者分为三类:核心层为直接利益相关人,中间层为媒体、记者间接利益相关人,最外层为无直接利益相关人。我国典型的环境无直接利益冲突群体事件爆发路径一般是:核心层有利益诉求,中间层不加思索扩散,最外层狂欢式参与、发泄情绪、无关抗议初衷。针对环境无直接利益冲突群体事件和热点舆论事件参与者的不同类别,应采取相应的措施。对核心层,要准确识别利益相关方,多方利益共享,利益均

---

〔1〕 黄毅峰:《微信等即时工具对群体性事件的影响及对策》,载《青年与社会》2014 年第 3 期。

沾。强势群体放低姿态,尊重弱势群体,让底层民众分享社会经济发展的成果;对中间层,要主动发布信息,让权威信息领跑,让虚假信息无处藏身,积极交流,不间断沟通,避免误会和猜测,及时发布信息,准确研判,积极引导,果断处理;对最外层,要提供有效维权途径。

解决邻避现象的社会和法律对策包括:在立法方面,依照新修订的《环境保护法》有关保障公民环境知情权、财产权、人格权和参与权、监督权的规定,制定实施细则。同时,健全立法,保障企业依法获得的企业设立权、污染物排放权和资源开发权;促进生态环境补偿和赔偿的法制化、标准化和市场化,使公民的房产权等权益受损时,能够得到及时、公正的补偿,消除公众想通过闹事获取不正常利益的念头;依法打击带头闹事者和组织者,杜绝闹事和无序参与的现象;改变国有企业的财务支出规定,恢复企业对属地的适当补偿、合作和支持机制,建立良好有序的企业和地方关系。在管理体制方面,《环境保护法》规定了严格的执法强制措施和严厉的法律责任,如果不加强体制改革,其实施效果将大打折扣。因此,要建立党政同责、一岗双责、齐抓共管的地方环境保护监管的全新责任体制,通过细化地方党委的环境领导责任和地方政府的环境监管责任,并把环境保护纳入党政考核体系。建立环境保护部门的主体执法体制,授予环境保护部门在生态保护和污染防治领域的综合指导、协调和监督权,通过统一规划、统一协调、监督性执法、事故调查和考核评价等监督性权力,树立环境保护部门的统一监督管理威信。在环境执法方面,严格按照规划监管建设项目和现有企业的环境影响行为,消除执法不严、选择性执法等环境保护地方保护主义现象。从短期来看,开展为期一年的全国性环境污染和生态破坏排查和打击行为,重点打击非法违法生产的污染型和资源型企业,提升地方政府的环境信用,让公众对企业的设立和政府的监管持信任态度。在公众参与方面,按照国家治理体系和治理能力现代化建设的要求,通过立、改、废等立法措施,建立有序参与的多方主体共治的制度体系,使《环境保护法》第五章有关信息公开和公众参与的规定落到实处,从事前、事中和事后三个环节全过程维护公众的合法环境权益和相关的其他权益,限制企业污染行为和侵权行为的违法扩张。在司法救济方面,《环境保护法》要求推进环境公进环境公益诉讼,让环保社会组织和司法机构介入侵犯环境社会公共利益的事件,使环境纠纷通过法治化的途径而非社会化的聚众闹事方式解决。在事件应对方面,应当完善突发事件应急预案，确定环境信息公开和科学原理解释的部门，保障环境信息的及时、科学、全面公开，使社会了解科学的环境信息和环境危害，并依法做好群体性事件中的媒体传播管控和工作，防止谣言的传播和事件的恶化，成立突发事件舆情应对小组，专门从事科学解释工作。此外，有必要建立环境突发事件的第三方监测和评估机制，其监测和评估结论及应对建议供有关部门参考。环境问题实质是局部与整体、眼前与长远的关系问题，实质是经济问题、民生问题，公众的环境需求是推动环保事业发展的根本动力，公众参与是环保事业取得成功的必然要求。

第四章　无直接利益群体事件的规律与针对性治理及预防措施

一、县域地方性知识视角下群体事件的成因、特点

群体事件尤其是暴力性、对抗性强的事件，多发生在县城和城镇地域范围。大城市是开放的、复杂性高的社会，由于权力和财富分配不均，大城市的社会分化尤其是阶层分化明显，利益多元化程度高，同质性差，异质性强。将大量的人群聚集、组织和动员起来并不容易。行动者遇事要想赢得多数人的支持同情，只有占据道义高地，用理性的态度考虑做这种事情会有多大的风险，整个行动在形式上要尽可能合理合法。在大城市里群体性事件多表现出理性平和的状态。县城的群体性事件可能陷入混乱与不可控。[1] 农民是县城里主要的群体，农民的认同就是当地"区域内大比例人群"的认同，这种心理认同经过长期的历史积淀，官民心理边界清晰。利益认同很明显，同质性很强，县城传统文化氛围浓厚，团结能力强，四里八乡的人遇事可以迅速团结。在县域环境里，底层群众的集体认同很强。在等级序列秩序分明的县域环境里，呈现"马太效应"。近年县城里四处游荡的年轻人增多，容易无事生非，肆意妄为。无直接利益冲突群体事件中青少年冲打在前，在一些事件中已有显现。

县域无直接利益冲突群体事件的特征从性质上看，在社会利益关系调整剧烈时期，社会矛盾冲突与利益分配有直接或间接的关系，群体性事件始于利益的冲突。即使诉求目标不明确的事件也如此。利益之争反映在县级群体性事件上，为反应性抗议行为，基于行动者利益受损而引发，事件的地方性特征明显，是对县域微观环境里具体的经济、民生问题，依靠熟人社会的微观动员方式

---

〔1〕 单光鼐等:《县级群体性事件的特点及矛盾对立》，载中国乡村发现网：http://www.zgxcfx.com/Article/12674.html，最后访问日期：2018 年 11 月 30 日。

而产生并发展的。工具取向特征明确,行动者指向一个具体的经济、民生利益目标,通过用集体行动表达。县级冲突反映的问题带有普遍性,只是在程度和规模上存在差异。由于县级冲突大多是利益冲突,群体性事件的行动主体自然大多为利益群体。行动者因为特定的利益关系连接在一起,有的事件将众多"非直接利益冲突"的人裹挟进去,但参与进去的这些"非直接利益冲突"的人仍旧是那些具有相同的集体历史记忆、统一的认同感的人,他们的身份相同、相似,与其他群体属性的差异容易辨认、区隔。从动员手段和方式看,县域环境依旧是个封闭的熟人社会,人际相互依赖性很高,只有嵌入社会人际关系网络中,依靠相互接济才能满足基本的生存需求,因此县域冲突中行动者的动员往往是依靠既有的人际关系网络,尤其是家族、亲属、同乡、同学网络。利用人际频密的交往、互动,借助手机、互联网等新技术媒体发动、组织。[1] 弱势群体使用国家规矩时往往力不从心。向上反映问题时认为自己人轻言微,司法诉讼时则打不起或不知怎么打官司。而当地的乡土规矩具有两面性,交替使用国家规矩和民间规矩,既能做到大致符合国家法,又以当地习惯、习俗或惯例为通则。在县域环境的熟人社会里,除依凭"大传统"的国家法外,依凭乡规、俗例等习惯法则展开。往往是亲情、人情、事理、情理、力量的较量。没有社会资源的阶层,除依靠人多势众取胜外,还有的手段就是为吸引公众关注,不按常理出牌,做出极端行动,借以寻求伸张正义的舆论支持和同情。比如,抬尸游行、停尸抗议、跳楼秀、散发传单、小字报、举横幅游行等,或采用暴力、私刑手段。[2] 这反映了公民权利救济渠道的不足。因环境污染引起的群体性事件的增长幅度明显,引发环境群体性事件的原因在城市与农村所不同。大中城市是由于基础设施建设引发环境无直接利益冲突群体事件;农村多因企业违法排污等导致。环境群体性事件形式多样,矛盾趋于激化,激烈的表达方式有增无减,并出现从个人维权到集体维权转变的新的态势。

研究表明,造成群体性突发事件的深层原因包括:一是一些基层组织软弱涣散,官僚主义作风和腐败现象严重;二是经济发展程度不够,体制转型与利益

〔1〕 单光鼐等:《县级群体性事件的特点及矛盾对立》,载中国乡村发现网:http://www.zgxcfx.com/Article/12674.html,最后访问日期:2018年11月30日。

〔2〕 王道勇:《关注新生代农民工的群体性焦虑》,载人民网:http://theory.people.com.cn/n/2012/0806/c245417-18676772.html,最后访问日期:2018年11月30日。

格局调整引发一系列矛盾；三是改革措施不到位，政策未落实；四是一些地方政策出台不周，执行不力，缺乏有效的思想政治引导工作；五是行政管理体制改革落后，缺乏社会自我调节机制；六是一些领导干部缺乏应有的政治敏锐性和责任意识；七是一些群众观念滞后，法制意识淡薄；八是个别事件有境内外敌对势力插手、煽动、操纵。有的基层干部可能水平不高，化解矛盾能力不强，也成为引发群体性事件的重要原因。[1]

社会变迁以及由此衍生的社会分化已使既有的社会结构解体，社会日益分化为不同利益、不同价值观念的人群。由于没有形成与利益群体分化相匹配的利益组织形式，快速转型期，几乎所有的社会群体都对社会身份、社会环境、社会预期缺乏一种安全感和确定感。对于不同群体而言，其焦虑的范围、对象和程度却有很大的区别，因此有必要关注不同社会群体的群体性焦虑。[2] 如社会成员多以"原子化"状态存在，每个人的诉求呈现出"个体化"特征，个体诉求表达也呈现出"离散化"倾向，个人无力、无助感强烈，大量难以成功实现的个体利益诉求极易转化为怨恨积累起来，最终演化为要么是个人泄愤报复犯罪；要么是"没有组织形式和规则制约的"群体行动。作为一种心理情绪，焦虑是对现存状态的一种认知，而认知要转变为、表现为现实的行为，中间必须经过态度这个过渡环节，认知、态度、行动三者环环相扣，共同把一种心理状态转化为社会行动。从理论上讲，群体性焦虑并不会对社会的安全稳定构成直接威胁，它只是一种风险性因素；关键在于这种群体性焦虑能否形成一种倾向，即形成一种意欲采取特定行动的社会态度。压抑、烦躁、不满、非理性冲动等紧张心理，聚集到一定程度就会在该群体中形成一种普遍性的愤怒，即群体性愤怒。群体性愤怒是处于群体性焦虑和群体性行动之间的社会态度，它让群体性焦虑这个内隐的心理状态外显化，是集体行动的准备状态。群体性愤怒的不断累积，会形成巨大的社会张力，最终会以社会冲突或其他方式释放出来。[3] 底层

[1] 景跃进：《利益协调机制的构建：共识与分歧》，载《北京论坛（2011）文明的和谐与共同繁荣——传统与现代、变革与转型："协商民主与社会和谐"政治分论坛论文及摘要集》，北京，2011 年 11 月，第 17 页。

[2] 王道勇：《关注新生代农民工的群体性焦虑》，载人民网：http://theory.people.com.cn/n/2012/0806/c245417-18676772.html，最后访问日期：2018 年 11 月 30 日。

[3] 王道勇：《关注新生代农民工的群体性焦虑》，载《学习时报》2012 年 8 月 6 日，第 4 版。

群众、边缘群体的利益诉求不能自由表达，其合法权益不能得到有效的维护；新生代农民工群体面临的焦虑具有全面性和累积性，身兼流动性和弱势性这两大风险性因素。"流动"意味着一种不确定、不稳定的变化状态，而"弱势"则意味着底层生活和进行抗争的风险。如此大规模的青年人口处于这种流动的、弱势的状态，所蕴含的社会、经济和政治风险是难以估量的。[1] 没有组织代表他们的利益，反映他们的诉求，更谈不上将他们组织起来理性、有规则的显示力量。所以，一旦遭遇损害和伤害以暴力与对手"对话"就成为他们最主要的选择。对相关信息，政府的有意控制和封锁，只能让小道消息更肆意传播，朝着对政府更加不利的方向发展。因此，群体行动发生的主要影响因素有三个方面：情绪的生产和扩大，意见领袖及组织能力，潜在参与者的选择模型，即他们对收益和成本的计算。一方面，要看到群体性事件因其聚集性，严重妨碍了社会秩序的正常运行，同时，群体性事件发生后造成的社会秩序混乱，很容易导致政府管理失控，而这极易被心怀叵测者利用，从而使问题升级，事件变质。另一方面，也不能忽视现阶段群体性事件作为一种社会冲突类型，绝大多数是经济利益冲突，在初期阶段是可控的。初露端倪的群体性事件有利于政府发现平时未注意到的深层次问题，也有利于群众释放情绪，起到"安全阀"的作用，其是公民社会的发育、公民意识的觉醒、法治建设的发展及互联网成为公共领域等多种合力的结果。政府的基本应对方略须实现处理群体性事件理念的转型，确立与市场经济的人本性质相适应的以人为本的哲学，避免制度供给短缺，政府失灵、政府利益机制的某些非公正性和非合理性，以及一定程度的公共利益权力的滥用。同时实施一系列政策对策，进行制度创新与制度供给，这是消除群体性事件的体制基础，构建利益中性的现代政府的关键，以及化解群体性事件，公共产品供给与对弱势群体的人文关怀，建立合理的利益表达、调节机制的关键。平时不满却沉默的大多数群体，很可能在一个很小的突发事件如群体性事件中成为愤怒的大多数，做出破坏性行为，危及公共安全和社会稳定。作为经济不发达的平民阶层，其在社会发展过程中承受社会不公的压力，随着信息化渠道的拓宽，这种不公在心理上不断得到强化，从而在心理结怨，到达一定的限度后容易爆发。因此，回应性是公共治理的一项基本原则，公共组织及时

---

[1] 王道勇：《关注新生代农民工的群体性焦虑》，载《学习时报》2012年8月6日，第4版。

了解民众的需求，回应民众先前表达的需求，解决问题和隐患，更易在基层治理中把握主动权。

二、群体事件与区域经济发展程度呈负相关性

群体性事件大多是由人民内部矛盾激化造成的，妥善处理人民内部矛盾对维护社会稳定具有关键性作用。我国群体性事件的发生是由多方面的原因引起的，既有社会环境和公共政策等方面的原因，也有参与民众心理等方面的因素。群体性事件的发生是社会变迁过程中多种因素综合作用的结果，是各种利益冲突的集中体现。[1] 多起县域范围的突发性群体性事件与一些公司化的地方政府滥用强制性权力结果相关。一些基层政府的公共性减弱，造成政府公司化的状况，追求政府利润，形成县际竞争。政府本应担当裁判、制定规则，平衡老百姓与企业之间的利益纠纷，依靠法律法规来解决问题。但一些地方政府形成公司化状态后，却秉持重商主义，以优惠条件吸引投资者，如低价出让土地、减免税额、提供廉价劳动力等，实施亲商政策，降低交易成本，政策偏向企业，在征地、拆迁、劳工诸多方面给予企业优惠。当企业与民众发生纠纷时，这些地方政府就站在企业一边，由此企业与民众的纠纷演变为民众与这些地方政府的矛盾冲突，[2] 在这种情况下很容易造成社会冲突并导致升级。

利益失衡是当前农村群体性事件的主要诱因，利益诉求型的群体性事件多发，表明人们权利意识的加强和对政府的信赖不足。它不同于涉及抽象的价值、信仰、意识形态的冲突。利益可以交换、妥协，但价值与信仰具有不可妥协性，其冲突时的强度与烈度更大。群体间越是在现实的问题即可达到的物质性目标上发生争端，他们就越有可能寻求实现自己利益的折中方案，冲突的激烈性就越小；而越是在不现实的问题上发生冲突，在冲突中激起的情感与介入的程度就越强，冲突就越激烈。现有利益表达机制不畅容易激发群体性事件，利益的实现是一个过程。美国学者阿尔蒙德和鲍威尔把政治过程分为利益表达、利益综合、政策制定和政策实施四个阶段，利益表达居首要环节，利益表达顺

---

〔1〕 吴忠民：《中国中期社会危机的可能趋势分析》，载《东岳论丛》2008 年第 3 期。

〔2〕 于建嵘、单光鼐：《群体性事件应对与社会和谐》，载新浪网：http://blog.sina.com.cn/s/blog_4d012dd40100c4m7.html，最后访问日期：2018 年 11 月 30 日。

畅,社会管理者可及时获取信息,对现有社会资源作权威性的分配,维护社会稳定。利益表达不畅,不能及时调整利益关系,会诱发群体性事件。群体性事件是一种非制度化的利益表达方式。

有的地方政府掌握社情、民意不充分,对影响稳定的事情不作为,对群众提出的要求采取搪塞、推诿或置之不理的态度,加之一些群众缺乏安全感,这使公众与地方政府之间的对立情绪不断加剧,使政府公信力弱化。社会群体和阶层的利益意识不断强化,造成了民主参政高涨的意识与较低的能力间的反差,一些群众错误地认为聚众闹事可以给地方政府造成压力,片面地认为法不责众、大闹大解决。在群众开始闹事后,有的地方政府为息事宁人,花钱买平安,随意改变政策,导致群众强烈不满和恶性循环。[1] 群体行为和社会运动往往是剧烈的社会转型与社会变迁的副产品。特定的社会结构是造成群体性事件的社会背景。

从社会危机的诱因变量和本因变量两者的关系来看,呈现出一种相互影响的状况。在这种相互影响的关系中,社会危机本因变量的分量相对来说要更重要,当社会危机本因变量明显变差时,社会危机诱因变量的变差,进一步加重社会危机本因变量的变差程度,社会问题由隐形变为显形。同时,变差的社会危机本因变量又会加重诱因变量的严重性,放大人们对诱因变量的恐惧感。这样,社会危机的诱因变量和本因变量两者共同造成社会危机。但如果社会危机本因变量呈现正常良好的状态,则能够有效地抵御变差甚至恶化了的社会危机诱因变量的不利影响,将其负面效应控制在最低限度内。从发生学的角度看,社会危机的诱因变量和本因变量两者的关系规律,[2] 同一般意义上的公共危机相比,社会危机的范围涉及多个领域,社会的各个群体在公共危机面前会形成一致的目标取向和行为取向,这使社会的各个群体一般来说能够齐心协力地一致应对公共危机。对于社会危机而言,不同的社会群体则可能会有不同的认知,形成不同的目标取向。由于各自的目标往往大不一样,因而社会各个群体对于社会危机的态度就要复杂得多。比如,有的社会群体试图借助社会危机来

---

〔1〕 于建嵘、单光鼐:《群体性事件应对与社会和谐》,载新浪网:http://blog.sina.com.cn/s/blog_4d012dd40100c4m7.html,最后访问日期:2018 年 11 月 30 日。

〔2〕 吴忠民:《中国中期社会危机的可能趋势分析》,载《东岳论丛》2008 年第 3 期。

达到自己的特定利益目标。在化解的难度方面，社会危机源于社会结构、利益结构、社会价值观等社会深层方面的问题。对于这些问题解决的难度相对较大。[1] 群体性事件是能够得到妥善的防范、引导和处理的。社会资源配置机制不合理，新社会组织等快速发展，城乡流动人口大量增加，新的社会阶层不断出现，城乡结构、就业结构、人口结构、居住结构等发生重大变化，需要有更高的社会管理水平、更强的社会关系调节能力。社会结构变化后，协调社会关系的各个主体，市场、社会和政府需要各归其位。图 8 是无直接利益冲突群体事件解决周期及比例。

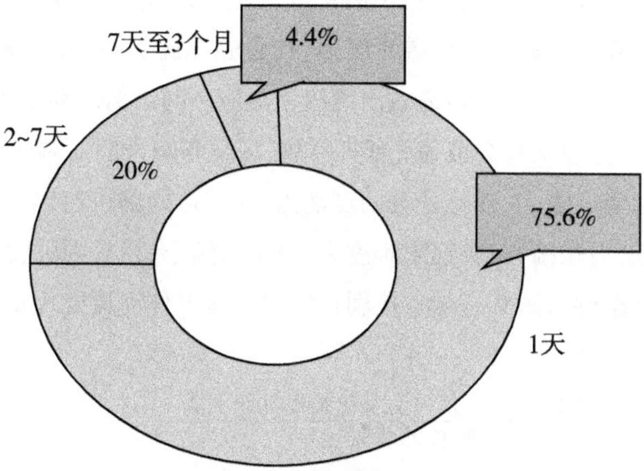

图 8　群体事件解决周期及比例

目前存在的问题是，有的地方政府应对无直接利益冲突群体事件的方式单一。研究报告显示，95.6% 的群体性事件在一周内解决。一周是群体性事件的一个时间界限，若事件发生后 7 天内还没有得到较好的解决，就很有可能牵扯出多方利益，最终演变成为一个长期事件。因社会纠纷导致的群体性事件数量最多。诱发群体性事件的因素将在相当长一段时期内存在，但从根本上来看，这些诱因是社会发展带来的失衡，是发展中的问题，其解决还是要靠发展。群体性事件是社会冲突的一种形式，其能够缓解社会系统的压力，只要社会冲突在可控的范围内，就不必强求绝对的稳定，健康社会应追求的是韧性稳定。注重对新型无直接利益冲突群体事件的应对，例如，环保型无直接利益冲突群体

[1] 吴忠民：《中国中期社会危机的可能趋势分析》，载《东岳论丛》2008 年第 3 期。

事件已成为城乡规划和建设中亟须正视的新现象，此类事件建立在公民环境意识和权利意识觉醒的基础上。

无直接利益冲突群体事件的社会背景资源的占有、使用与收益分配成为矛盾多发领域。在市场经济环境下，以公有制为主体，多种经济成分共同发展，资源对个人来说，不仅仅是生活资料，而且是生产资料和生产要素，谁拥有的资源多，谁占有的资源多，谁经营的资源多，谁的收益就多。很多矛盾都是因资源而起，属于经济性纠纷。加之法制不健全，市场经济不成熟，开发利用资源掠夺他人合法权利，产生了不少群体维权行为，从而演化成无直接利益冲突群体事件。工业化信息化的快速推进使一些矛盾密集产生。发展快，存在的问题也多，多发并发交织重叠。信息化社会透明度强，社会心理脆弱，媒体在短时间内将大量信息强加于公众，人们很容易做出情绪化反应。网络信息和手机短信的快速传递、爆炸性传播和全社会覆盖、密集释放，深度影响人们的判断和行为选择，在很短时间召集很多人，强化社会动员能力，使焦点问题快速形成，引起社会关注，焦点问题前后相接，解决起来难度大，回旋余地小，稍有闪失，会酿成无直接利益冲突群体事件。图 9 是无直接利益冲突群体事件动员模式及从众、示范效应参数。

$$D_s = \frac{\text{该事件发生之后 1 个月内发生此类事件的个数}}{\text{此类事件的总数}}$$

$$D_n = \frac{\text{参与此事件的总人数} - \text{此事件直关人数}}{\text{参与此事件的总人数}}$$

$$D_m = \frac{\text{该事件所采用的策略在此事件中出现的次数}}{\text{此类事件的总数}}$$

图 9　群体事件动员模式及从众、示范效应参数

在无直接利益冲突群体事件的推动者和参与者中，分为利益直接相关者和利益间接相关者，后者也被称为“无直接利益相关者”。在某件群体性事件中，推动者和参与者有的是直接利益受损者，但更多的推动者和参与者有的时候往往连发生了什么事情都还没有搞清楚，就已经参与进去了。因为群体性事件的推动者和参与者所反映的诉求往往是一致的，至少群体性事件所对抗的那一面是他们共同的利益对立者。利益间接相关者推动和参与群体性事件并不是为了从中得利，而是为了泄愤。现代政治思维则把社会利益关系的维护和调节看作政治问题。因此，对于社会群体性事件要从应有的政治立场、从政治高度去认识,而不仅仅从社会管理的技术层面去看待。[1] 传统与现代在价值领域持续对立冲突,在社会制度领域即功能的弱化,群体性事件由此产生。化解群体性事件的关键在于构建有效的法治秩序,为法治秩序提供内在的价值支撑,实现秩序对群体性事件的有效化解。基础变化为当今利益格局提供了一个新的生态背景和宏观结构。这意味着传统利益格局的逐步消减,利益协调与平衡须在新的舞台上展开。过程判断是,当前我国处于社会矛盾凸显期,随着我国进入人均国内生产总值从1000美元向3000美元跨越的关键时期,我们既面临黄金发展期,又面临矛盾凸显期。就学术框架内的分析而言,矛盾凸显期揭示经济发展与社会稳定之间的内在联系。因此,我国当前面临的是一种双重意义上的构建,即利益协调机制的构建,利益协调机制话语的构建。逻辑上,利益协调机制的构建实践与相关的话语建构是两个不同层面的活动领域,两者之间存在紧密的内在联系和动态互动。在构建利益协调机制问题上,须在结构、过程、性质、形势等方面获得过程共识和目标共识。以156项样本为统计依据的网络无直接利益冲突群体事件主要影响因素及变量统计指标如表6所示。

表6　群体事件主要变量统计指标(样本:156项)

变量	变量含义	平均值	标准差	最小值	最大值
Ds	长期空间传导扩散效应	0.24	0.13	0.01	0.43
Dn	短期空间响应扩散效应	0.99	0.05	0.5	1.0
Dm	策略模仿扩散效应	0.58	0.33	0.01	0.89
Dif	总扩散效应	0.15	0.14	0.0	0.38
News	新媒体传播强度	1.74	0.44	0.0	2.0
Sup	当地政府的强制措施	0.24	0.43	0.0	1.0
Org	行动组织与动员机制	0.77	0.42	0.0	1.0
City	发生在城市	0.54	0.50	0.0	1.0
Sat	舆论满意度	0.66	0.46	0.0	1.0
Inj	负面效应	2.7	8.06	0.0	60.0

群体主要围绕物质利益展开,大多属于人民内部矛盾,80%以上是基层应

[1] 于建嵘、单光鼐:《群体性事件应对与社会和谐》,载新浪博客:http://blog.sina.com.cn/s/blog_4d012dd40100c4m7.html,最后访问日期:2018年11月30日。

该解决也可以解决的问题。现实中的矛盾基本上是利益之争引发的，属于人民内部矛盾范围的利益冲突与利益矛盾。原有的利益协调机制受到严峻挑战。改革开放之前，利益矛盾和冲突同样存在，但处理机制和协调手段明显不同。国家直接占有了几乎全部重要的社会资源，利用在社会资源占有和分配上的绝对地位，根据国家权力的等级，通过单位制这种组织化的方式，逐级向下对资源进行分配。每一个社会成员和每一个社会群体占有的资源和所形成的利益，都是国家这种资源再分配体制的结果。在这样的社会中，不同社会成员和社会群体的利益矛盾与冲突仍然存在，但是，整个社会对利益冲突进行协调与整合是基于一种以国家为主体的、自上而下的决定性关系和机制。在市场经济条件下，原有治理技术逐渐失去效用，而新的基于权利话语的治理手段无法即刻建设成效。权利话语建构和现代治理技术建设之间的不对称，以及传统治理技术的衰落与新治理技术的建设之间的不对应，无疑助益于社会矛盾的冲突程度。因此，新的利益格局对于利益协调机制的构建提出新要求，传统的方法即使没有过时，也需要在新的条件下加以改善和调整，同时需要创新利益协调机制和手段。政府在处理群体性事件时显示了一定的创造和适应能力。但对于社会获得的稳定而言，从过程角度看是刚性稳定，以权力的排他性和封闭性为基础，以社会绝安定为管治目标。[1] 因此，需要建构一个与市场经济和开放环境相适应的利益协调机制，对既有的利益协调的制度框架和操作机制进行改革。改革的目标是一样的，即通过建构一个与市场经济和多元社会相匹配的利益协调机制来实现建构新时代富强、民主、文明、和谐、美丽社会的目标。[2]

三、群体事件的规模和烈度与政府执政理念有内在的相关性

人民内部矛盾需要靠协商、对话、谈判求得互相妥协的解决办法，而不能靠强制、压制。民众在制度化的框架下如果没有表达利益的方式，就易于转向借助于体制外的非制度化的方式。从不可测的偶然事件到群体性事件爆发，时间短促，矛盾和冲突急剧升级，类似于不可控制、不可逆转的连锁反应。事件发生

---

〔1〕 蔡永飞：《县域群体性事件特征透析》，载中国乡村发现网：http://www.zgxcfx.com/Article/39827.html，最后访问日期：2018 年 11 月 30 日。

〔2〕 朱全秀、肖良材：《民生视阈下无直接利益冲突群体事件的应对之道》，载《理论导报》2009 年第 10 期。

后，支持者采取上访申诉行动。如果在民众已经表现出强烈不信任的情况下，有关部门仍没有意识到危机已经迫在眉睫，而是墨守成规，逐级出面解释，渐次增强控制，结果往往适得其反，群众的对抗情绪会更加强烈。[1] 研究县域群体性事件，应持三元分析视角。县级无直接利益冲突群体事件体现了地方和中央的非一致性，尤其在偏远地区，群体冲突在很大程度上是中央政府、地方权势阶层和农民的三元博弈。

社会排斥理论认为规则是一柄"双刃剑"，其在维护某些群体利益的同时，也会伤害或排斥另一些群体的利益。社会断裂，是指社会中存在一些障碍，阻碍了阶层间的上下流动，特别是下向上的流动。在通常情况下，社会具有流动管道，每个人都有机会流动到任何阶层，但当这些管道阻塞时，流动就会处于静止状态，导致矛盾不断积累，冲突形成。社会冲突在政治领域主要表现为政府职能性行为冲突和利益集团冲突。政府职能性行为冲突，主要是指围绕政府的职能性行为所发生的冲突。这表明种种不和谐的社会冲突已趋于激化，甚至在某些地区演变成了对抗性的冲突。从信访的角度也能证明这个问题的严重性。

有利益诉求就会有利益的表达；有利益的表达才有相对的利益均衡；有相对的利益均衡才有长久的社会稳定；双重构建、利益协调机制的构建，以及利益协调机制话语的构建。在构建利益协调机制问题上，人们所拥有的基本看法或共识，它们是结构、过程、性质、问题、形势、改革共识与目标共识。因此须通过建构与市场经济和多元社会相匹配的利益协调机制，实现建构新时代富强、民主、文明、和谐、美丽社会的目标。在承认利益矛盾和冲突的基础上，强调以制度化的方式来协调复杂的利益关系。从无直接利益冲突群体事件的应对之道而言，在群体事件中被利用的非理性民粹、造谣、暴力，被意见领袖奉为推动历史进步的力量。人们有可能正被另一种意识形态绑架，而失去了普通人素朴的判断力。在当前社会矛盾的凸显期，群体性事件的发生尽管不具有全局性，但必须重视其发展趋势，既要对各群体性事件的处理过程进行认真总结，又要对其发生的深层次背景进行深刻反思，并采取相应的举措，加以正确引导和处理，

---

〔1〕 单光鼐等：《县级群体性事件的特点及矛盾对立》，载中国乡村发现网：http://www.zgxcfx.com/Article/12674.html，最后访问日期：2018年11月30日。

不断促进社会进步与和谐。结构性诱因、结构性紧张、相对剥夺产生。[1] 触发因素、一般信念的形成、行动动员、社会控制疏忽、群体性事件爆发。斯梅尔瑟认为,群体性行为由六个方面的因素相互作用产生,当这些因素孤立出现的时候也许并不足以导致群体性事件的发生,当它们按照一定顺序出现时,它们的价值就会被放大,达到一定阈值,群体性行为出现的可能性就大大增加。

预防弱势群体引发群体性事件的具体措施,完善扶助弱势群体的社会公共政策,强化弱势群体的社会保障是预防弱势群体引发群体性事件的根本。因此,须建立弱势群体的利益表达机制,缓和社会矛盾冲突的"安全阀"系统。强化社区的社会控制功能,防止弱势群体引发群体性事件的发生。建立社会"安全阀"系统,包括全面系统的预警防范机制、社会协商、利益表达机制、民主法制机制,并强化服务意识和事发控制。事后处理,要兑现承诺。取信于民,公正处理善加引导,回访调查防止反复。查找原因总结教训。完善公民利益诉求机制。建立信息收集、信息管理和信息发布制度和基层不稳定因素排查制度。构建利益表达调节渠道,确立群体性事件的软化机制。完善重大决策论证机制、整合信息预警机制、建立综合信息预警系统和社会心理预警机制。在具体方面,处理群体性事件要坚持理性原则、疏导原则、依法原则以及积极预防和及时化解矛盾的原则、统筹兼顾标本兼治的原则。提高综合协调能力,健全行政听证制度和中立监理机制。[2] 尽快介入处理信息,稳定事态。讲策略分类处置,对参与人员宜分化避免抱团。发挥社会组织在法律援助中的作用,建立多元化的诉讼程序扩大简易程序的受案范围,多元化的利益解决机制尝试。提高司法在承担起定分止争社会责任方面的能力和设置。处置群体性事件的主体合法即法定主体,处置措施有法律依据,严格依照法定的程序进行。在群体性事件发生的三个不同的阶段,采取未发生时的预防措施、刚萌芽时化解和控制措施、发生后的处理措施预防机制。群体性事件的发生有一个酝酿、形成、缓解的过程,与此相应,它的调控也可分为事前调控、事发控制和事后处理三个步骤。在现代社会,对群体性事件调控的一个应急处置阶段,建立一套高效的情报收集

---

〔1〕 李鸣生:《当代中国的群体性纠纷及其解决》,载新浪网:http://blog. sina. com. cn/s/blog_7f0131c1010149fe. html,最后访问日期:2018 年 11 月 30 日。

〔2〕 徐昕:《迈向社会和谐的纠纷解决》,载《司法》2006 年第 00 期。

和信息管理系统,以及恢复补救机制。

四、转型时期群体性事件的基本情况与演化趋势

新形势下群体性事件一般与群众切身利益相关,而当民众的权益受侵害后,其又缺乏适当的利益表达机制和权利救济机制,公力救济的成本过高,耗时较长,程序和法律复杂,实效性不足。矛盾错综复杂,原因多种多样,但较多情形与转型时期的政策调整和利益冲突有关。劳资关系、农村征地、城市拆迁、企业改制重组、移民安置补偿等问题,是酿成群体性事件的直接原因。群体纠纷剧增的深层原因,[1]在于社会利益分配格局严重失衡,社会矛盾错综复杂。无直接利益冲突群体事件的特征目的具有明显的复杂性。导致群体性事件的因素越来越多,参与人员越来越复杂。有的目的十分明确,有的目的含糊暧昧。尤其值得注意的是,有些地方出现了部分人员为达到泄私愤、报复他人和社会等目的而煽动群众闹事,甚至出现了敌对分子利用人民内部矛盾插手制造事端的现象。矛头具有明确的针对性。群体性事件往往把矛头直接指向党委和政府,以达到向党委、政府施加压力,按照自己的心理预期解决问题的目的。情绪具有激烈的对抗性,参与者情绪激动,带有激烈的对抗性质,稍有处理不当,就会引发更加严重的矛盾和冲突。影响具有连锁的效仿性,群体性事件的行为区域相对集中,群众往来密切,信息传播快,处理结果的好坏都易引起其他利益群体的相互效仿,导致引发新的群体性事件。

冲突程度激烈,易引发暴力冲突,往往会走向非理性对抗甚至整体对抗,危害日趋严重。就纠纷的相对方而言,群体性纠纷特别是群体性事件的矛头越来越多地指向基层政府和组织,而且往往采取各种"问题化"的手段向基层政府施压,民众极端情绪共振,冲突突然升级并以爆炸性的方式展开。煽动性和传染性加剧,[2]群体性事件的发生有时因为受人煽动,或者事件发生后有人参与煽动而导致事态进一步升级。预防、控制和处置的难度极大,群体性纠纷或事件往往交织着多种矛盾和问题,混合了多数人的合理要求与少数人的无理要

〔1〕 胡圣方:《冲突理论视阈下的网络无直接利益冲突群体事件探析》,载《四川理工学院学报》(社会科学版)2011 年第 4 期。

〔2〕 徐昕:《当代中国的群体性纠纷及其解决》,载爱思想网:http://www.aisixiang.com/data/55924.html,最后访问日期:2018 年 11 月 10 日。

求,多数人的过激行为与少数人的违法行为。如果处置不当,往往会引发一系列新的,甚至更严重的冲突,而致使事态扩大。同时,由于"不闹不解决,小闹小解决,大闹大解决"对于维权确有实效性,以及受民众唯上心理的影响,群体性纠纷往往还具有反复性。[1] 尽管诉诸法律途径的群体性纠纷数量不断增加,但总体而言,群体性纠纷特别是群体性事件往往以非理性的形式出现,最终多由当局采取行政手段加以解决。

县域地方工业化引发的利益冲突先相对集中。县域地方群体性事件多发、频发的时间段,起始于县域地方推进工业化的时候,全面建设小康社会,要求农村区域也要发展工业化。农村区域的工业化,特别是市场经济条件下的工业化,首先带来了资本和劳动的冲突。企业主是市场经济微观领域的组织领导者,雇用劳动者处于强势地位,容易出现损害雇佣劳动者利益的情况。其次是工业生产方式和农业生产方式的冲突。工业生产方式是先进的生产方式,农业基本上还是传统农业,在工业生产方式进入农村区域以后,工业企业主容易挤压乃至侵犯农业从业者的利益。再次是资本和农村土地所有者的冲突。商业资本从城市来到农村,处于强势地位,占用农村土地,容易侵犯农村土地所有者的利益。复次是资本和环境的冲突。工业生产容易破坏农村生态环境、农民生活环境,损害生活在农村的农民的利益。最后是地方政府的立场引发的冲突。县域地方要推进工业化,需要县级地方政府的支持和帮助,工业化初期,政治权力亲资本是自然选择,弱势群体则更显其弱。[2]

发生方式呈现偶发性、情绪性、非组织性、对抗性。在现阶段,群体性事件的发生往往是一种突发事件,偶然发生的一个事件就有可能导致一个群体性事件的爆发。当不公平、不公正的问题还只是一个谣言的时候,往往也无须组织者动员,参与者就已经聚集起来,群体性事件就发生了。同时,事件的推动者和参与者往往情绪激烈,怀有强烈的对立情绪,甚至无意通过理性的方式来解决问题。当然,这种对抗并不是敌我矛盾式的对抗,而往往只是情绪性的对抗。结果是破坏性、建设性并存。一些地方政府在群体性事件发生以后往往反省的

---

〔1〕 于建嵘、单光鼐:《群体性事件应对与社会和谐》,载新浪网:http://blog.sina.com.cn/s/blog_4d012dd40100c4m7.html,最后访问日期:2018 年 11 月 30 日。

〔2〕 单光鼐等:《县级群体性事件的特点及矛盾对立》,载中国乡村发现网:http://www.zgxcfx.com/Article/12674.html,最后访问日期:2018 年 11 月 30 日。

是自己的管制技术问题，这是一种错误倾向。导致群体性事件发生并且导致严重后果的，主要不是管制技术落后的问题，而是立场问题。虽然管制技术的深入学习研究也是十分重要的，但最重要的是必须解决好立场问题。执政者要实现和维护社会公平正义，就绝不能把自身的利益和某个社会群体特别是强势群体捆绑在一起，[1]而必须从社会公平正义的角度去平衡和调节社会利益关系，尽可能地创造社会关系的和谐。

1994 年的税费改革后，财权上移，事权下移。事权下移使县级政府管得越多，矛盾也越多，而且群众是直接面向县级政府的。过去中央有政策县级政府照着执行就可以，改革以后县级政府的事权扩大，[2]县级政府直接和老百姓面对面，没有过渡了，很多矛盾直接指向县级政府。

县城比大城市更容易发生群体性事件，另一个重要原因是政府的社会控制力差异较大。大城市里的警备力量投入大，而且动员快，所以一旦发生群体性事件，大城市政府的控制力较强。但是在县城则不同，与大城市相比，县域熟人社会的特点也使群体性事件更易发生。大城市规模大，是开放性、复杂性高的社会，与小县城相比，其社会分化、阶层分化、利益多元化程度更高，同质性差，人员的聚集、组织和动员不易，是个陌生人的社会。小县城社会分化不如大城市分明，人际关系相互依赖性较高，县域群体性事件的动员往往就依靠行动者的人际关系网，尤其是家族、亲属、同乡、同学网络，他们的利益认同很明显，团结能力很强，四里八乡的人都能团结起来。县城里传统文化的氛围很浓厚，再加上在这样的环境中，官民互动中的心理分野很明显。所以有矛盾很容易就能把各种对“当官”的有怨恨的人聚集起来，暴力性也比城市大。县域与城市的干群关系最大的区别在于，县级官员的社会关系在群众看来是非常清楚的，非常容易了解到。县级领导要在群众中建立起威望就要靠政绩和自己的品德。如果做不到这些，则其在百姓心目中的威信就不高，现场处理事件时，想说话管用就比较困难，[3]社会信用效度有限。在一个熟人社会里，要想获得认同，就

---

〔1〕蔡永：《县域群体性事件特征透析》，载新浪网：http://blog.sina.com.cn/s/blog_3d8799cb0100xll1.html，最后访问日期：2018 年 11 月 30 日。

〔2〕单光鼐等：《县级群体性事件的特点及矛盾对立》，载中国乡村发现网：http://www.zgxcfx.com/Article/12674.html，最后访问日期：2018 年 11 月 30 日。

〔3〕蔡永飞：《县域群体性事件特征透析》，载《人民论坛》2011 年 S2 期。

要想办法把自己从陌生人变成老百姓的自己人。

五、网络无直接利益冲突群体事件的舆情、冲突分析和应对策略

(一)网络无直接利益冲突群体事件的舆情基本情况

网络无直接利益冲突群体事件是公民基于利益表达的集体行动。网络无直接利益冲突群体事件的形成过程,从传播手段看主要有网络、手机;从参与主体看,有现实中的公民,虚拟中的网民;从作用中介看,有网中网外的事件、谣言;从参与客体看,有意见精英、媒体和政府部门。结合网络群体形成过程来看其生发方式,可以将网络无直接利益冲突群体事件的生发方式归结为三种:第一种是网络谣言,利益受损群体甚至国内外敌对势力有目的的推发;第二种是由于网中、网外事件本身的特殊性、敏感性等引起泄愤等的引发式;第三种是因为网络媒介误导、政府处置不当等的触发式。结合网络无直接利益冲突群体事件的发生场域,可以将网络无直接利益冲突群体事件归为三态:纯网络态、网络和现实的交互态及网络向现实的转变态。结合政府当前对网络无直接利益冲突群体事件的管治,可划分为三种方法,即倾向于心理疏导、媒体引导等手段的柔性管治;倾向于体制改革、法治等手段的韧性管治;倾向于有效控制隔离打压等手段的刚性管治。[1]

以微博、微信、BBS、QQ、博客等为主体构建的“民间舆论场”在突发事件网络舆情中发挥着越来越重要的作用。新媒体时代地方政府如何正确引导和调控网络舆情,掌握正确处理群体事件的策略和方法,成为重要课题。目前对突发事件演化机制的已有研究主要分为阶段型、扩散型、因果型、情景型等研究类型。其中,阶段型演化机理的研究主要遵循事件序列和特定生命周期来对突发事件进行阶段型划分并研究。以阶段型演变机理为依据,根据群体性突发事件从其生成到消解的一般过程,以群体性突发事件演化周期中各个阶段的主要表现形式及代表舆情发展变化的标志性事件为节点进行划分,可将危机舆情演变的整个过程分为五个阶段,即危机潜伏期、舆情爆发期、舆情蔓延期、舆情恢复期以及舆情反馈期。第一阶段是危机潜伏期,即危机爆发前风险和危机的积累期,这一时期有较强的隐蔽性,不易被人察觉,长期积累易形成引发危机的诱

---

〔1〕 王秋菊:《网络舆论生态系统的运行过程分析》,载《新闻界》2010年第4期。

因。行为心理学的创始人约翰·沃森建立的“刺激—反应”原理认为,群体利益受到侵害形成刺激,刺激达到一定程度,必然引发危机,群体性突发事件爆发便是刺激所形成的反应。第二阶段是舆情爆发期。舆情爆发期的主要特征是危机突然发生,时间短暂,因往往包含一件能够引发公众舆论或公众普遍关注的事件,该阶段的破坏力非常大。在新媒体时代,一个议题在网络上出现并引发网民关注,其议题本身的性质起到了关键作用。事实性议题因只涉及客观事实的陈述及发展进程,不涉及价值判断而不具备形成网络舆论的条件;而触及各类社会矛盾以及涉及公平、公正价值判断的议题更能引发网民的意见表达。议题性质决定舆论焦点,属于对公平、公正价值判断的议题,网民对弱者的同情以及对弱者民主权利和自身利益的维护意识及公平、公正的价值诉求,能形成网民关注的舆论话题。在爆发阶段,网民在传者与受者角色的不断转换中积极参与舆论,并通过几何式转发、快速跟帖、实时更新、实时互动、及时反馈等因素推动网络舆论集中爆发。第三阶段是舆情蔓延期。舆情蔓延期,是舆情演变的五个阶段中持续时间较长的阶段。舆情蔓延期的特征主要集中为两个方面:一是网络媒体舆情十分活跃,网络意见经过社群意见的充分碰撞,在网络空间得到最大化扩散,成为众多网民共同关注的话题。这一阶段也是观点表达最集中的阶段。网民通过浏览论坛帖子、及时跟帖、发表博文等手段推动网络舆论形成。二是传统媒体在这一时期适时跟进,与网络媒体形成舆情合力,使事件舆情进一步升级。如果传统媒体与新媒体进行大规模的意见融合和分化,网络舆情经历由个人意见、群体意见、意见领袖筛选分化形成各种领袖意见的过程,则舆论的强度容易再次升级。与此同时,舆情蔓延期存在引发次生、衍生事件的可能性,但演化的动力还是来源于主要的突发事件所引发的危机。在社会安全类群体性突发事件中,由于事件没有得到及时解决而导致矛盾加剧;或由于利益诉求导致更多人的参与支持,使事态扩大等情况都属于舆情的蔓延。第四阶段是舆情恢复期。舆情恢复期是指伴随着事件的最终解决或阶段性解决,危机舆情得到相对控制,网民的舆情热度回落,相关责任人受到处置,事态由大变小、由强变弱,不再升级扩大,人民的心理也逐渐平复或得到安抚。舆情恢复期的舆情特征为,跟事件相关的帖子回复数量呈明显下降趋势,点击率、浏览率、转载率都有所下降。整个帖子在网络论坛中的地位也随着网民关注度的降低而下降,直到被新的更热门的帖子代替,网民的眼球也逐渐被新的话题吸引,形成新的关注资源,原来针对某一群体性突发事件的网络舆情会逐渐冷却,并最终消失。与此同时,与该事件相类似、相关的新的变异现象也不再出现,这些特征共同出现才意味着舆情恢复期的真正到来。第五阶段是舆情反馈期。传播学中的“反馈”概念,是接受者对接收到的信息的反应或回应,也是受传者对传播者的反作用。反馈是体现社会传播双向性和互动性的重要机制,其在传播过程中必不可少。舆情反馈期是舆情事件经媒体的传播到达事件相关部门呈现的一种回应,以及作为受传者身份的广大网民对这一舆情的反作用。

网络无直接利益冲突群体事件的本质是利益冲突,利益需要主体以一定的社会关系为中介,以社会实践为手段,使需要主体与需要对象之间的矛盾状态得到克服。发起者自己的利益需求具有明显的动机,往往将利益问题主动曝光于公众视线,以谋求舆论声势支持,借此途径对冲突方施加压力,以达到对方妥协和维护自身利益的目的。引发式的动机往往牵连隐性的利益或非直接利益关系,而触发式的动机往往是政府和媒体在处理过程或平息事态中,违背了部分人或群体某种需要的满足。从环境来看网络无直接利益冲突群体事件是网络的泛在、国家的发展状态和公民意识觉醒的综合产物。囿于利益的相对主观性和环境的相对客观性,可以预测类似网络无直接利益冲突群体事件的冲突将在一段时期内存在。从冲突主客体看,国家发展最终是为最广大的人民谋利益,体现了主客体利益的一致性,利益的一致性决定了利益的可协调。利益的可协调性保证了冲突的可控。[1] 网络无直接利益冲突群体事件的本质是网民群体围绕某一主题、基于不同的目的,以网络聚集的方式制造社会舆论,促发社会行动的传播过程。它可以是自发的也可以是有组织的,可能是有序、健康的,也可能是无序、不健康甚至是非法的。广义的网络群体性事件并不一定具有反社会性,而是基于某个特定或非特定的事件或目标,在通过网络纠集一群不特定的人,本着其高潮的情绪进行的社会性活动。而狭义的网络群体性事件则通常具有反社会性的特征,它是指互联网或不特定的目标,通过网络组织一群不特定的人,以偏激的言辞鼓动群众,进行政治诉求和干扰社会活动。图 10 显示,通过微博等新媒体传播方式,网络无直接利益冲突群体事件利用天然平台技术手段,将相对剥夺感压力放大,形成共同利益诉求的聚集,线上线下联动,

---

〔1〕 赵强:《中国国家舆论安全研究》,载《政治学研究》2009 年第 2 期。

导致规模增大，结构复杂，形成网络无直接利益冲突群体事件的集群动员机制及演化路径。

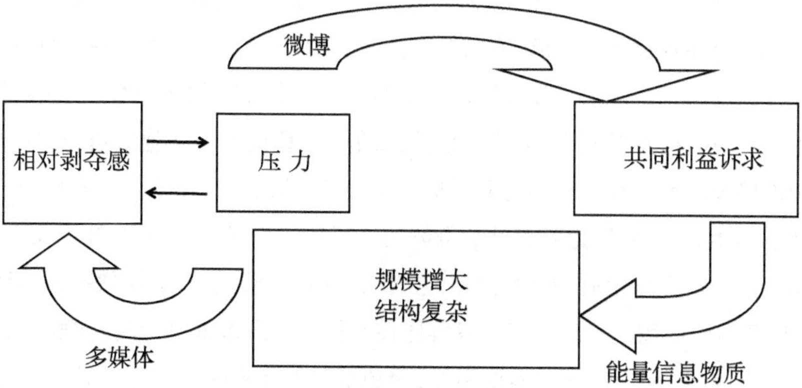

图 10　网络集群动员机制及流程

网络群体性事件主要有以下一些特点：相对自发无组织性、瞬间爆发性、传播范围在短时间内迅速扩大性和难以掌控性。网络无直接利益冲突群体事件的发生模式有四种：网络舆论引发模式；网络谣言泛滥致群体性事件恶化或失控模式；利益受损群体利用网络发动模式；国内外敌对势力利用网络酝酿、发起群体性事件模式。网络传播的超越时空的限制、多媒体功能、传播主体多元化、传播关系的交互性、信息接收的个人化和主动化、信息传播的快捷性、传播内容的广泛性、超文本信息检索方式等这些特点使网络媒体在受众中有独特的地位。在网络中许多信息可以在短时间内大量涌现。伴随网民规模的不断扩大，网络舆论的影响力逐步提升，网络舆论是多种现实社会因素复杂互动的结果。[1] 近来发生的无直接利益冲突群体事件在互联网上引起广泛关注，对这些无直接利益冲突群体事件的反思可以从很多角度分析，如邻辟效应。无直接利益冲突群体事件 2.0 版的第一个特征就是深受互联网影响。群众通过互联网发布信息及动员其他群众参加抗议。组织对群众的影响力也不一样，一般来说组织在无直接利益冲突群体事件中可透过策略及故有人脉提高对群众的约束力。但无直接利益冲突群体事件 2.0 版不需要任何要素，只需要互联网和

---

〔1〕 于建嵘、单光鼐：《群体性事件应对与社会和谐》，载新浪网：http://blog.sina.com.cn/s/blog_4d012dd40100c4m7.html，最后访问日期：2018 年 11 月 30 日。

事件。只要有事件激起民众广泛不满,通过互联网约好时间地点后就能举行抗议了。与无直接利益冲突群体事件 1.0 版比起来,发动无直接利益冲突群体事件 2.0 版抗议的成本非常小,而且事件通过互联网扩散的速度非常快。

在新媒体环境下,党和政府需要在完善已有舆情信息汇集渠道的同时,开辟多种新的舆情信息表达途径,如重视通过互联网等新兴媒介形式表达舆情的渠道,以及建立专门汇集和分析舆情信息的舆情直报点等其他渠道,让民众的呼声能够及时准确地反映给党和政府。此外,舆情信息工作要及时发现处于萌芽状态的矛盾冲突,迅速收集社会群体的思想动态,有效反映各类社情民意,为正确处理人民内部矛盾,及时化解社会冲突提供可能。综合运用软手段和硬手段,[1]巧妙引导舆论。对可能激发群体性事件的突发事件,要在新闻媒体和网络媒体上及时、有效地开展舆论引导,避免群体性事件的发生,或减小其破坏性。

(二)网络无直接利益冲突群体事件中的冲突分析

冲突是对立双方在思想上和行为上的对抗、互动过程。社会学中冲突的定义有广义和狭义之分,广义上,达伦多夫认为冲突表示有明显抵触的社会力量之间的竞争、争执和紧张状态;狭义上,罗宾威廉斯认为冲突是一方企图剥夺、控制、伤害或消灭另一方并与另一方的意志相对抗的互动。现实中,有些公开的斗争是依据规则进行的,而且目标有限,这时对抗行为的首要目标是为了胜利而不是伤害对手,因此将这种冲突称为博弈更合适。[2]

网络无直接利益冲突群体事件的本质是利益冲突和利益博弈,其可以理解为对立双方在思想和行为上的对抗性互动过程。从冲突类型看,表现为现实性冲突和非现实性冲突。现实性冲突因某种目标得不到满足,或对其他参与者所得所做的估价而发生的冲突,目标清晰,[3]冲突是获得特定结果的手

---

〔1〕 软手段,是运用道德的约束、集体心理的干预、传播的说服等手段,疏解社会情绪,缓和社会矛盾,及时引导新闻媒体和网络媒体的舆论,把可能导致群众骚乱、暴乱的语言遏制在萌芽状态。硬手段,是指为防范和控制严重的社会动乱,要果断地切断动乱组织者和参与者的联系渠道,如切断互联网和通信信号,使暴乱策划者的声音无法传递出去,同时采取戒严等手段,果断平息暴乱。

〔2〕 朱全秀、肖良材:《民生视阈下无直接利益冲突群体事件的应对之道》,载《理论导报》2009 年第 10 期。

〔3〕 齐美尔认为目标越清晰,战斗性的手段运用就越少,类似于讨价还价与妥协手段就越有可能被用来实现群体的客观目标。

段；非现实性冲突不是由对立双方竞争性的目标引起的，而是释放紧张状态的需要，不以获得某种结果为取向。网络和现实的交互形态，表现为现实性冲突与非现实性冲突相混合。[1] 现实性冲突一旦向现实中聚集，无论目的如何，群体身份强化，有效控制难度增大、社会危害扩大；对于非现实性冲突，如果任由不满的情绪或情感积累，会危害社会稳定。因此，有必要对其积极响应，加强正向引导。

对于网络无直接利益冲突群体事件中的小群体，往往倾向于刻板地保持其思想的一致性，并通过坚持群体一致反对持异议者而加强这种团结。在表现上通常是言语攻击，以迫使持异议者妥协和退出，尤其在比较尖锐和利益难以调和的问题上，语言暴力的特征更明显。当群体规模较大时，成员的参与程度不深，因而群体的思想内容允许随着内部倾向性的分歧和冲突而改变，“水军”涌入虽然在程度上加强了问题的热度，却使群体的思想出现分歧，群体的目标更为模糊。从现已发生的群体性事件看来，行动者的动员依赖不外乎是这两种结构性的因素：一是既有的人际关系网络；二是网络、短信之类的新技术媒体。这在近几年发生的很多群体性事件中都能观察到。现已发生的群体性事件充分利用了群众既有的人际网络，当事人的父母亲、祖父、曾祖父，以及相关的血亲、姻亲、邻居、朋友、同学、同乡等关系，将人员迅速地聚集起来。[2] 当然，在这些群体性事件中，谣言和传言也起了很大的作用。在我们考察过的几乎每一个大规模的群体性事件中，都有数种谣言和传言对群众的聚集起着发动、动员、组织的作用。

研究网络舆论，不能将它从社会系统中简单剥离出来，而是需要将它放在更宏观的社会环境下，深入地研究它与其他社会因素以及社会现象之间的相互作用及其结果。从冲突的应对看，无论对于现实性冲突和非现实性冲突均应积极响应，媒体应扩大正面舆论的宣传面，政府应从韧性管治的角度，秉持公开透明、公正的原则处理冲突，以此重建信任关系。当前网络无直接利益冲突群体事件的研究呈现多学科化趋势，主要体现在社会学、传播学、政治学、心理学、情报学等方面。研究内容覆盖了概念、成因、生发方式和模式、类型及对策等。研

---

[1] 王秋菊：《网络舆论生态系统的运行过程分析》，载《新闻界》2010 年第 4 期。

[2] 徐光：《群体性突发公共事件原因研究述要》，载《现代商业》2010 年第 21 期。

究方法以定性和实证为主，从冲突的视角来探讨和透视网络无直接利益冲突群体事件的现象和本质，以此深化网络无直接利益冲突群体事件的研究，能够化解和缓解社会矛盾，促进社会稳定和谐。[1] 大众传媒在处理群体性事件中的作用是新闻媒体作为人们了解信息的通道、沟通政府与公众的桥梁，以及社会舆论的引导者，其在处理群体性事件的过程中担当着重要角色，即作为信息公开的窗口报道、澄清事实；作为利益诉求的通道协调各种关系；合理介入事件发挥监督功能引导社会公共舆论；注重人文关怀作为社会的"安全阀"、减压器。

在网络舆论形成的过程中，网民是网络舆论的主体，影响网民浏览新闻的动力因素包括需要、爱好、动机、兴趣、价值观等，但最根本的是需要。需要推动受众进入互联网，且始终都主导或支配着网民在互联网上的行为表现。需要不仅是影响网民的心理和行为的重要因素，而且是网民心理活动和行为积极性的源泉。需要使网民对相关信息的讨论表现出了极大热情。涉及一些当前现实社会矛盾时，需要能够激发网民一些潜在情绪。热点话题的出现往往依托一些具体新闻事件，事件之所以引起人们的广泛关注，主要是由于该事件的特殊性，即时间特殊、地点特殊及受害人身份特殊。[2] 网民与现实社会的公民一样存在好奇心理，每个网络流行语对应一个舆论事件，涉及民族利益的话题以激发网民的民族情绪，引起广泛讨论。表面看网络舆情的爆发有的是偶然的、突发的，但从本质上看是诸多复杂的社会矛盾交互作用、互相影响的结果，是网民在现实社会中积聚情绪的反应和宣泄。宏观上的网络热点效应是网民微观上情绪变化、利益驱使、信息和观点碰撞的结果。每一个网络舆论热点经过萌芽、形成、壮大、消逝，都有其生命周期。在生命周期内，由于主流媒体、意见领袖以及偶然因素的多重影响，网民对热点的关注点会转移，意见的分布也会发生变化，维护网络舆论生态平衡需要多方的共同努力，在生命周期内其萌芽、形成、壮大、消失有一定的规律。

在群体性事件中，互联网和手机短信等起到了利益聚集、行动联络、事态发酵甚至谣言传播作用，因此要科学合理地看待新媒体在社会稳定中的作用。在

---

〔1〕 参见徐昕：《当代中国的群体性纠纷及其解决》，载爱思想网：http://www.aisixiang.com/data/55924.html，最后访问日期：2018 年 11 月 10 日。

〔2〕 王秋菊：《网络舆论生态系统的运行过程分析》，载《新闻界》2010 年第 4 期。

群体性社会事件中,信息的传播有新的特点,但政府对这些特点没有清晰的认识,导致他们还在利用传统的信息封闭和压制来实行信息封锁。实际上传统手段在当今的网络信息社会不能奏效,反而会起到反作用。社会泄愤事件发展中的谣言传播带有重复强化特征和个体特征。最近几年发生的社会泄愤事件的发生,都与大量谣言流传有关。甚至官方信息出现之前,谣言已经预先占据了人们的思维,并不断剥夺着其他主体的解释空间。在发达的信息时代,谣言可以快速传播到其他人的耳朵里,它主要采取两种传递方式:一是网络,二是短信。网络传播的特点是覆盖面广且重复强化。互联网的传播打破了时间和地域的限制,民众广泛借助网络媒体,围绕发生的事件发布信息。事件发生后,在官方实行信息封锁、保持沉默,或者媒体虽有报道,但谨小慎微、语焉不详的情况下,甚至在官方权威的信息发布之前,有关事件的各种报道和评论已经在网络广泛传播开。[1]

网络满足了民众对信息的需求,成为群众获取事件信息来源的主要渠道。重复强化是指当一条谣言发布到网络上时,会同时被不同数量的人浏览和转载。当网民在不同的网站看到同一条信息时,这条谣言的可信度就会大大增强,直至网民对其深信不疑。一些言论由点到面,由小到大,很快就会形成舆论,产生社会影响。短信传播的特点是具有个体性和人性化色彩,发送短信者可能是接收短信者的朋友或其他熟人,因而这条短信不会被视为谣言制造者发送的信息,而会被视为"熟人"发送的信息。对熟人的基本信任使谣言的快速大面积传播成为现实。虽然短信的发送是点对点的,但对短信发送者起码的信任使这条短信很快从一个人的手机发送到另一个人的手机。这样,短信就由点对点的传播方式迅速编织成一个纵横交错的复杂社会关系网络,从而掩盖社会的现实真相,使人们对此深信不疑。[2]

因此,政府应该针对群体心理,选择信息发布的形式和方法。这不是指要对群众隐瞒事情真相,也不是要选择性地发布对自己有利的消息,而是在网络和手机短信方便群众间传递信息,以致更容易地形成群体的情况下,利

---

〔1〕 于建嵘:《社会泄愤事件中群体心理研究——对"瓮安事件"发生机制的一种解释》,载《北京行政学院学报》2009 年第 1 期。

〔2〕 岳华东:《社会转型期群体性事件的成因》,载《中国党政干部论坛》2007 年第 5 期。

用党和政府掌握的媒体,用极度自信、不断重复的方法推广观念,而不提供任何可讨论性。当然,这是指在控制骚乱的过程中,而并非在事件结束后的反思中。这样,可以和流言争取受众,让被流言鼓动的群众及时听到另一种声音,从而让更多人不能及时作出简单的判断,在犹豫不决中观望,从而不轻易地让群体形成,或者促进群体的瓦解。从图 11 可以看出,无直接利益冲突群体事件的爆发规律决定了应对须注重平时综合治理、突发事件发生时的现场应对、事后的情绪平复工作三个主要方面。[1] 三种情形所占比例如图 11 所示。

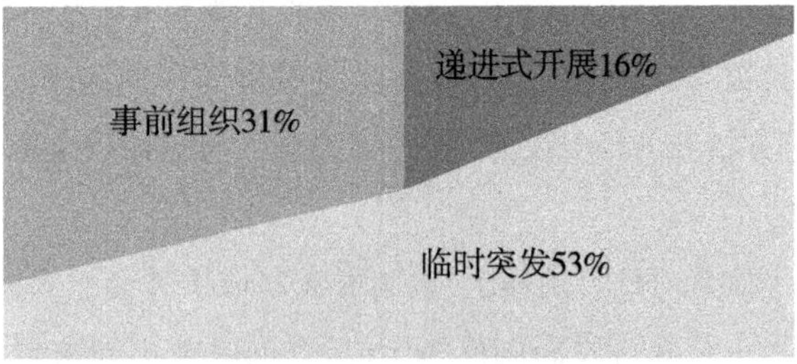

图 11　群体事件三种主要组织形态所占比例

由于社会结构变动加剧,社会价值观和行为方式也会随之发生变化,产生许多新的价值观和行为方式。这些新的价值观和行为方式超出了原有社会规范的约束范围,因而出现没有相应社会规范约束的状况,即规范真空。舆论是维护社会规范的重要手段,但是舆论本身也有其局限性。一方面,在新的历史条件下,旧有的舆论顽强地表现出评价力度,把过去的印象、经验绝对化,用静止不变的观点评判现有事物,表现出较强的舆论惯性。另一方面,落后的群体受思想定势或原有社会关系的束缚,总是把有利于他们的社会舆论绝对化,甚至把这种舆论视为万古不变的教条,为错误的社会行为辩护,形成现实生活的异己力量。目前处于迅速转型期的中国社会,面临着规范真空与舆论惯性双重压力,思想道德领域出现的一些不容忽视的现象,就是这双重压力的突出表现。在规范真空和舆论惯性的双向挤压下,舆论冲突此起彼伏,在一定情况下还会激化。这不仅在一定程度上束缚了人的思想解放,也不利于人们的思想稳定,

[1] 王秋菊:《网络舆论生态系统的运行过程分析》,载《新闻界》2010 年第 4 期。

进而会严重影响社会稳定。[1]

社会阶层发生裂变引发舆论分散。不同的社会群体因为利益格局调整而分化、组合,是处于新的历史时期的突出特点。社会阶层的构成发生了新的变化,出现了新的阶层和群体。传统计划经济下高度整体性的利益格局正逐渐为社会主义市场经济体制条件下多元化的利益格局所取代,前者相对封闭和一元的思想文化环境也被打破。这在总体上造成舆论的深刻变化,原本全国上下相当一致的舆论表达急剧发生蜕变,呈现出分散化趋势和多样化特征。随着经济体制深刻变革、社会结构深刻变动、利益格局深刻调整、思想观念深刻变化,人们思想活动的独立性、选择性、多变性、差异性明显增强,进一步加剧了舆论分散化趋势。[2] 与舆论一致相比,舆论分散有利于兼听则明、见仁见智,更能彰显和激发社会的活力与创造力。但是,舆论过于分散,也必然会加大社会控制成本,在一定条件下还会削弱甚至抵消社会发展的动力,这是当前不能不高度重视并妥善处置的问题。

社会问题集中显现导致舆论茫然。当前,我国正处于工业化、信息化、城镇化、市场化、国际化深入发展的关键时期,各项改革进入攻坚阶段,一系列新问题、新矛盾、新挑战层出不穷。贫富差距悬殊、收入分配问题、贪污腐败问题、国有资产流失、弱势群体形成、社会冲突加剧、信任结构崩塌、道德底线失守等问题,冲击人们的心理防线。茫然无措的直接后果,就是减弱直至丧失舆论维护社会规范的功能,诱发社会情绪的非理性宣泄。近年来,各地屡屡出现的群体性事件,自然有其内在原因,但是与舆论茫然也有很大关系。群众生活、工作压力大,[3]生存空间受到挤压,强烈的不安全感引发集体忧虑。因此,民众采用"在线"或"线下"的多种形式表达公平正义诉求,表达其对未来的担忧。在线、线下集体行动,舆情热度与时间有极大的联系,容易受其他同时也受节假日的影响,网友多与家人团聚,上网时间减少,网友回帖成一个时空涨落状态。

---

〔1〕 李鸣生:《当代中国的群体性纠纷及其解决》,载新浪网:http://blog.sina.com.cn/s/blog_7f0131c1010149fe.html,最后访问日期:2018 年 11 月 30 日。

〔2〕 岳华东:《社会转型期群体性事件的成因》,载《中国党政干部论坛》2007 年第 5 期。

〔3〕 杨会国、杨登述:《达州市预防和处置人民内部矛盾引发的群体性事件研究》,载《四川文理学院学报》2010 年第 6 期。

第五章　群体事件的类型学处置以及政府责任视角的审视

群体性事件,处理不当往往影响政府的公信力。从调研中,我们也明显感觉到,很多基层政府在面对群体性事件时,缺乏可供应急使用的信用资源。厉行规制,是指对于老百姓的诉求渠道,法律允许的一定要予以保护并帮助其实现;法律禁止的要坚决制止、反对;对于处于两者之间的形式,不发生暴力的要宽容对待。[1] 一方面,淡化参与者的政治身份,体现政府日益增强的法治意识,也体现对民众、民意的尊重和一定程度的民权保障意识;另一方面,走出突发性的自我限定,承认矛盾和冲突往往有一个累积并爆发过程的科学态度,对政府与官员在冲突中的责任,民众未必是情急参与者或不明真相者的角色。

一、群体事件的类型学处置

群体性事件是在新社会发展过程中产生的、将人民内部矛盾以非常态手段和形式表达出来的、带有利益诉求的、表达意志的激烈的群体行为。国外的研究成果与我国社会转型期在政治、经济、文化等领域所反映出来的问题不同,可借鉴的研究成果有限。群体性事件的研究在国内学术界取得了斐然的成绩,已经有相当的基础。但目前的研究也存在明显不足:一是低水平的重复研究仍然比较多;二是研究成果的理论价值还有待提高,既没有充分运用不同学科的成熟的方法来开掘这一极具潜力的问题资源,也没有从这一问题中挖掘出对某一学科发展具有启发意义的结论;三是实践创新的方案设计仍然比较薄弱,原则性和理论性多于操作性和实用性。就我国群体性事件的发生而言,大多涉及政

〔1〕 李鸣生:《当代中国的群体性纠纷及其解决》,载新浪网:http://blog.sina.com.cn/s/blog_7f0131c1010149fe.html,最后访问日期:2018 年 11 月 30 日。

府的行政行为，尤其是基层政府行政行为，但目前这方面的研究还不多，因此研讨群体性事件的防治与基层政府行政行为转变意义重要。图 12 是以横纵坐标矩阵表示传播体系类的媒体话语类型学矩阵。

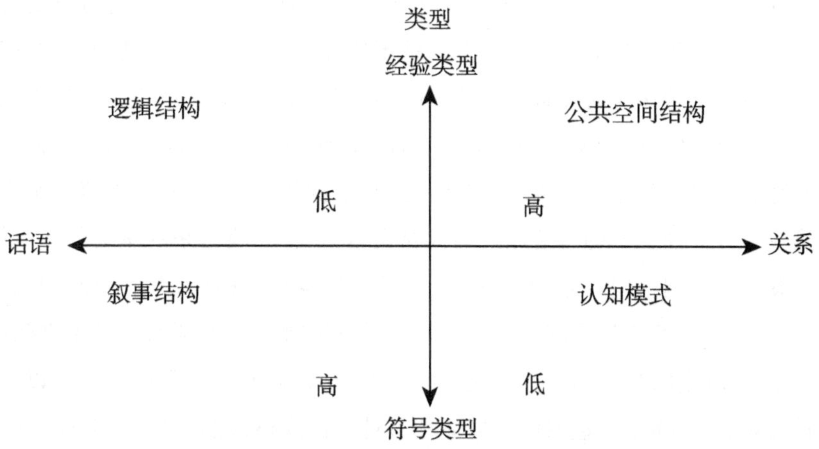

图 12　媒体类型学话语分析矩阵

群体性事件可以分成两种亚类型：以非利益相关者为主体的群体性事件；以利益相关者为主体的群体性事件。在行动的目标、组织的机制上，二者都存在差别。在行动的组织化维度方面，从组织化的维度来看，群体性事件的组织化程度偏低，无论是以利益相关者为主体，还是以非利益相关者为主体，往往都事发较为突然，即使行动有组织，一般也组织得比较仓促，而且随着事态的发展和不满情绪的蔓延，那些组织者实际上难以有效地控制群体性事件的规模、过程和后果。群性事件属于组织化程度较低的抗争行动，呈现从以利益相关者为主体的群体性事件向以非利益相关者为主体的群体性事件的转化趋势。以非利益相关者为主体的群体性事件主要受情景感染，有纯粹发泄不满情绪的进攻性，比较难以控制；以利益相关者为主体的群体性事件不完全是不满情绪的发泄，具有某种基于弥补利益失衡的防御性，相对容易控制，有可能通过谈判和协商方式来解决问题。因而，要尽量控制事态从利益相关向非利益相关转变。

总体来看，国内学界关于群体性事件的研究已取得一定成绩，但现有研究尚存在以下缺陷：解释性研究较多而预测性研究较少；对群体性事件的成因分析较多而对其根本性预警和防治方面的研究较为薄弱；整体性研究较多而分类研究少，专类群体性事件的研究并不是很深入；理论研究较多但缺乏切实的针对性和可操作性，且实证研究和案例研究较少，中外比较研究较少，对国外学界关于社会冲突、危机治理等方面的理论以及处理骚乱和集群行为的成功实践经验吸收、借鉴的力度还不足。类型学处理是在简洁化基础上，深化对事物之间异同特点及其规律性的认识和把握。基于研究目的，进行多元化的分类，有助于以不同视角的深化对无直接利益冲突群体事件的理解和研究，对不同性别群体的诉求、行动手法和逻辑等认识。行为的议题指向是群体性事件因何而发生和所针对的直接问题。现实的社会问题、心理情绪问题、抽象的价值问题均有可能成为群体性事件的直接原因甚至导火索，二者反映出来的意义却不一样。多数案例的原因指向就业、下岗问题，生活保障问题，征地及其补偿问题，拆迁问题，乱收费和负担过重问题，产权、资源纠纷问题，干部腐败和作风不良问题，拖欠工资，环境污染、生态保护问题，民间纠纷、争端问题以及医疗纠纷，以经济利益问题居多，属于利益取向型群体性事件。民众诉求的目标范围、民众行动的问题指向已多元化，既有宏观的全国性或国际性的问题，也有本地区、社区、家族或个人的地方性问题，并反映转型社会、多元社会的特点。相较而言，地方性问题居多，民众抗争行动依然是传统而非现代的方式。[1]

行动手法的合法程度，无直接利益冲突群体事件非法但不反体制、聚众但又非组织化的民众抗争行动。[2]从合法性角度测量群体性事件的性质，要看其行动和后果。可将群体性事件分为轻度违法、一般违法和严重违法三种类型。在超过50%的事件案例中民众采取了含暴力、低暴力或非暴力的复合型抗争手段。其中，虽然有六成案例使用了非暴力手段，但仅限于非暴力手段的案例占34.3%；暴力程度上升到低暴力的案例占23.6%，上升到暴力的案例则达42%，两项合计达65.6%。这表明多数群体性事件选择含暴力手段的抗争，属于一般违法或严重违法的事件。

无直接利益冲突群体事件的目标属性，可从两个维度进行测量：一是工具性取向或价值性取向的维度。工具性取向强调的是谋求解决现实、即期的问题，尤其是经济利益问题。价值性取向，更强调谋求解决抽样、宏大层面的问

〔1〕 肖唐镖：《当代中国的“群体性事件”：概念、类型与性质辨析》，载《人文杂志》2012年第4期。
〔2〕 同上。

题，如文化表达、争取和捍卫公民权利、意识形态追求等。二是与现行政权与制度的忠诚或离合度。[1]

目前群体性事件的目标属性有这样两个特点：一是主要为工具主义取向，尽管其已出现价值取向型的抗争。即使是那些暴力抗争和骚乱，也多是破坏性行动，而非价值性取向的进取行为，更未含宏大目标的意识形态追求。诱发抗争的主因，多来自切实利益受损或保障不足；相反，提出新的、更高的权利主张的抗争行为尚少见。因此，其主流仍是被动的、反应性的抗争，更多的只是一种反应性的抗争，[2]只是要求政策的执行，不是更广泛的公民权利。他们认为自己是在服从高层下，而且他们践行的权利也是有条件的。

即使是涉及政府与民众之间、干群之间的冲突，其行动针对的仍然是地方政府或其官员，而非规则、体制。即使是暴力性的对抗行动，一般也为经济要求，而非反体制行动。绝大多数民众对中央政府的动机、决心和能力，对包括现行政治和社会制度及国家在内的政治共同体，均有较高的信心和认同。而且，民众抗争的理据中并未出现"革命化"的正当性论证，依然沿用现行主流的意识形态和法律、政策框架。[3] 也就是说，他们仍然是以现行制度和法律框架为基础，认同该主流框架下的有效抗争，即认同现行体制和制度下的服从性抗争。

无直接利益冲突群体事件类型多元化，基本性质可概括为更多的是传统的地方性抗争，并使用含暴力和低暴力的非法抗争手段，但一般是谋求解决现实社会的抗争行动，属于工具主义的抗争。[4] 市场体制具有使社会矛盾分散化的效应，各个社会群体在利益追求上具有较大差异，各种社会矛盾并不容易同时叠加在社会的基本安全线上发生。城乡二元结构的存在使中国社会矛盾的化解具有较大的弹性和空间。但若社会稳定问题处理不好，也可能转化为政治稳定问题。

从社会结构角度分析，近年来，社会学领域多用"断裂"一词概括当前的社

---

〔1〕 李蕾：《中国社会转型期群体性事件防治与基层政府行为方式转变》，西北大学行政管理学系2010年硕士学位论文，第5页。

〔2〕 吴鹏森：《基层政治体系残缺：群体性事件频发背后的社会机制》，载《探索与争鸣》2012年第10期。

〔3〕 黄学利：《浅析弱势群体公共利益表达机制构建》，载《地方财政研究》2009年第5期。

〔4〕 邓聿文：《从邓玉娇案的舆情看社会的断裂》，载《政工研究动态》2009年第11期。

会结构。根源在于一些地方基层政府官员不能代表和保护人民的利益，反而成了公共安全的威胁和非正义的制造者。[1] 基层政权的高度非道德化，使一些地方官员的行为不受应有的约束。

这是一系列社会矛盾不断积累的结果。尤其是处于社会底层的弱势群体，付出了制度与结构变迁的代价，却没有真正享受到发展的成果，成为一个沉默无助的群体。[2]

理顺公众情绪需要标本兼治。理顺情绪的根本是理顺利益关系。只有正确把握最广大人民的根本利益、现阶段群众的共同利益和不同群体的特殊利益的关系，统筹兼顾各方面群众的关切，使各方面公共政策总体上符合大多数社会成员的利益诉求，实现社会公平正义，才能使人们的情绪正面化，[3] 才能在治本的意义上理顺公众的情绪。

防范无直接利益冲突群体事件的关键在平时。这就要求地方政府能站稳中立的裁判者立场，切实维护好、发展好公众的根本利益，否则，如果平时的一些小事处理不好、处理不公，最终会酿成影响当地社会整体稳定的大事。利益表达和保护弱势群体的合法权益，是构建新时代富强、民主、文明、和谐、美丽的社会主义现代化强国的重要内容，建立有效的弱势群体利益表达机制，是维护其权益的基本途径。[4]

弱势群体利益表达的现状和成因。弱势群体是一个在社会性资源分配上具有经济利益贫困性、社会权利匮乏性、生活文化排斥性、承受能力脆弱性的特殊社会群体。其包括五层含义：[5] 一是经济层面处于物质贫困状态；二是在人文层面上处于被社会歧视和排斥状态；三是在政治权利层面上缺乏表达和追求群体利益的资源和能力；四是在社会心理层面上表现为失落，无奈和消沉等心理承受力脆弱性；五是在改革和政策法规层面上处于利益受损和被剥夺的

---

〔1〕 吴鹏森：《基层政治体系残缺：群体性事件频发背后的社会机制》，载《探索与争鸣》2012 年第 10 期。

〔2〕 周冬梅：《民间舆论交流的负面效应及对策思考》，贵州省社会科学界联合会会议论文，2011 年，第 302 ~ 308 页。

〔3〕 蔡永飞：《理顺公众情绪的根本是理顺利益关系》，载新浪网：http://news.sina.com.cn/pl/2008-07-05/085815876486.shtml，最后访问日期：2018 年 11 月 30 日。

〔4〕 王天林：《公开被质疑的背后》，载《社会科学论坛》（学术评论卷）2009 年第 12 期。

〔5〕 黄学利：《浅析弱势群体公共利益表达机制构建》，载《地方财政研究》2009 年第 5 期。

境地。

利益分配不均、司法不公、强势群体和弱势群体的矛盾等现象在我国经济和社会发展的初级阶段难以避免，并有可能被激化而引发社会矛盾升级，以至于发展成为突发公共事件，而这些公共事件又会很自然地引发网络舆论的高潮。能否疏导、应对好网络舆论，关乎社会稳定、和谐大局，已成为摆在很多地方政府面前的新课题。[1]

群体性冲突事件，多半是弱势群体在自身力量失衡，无处表达自己的心声的时候，做出的不理智选择。在监督救济方面，弱势群体的利益表达行为没有相应的保护机制，没有相应的救济制度作保障。

在应对新媒体舆情过程中，需要结合舆情发展各阶段特点作出处理。邹建华在《突发事件舆论引导策略——政府媒体危机公关案例回放与点评》中提出，政府媒体危机公共应对的七大基础原则，即第一时间原则、公开透明原则、第三方原则、坦诚原则、情感原则、口径一致原则以及留有余地原则。第一时间，指的是群体事件的处理要突出速度。在人们对突发事件的认识处于空白的时刻，就要迅速反应，以最快的速度告诉民众真实的情况，以杜绝谣言的出现和传播。需要注意的是，"第一时间"只是一个相对概念，无法对其进行具体的规定。引导舆情在蔓延期得以控制，不引发和激发更大的群体性突发事件。公开透明原则，是指互联网等新媒体技术的进步和普及，人们获取信息渠道的多元化、传播手段的快捷化以及网络传媒的即时性等特征共同作用，在危机事件发生后，地方政府及主流媒体有时还没来得及说话，就有网友通过论坛、博客、微博、微信等传播平台对外发布了信息，成为媒体和公众了解危机事件的重要信息源。在处理过程中，秉持公开、透明的原则，不采取硬性的措施封锁消息，实施捂、盖、压的手段应对新媒体舆情，积极回应网络舆情，解决问题，并充分利用各类媒体平台及时发布处理的进度和措施，做到信息渠道的畅通，在一定程度上能够消除或降低百姓对政府部门的不满情绪，取得百姓的信任。坦诚原则，是指英国危机公关专家里杰斯特提出了著名的"3T"理论，即提供真实情况、提供全部情况、尽快提供情况。危机事件处理最重要的原则是让大众在第一时间

---

〔1〕 李蕾：《中国社会转型期群体性事件防治与基层政府行为方式转变》，西北大学行政学系 2010 年硕士学位论文，第 29 页。

尽可能地了解事实的全部真实情况。里杰斯特还认为坦诚的态度是化解危机最好的策略。坦诚包括"三诚",即诚意、诚恳和诚实。诚意,即要及时向公众说明情况,对自己的过失要勇于承担责任并致以歉意,以博得同情和理解。诚恳,即不回避、不遮掩、不隐瞒问题和错误,特别是能够用胆量去面对、回应负面事件和谣言。诚实,即不说谎,问题解决情况如何,处理结果怎样,都不应该向公众隐瞒事实真相。

从群体性突发事件的媒体实践中可以看出,政府部门在处理和解决突发事件时已积累了相关经验,但待改进的行为方式主要存在于以下几个方面:一是舆情预警不利,诱因事件引发舆情。任何矛盾的爆发都是存在诱因的,从危机潜伏期出发,当引发社会内部矛盾的诱因事件积压程度不深、事件的恶劣及热议程度不够时,即不会形成群体性突发事件的刺激。互联网作为公众自由表达意见的平台,能够迅速有效地收集和分析民意,平民记者、论坛、微博等能够从更人性化的视角发出多种声音,汇集大众的意见,诱发网络舆情。有关部门提早关注舆情预警信息,实施有效的矛盾解决方案及舆论引导措施,事态可能会在事件爆发期就得到平息,甚至不会扩散。二是政绩观与理性对待的矛盾。传统的政绩观以政绩和稳定作为重要的考核指标。有的地方政府在面对群体性突发事件时,持有怕给地方抹黑的心理,对群体事件采取本能的回避态度。这不仅解决不了根本问题,反而会激化矛盾,诱发群体性突发事件。这种非理性的处理方式容易导致并激化危机事件的发生。事态在网络舆情的促使下不断发酵升级,相关部门迫于媒体及公众的压力被动作出相关处理,以安抚群众,平息事态。即便事情得到迅速及时的解决,在一段时期内也会形成舆情,对政府公信力造成影响。三是过度依赖传统媒体与忽视网络民意的对立。在传统媒体时代,政府对传统主流媒体有过度的依赖性,尤其在群体性突发事件发生时,主流新闻媒体与政府的观点、立场要保持一致。在某种程度上,领导的个人观念、态度和处置方式对群体性突发事件影响重大,加之传统媒体严格的把关制度等因素,使群体性突发事件报道成为传统媒体不愿意触碰的敏感区。而在信息高速传播的新媒体时代,一个群体性事件的出现可以很快引发下一个群体性事件甚至一系列群体性事件的产生,对社会产生极大的危害,甚至会影响社会公共秩序。网络媒体的即时性、交互性、信息海量性等特征,使其在面对危机事件时,能够将零碎的信息最终通过网络论坛、微博、微信等便捷途径实时扩散,其不仅能与传统媒体发挥同等重要的报道、监督作用,甚至在某些事件中还能发挥出超越传统媒体的更强大、独特的作用。对网民舆论和网民意见的忽视只能使地方政府处于舆情监控的被动地位。

因此,在应对群体性突发事件网络舆情的策略方面,一是要重视新媒体舆情,做好社会预警。新闻有先入为主的特点,一旦事情公布出去,传播速度就会很快,就算马上进行纠正,一般来说效果也不会太明显。因为纠正的速度跟不上传播出去的速度。因此,避免或降低政府舆情危机根本的办法是要从源头上切断引爆源,即预警社会矛盾,及时捕捉具有危机风险的事件,在没有发生危机时及早解决。这就需要相关部门增强自身的危机意识,积极建立预警机制,建立完善的信息监测、收集与分析等网络舆情监控系统,实时掌握来自系统内部、外部的消息和变化,实施积极的舆论引导策略,争取将突发事件消灭在萌芽状态。面对危机舆情,政府部门需要积极拓宽信息发布渠道,推动网络问政,拓宽舆情监控端口,利用传统媒体与新媒体等多种传播渠道,加强与网民的互动,实现信息渠道的畅通。利用召开新闻发布会、记者招待会等多种途径,进行权威发布,疏通利益诉求渠道,及时澄清虚假或不实信息,督促相关部门解决实际问题。二是收集并分析舆情信息,引导舆情。危机爆发阶段,政府部门应利用信息监测、搜集与分析系统,做好舆情分析工作,掌握舆情动态,有针对性地制定舆情应对方案,引导舆论方向。当然,通过设置舆论议程,加大在热门网络社区等的引导力度,鼓励网络媒体及用户发表意见,变阻塞舆情为疏导舆情也是一项重要的措施。网民对群体事件有极大的关注度,其中也不乏理性的分析和建设性的意见,如果能够充分地吸纳和迎合群众的合理性需要去处理问题,必然会得到群众的信任和支持,也能为维护政府形象和公信力赢得机会。三是处理方式变硬性为柔性,变管控为规制。在网络传播时代,政府面对群体事件时,不能再仅仅通过简单的行政命令管控信息,规定人们的思想和行为方式。减少政府直接强制命令,实行柔性管理是一条可行之路。柔性指的是通过温和、安抚的方式解决问题。以粗暴的方式对待公众的舆情诉求,采取迟报、谎报、漏报、瞒报信息,关网站、停网吧、删网帖等惯用的硬性管制,其结果只会激发网民将各种意见及不满情绪发泄在网络平台上,并充分碰撞,互相叠加,引发舆论危机,对政府形成更大的舆论压力。此外,当前教育、医疗、就业、司法公正、社会保障等公共服务领域的供给短缺,需要政府部门从社会整体利益和共同利益的角度出发，根据社会和市场需求，通过政策法规、经济手段和技术监督等方式进行间接规制，保护群众的根本利益，最大限度地降低矛盾的级别，从而从根本上降低群体性突发事件发生的概率。

群体性突发事件的演化周期是一个循环的生命周期，应对舆情时需要根据危机在不同的时期有针对性地采取措施，努力做到第一时间发布消息，杜绝网络谣言的泛滥；以公开透明的态度，主动占领网络主流话题；坦诚对待群众，不封锁公众视听；充分发挥网络的传播优势，强化危机传播效果，有效引导和控制网络舆论，保障社会稳定。同时，加强与传统媒体的互动配合，形成社会舆论的合力等。这些措施都可以有效降低群体性突发事件舆情的蔓延。

二、构建利益协调机制和创新对人民内部矛盾化解的对策

(一)构建利益协调机制——群体事件宏观基础

构建利益调节机制的意义在于，在利益多元的社会里，不同社会阶层具有不同的利益需求和价值偏好，平等利益主体无法避免利益冲突，出现利益失衡。构建利益协调机制，建立正常的渠道，可使一些有冲突利益得以表达，这有助于社会稳定。利益协调机制的构建，在于平衡各个阶层的利益消除阶层之间的冲突和矛盾。除了在政策制定和执行上公平协调不同阶层的不同利益，也要在根本利益一致的基础上，兼顾最大多数群众的共同利益与不同群众的具体利益，考虑社会各方面的承受力。

利益诉求错综复杂，彼此存在矛盾和冲突。如果利益诉求得不到满足，利益矛盾得不到及时化解，可能增加社会的紧张状态。允许冲突表达的社会更具有弹性和持续稳定，积累冲突的能量一旦表达出来，对原来的社会体制将是毁灭性的。在分歧中求协调、在差异中求一致、在对立中求妥协、在冲突中求共存是现代社会稳定的利益价值观。现代社会的稳定有赖于对各阶层、集团和个人利益的维护和协调、缓和与化解。利益表达机制须从两个方面来缓解社会冲突：首先是建立制度化的利益表达机制。其次是加大社会监督的力度积极引导群众以及各个利益主体以理性、合法的方式表达利益诉求，妥善处理社会各个利益阶层之间的关系。建立利益补偿机制，是指群体性事件的爆发在很大程度上是由于补偿不合理造成的，建立利益补偿机制能够有效预防群体性事件的发

生,并有利于增进社会公平,缓解利益矛盾。构建利益制衡机制,是指利益制衡不仅表现为不同阶层、不同社会群体之间的制约与不同行业间的制约,还表现为弱势群体对强势群体的制约。因此,要制度上进行相应的安排,使弱势群体的利益在法律范围内和在现实生活中得到切实的维护,从根本上减少和杜绝影响社会稳定的群体性事件发生。没有利益矛盾和冲突的社会不是韧性稳定的社会,而是一个超强控制的社会。韧性稳定的社会不仅是一个利益矛盾和矛盾的社会,而且是完全能够将利益矛盾与冲突有效的控制在社会秩序范围内的社会。因此,要善于从利益的视角来把握群体性事件的成因,构建以利益为核心的调节机制,实现各主体间利益均衡,有效防止和控制群体性事件。

近年来在群体性事件的发生、发展及其处置过程中,处理不当往往会影响政府的公信力。第一,组织化与宗教情感因素已成为事件冲突升级的主要推动力量;第二,有的地方政府对群体性事件发展过程的干预经验缺乏,干预时机与策略选择往往有值得商榷的地方;第三,群体性事件的法治化治理思路的欠缺,不能或不敢及时运用合法暴力手段及时阻隔冲突双方的正面接触,阻断冲突升级。当然,各级地方政府也充分认识到民族群体性事件治理思路所存在的问题,及时总结经验并转变思路,致力于民族群体性事件的全面治理。在群体性事件发生的社会条件没有根本消除的情况下,政府应该充分意识到冲突发生后的群体关系修复也是极重要的,通过建立相应的关系修复机制,建立相应的制度和程序规范促使利益群体之间形成良性竞争,缓解社会结构不平等与紧张,促进国家认同的整合与社会稳定。

群体性事件特点中有两项值得重视:第一,群体性事件的参与主体虽然来自不同部门、地区和行业,具有不同身份,但大多是社会弱势群体,在改革过程中的利益受损阶层或得利极少阶层;第二,群体性事件特别是影响较大的具有一定规模的事件,不论其最初的缘由是什么,最终的矛头大多指向基层政府。[1] 在通常情况下,政治是一种悬浮于社会之上的机制和力量,它以社会为基础。在传统社会中,一直存在国家—社会的双层结构。在国家政治体系之下,地方社会进行自治性管理。地方政府作为国家权力的基层代理人,按照科

---

〔1〕 吴鹏森:《基层政治体系残缺:群体性事件频发背后的社会机制》,载《探索与争鸣》2012年第10期。

层制进行指令性管理。自治的农村村民委员会和城市居民委员会,更多只是政府在基层的助理,是协助政府维护社会秩序的辅助机制。在政府主导型现代化过程中,政府作为发展的主导方,直接承担着推动经济发展的责任,在改善投资环境的压力下容易考虑资本的立场。当发展侵犯到民众利益时,政府极易成为民众发泄情绪的对象,同时,民众缺乏维护自身利益的社会组织体系,没有与强势群体平衡的利益博弈机制,也没有通畅的利益表达渠道。当他们的利益受损时,要么沉默忍受,要么以体制外抗争的方式爆发。[1]

政府活动的透明与公共事务管理信息的公开,是保证公民知情权,促进公民参与社会治理和化解民众积怨的基础。一些地方的基层党委政府对公民上访回应较慢,加剧了民众与政府之间的冲突。基层政府缺乏让公民利益有效表达的机制是非直接利益冲突群体性事件发生的另一个重要原因。在对无直接利益冲突事件的分析中发现,无直接利益冲突的主体与事件没有直接的利益冲突,往往因为该事件引起群众的感情上的共鸣,或者只是纯粹地看热闹参与其中。无直接利益冲突事件并非没有直接触及他们的利益。所谓无直接利益冲突,指在现有条件下存在的冲突双方本身并没有显现的直接利益的冲突,但其在实质上是包含直接利益的。社会利益表达机制不完善,特别是弱势群体的直接利益冲突在其社会生活中日积月累,缺乏适当表达机会。无直接利益催化了压抑的情绪,提供了可供宣泄的条件。网络的出现,使人们参与社会公共生活乃至政治生活的方式多样化。政府处置社会发展中新情况、新问题的能力与水平需要不断改进。政府在处理应急事件中的表现提升了政府的管理能力,但是由于改革中存在的大量问题仍然需要解决。因此,在妥善解决无直接利益冲突时仍需要总结经验。表 7 依据 404 个样本,对无直接利益冲突群体事件内含的议题从空间类型上作了划分。

---

〔1〕 肖唐镖:《当代中国的“群体性事件”:概念、类型与性质辨析》,载《人文杂志》2012 年第 4 期。

表7　群体事件的空间类型及发生比例

议题类型	分析样本的案例数量(件)	所占百分比
国际性问题	4	0.9%
全国性问题	28	6.9%
区域或地区性问题	187	46.2%
社区性(宗族性)问题	78	19.3%
家族性问题	5	1.2%
个人(家庭)问题	78	19.3%
其他问题	24	5.9%

无论是国内的现代化进程还是全球风险社会日渐形成的国际环境,都使我国社会不可避免地面临着许多结构性矛盾与冲突,群体性事件正是这一特定时期内社会矛盾的外在表现和社会冲突的重要形式。面对如此变化的情势,基层政府能力是否也有了适应性的提升,能否经受风险型社会的考验关乎政府能否仍然实施有效的社会治理。通过调研发现,多数群体性事件发生在基层社会,这实际上与一些基层政府的不当执法或违法行政不无关联。由此,基层社会的群体性事件会频发,基层政府应如何治理群体性事件,其对群体性事件治理的能力如何,是否需要提升,如何提升等问题的困惑与追思促使本书将研究视角聚焦在基层政府治理群体性事件的能力这一主题上。这种"结构性矛盾"的特征就是一些地方官员和民众之间互相不信任。

群体性事件频发的原因,较常见的解释是发展阶段论,强调中国现代化进入所谓人均1000～3000美元的发展阶段,容易出现各种社会矛盾爆炸性增长的现象。一方面是贫富差距、城乡差距、地区差距逐渐拉大,经济和社会发展不协调,教育、医疗、养老等民生问题日益凸显,底层民众无法共享经济社会发展成果,导致社会相对剥夺感不断放大;另一方面是社会成员的公民意识、政治参与意识以及对发展的期望值不断增强。两种因素的同时增长必然导致社会冲突的加剧。但是,中国很快跨过了人均3000美元大关,社会群体性事件并未减少。同时,中等收入陷阱的概念认为,中等收入陷阱更容易引发各种社会不稳定因素,导致群体性事件激增。还有观点提出中国群体性事件增多与"转型陷阱"有关,认为在渐进式改革过程中形成了以精英集团为核心的既得利益集团,这种既得利益集团在既得利益格局形成后希望把改革进程中的过渡性体制定型化,[1]形成一种以权力与金钱相结合为特征的有利于精英集团利益最大化的混合型体制,而这种体制也是最容易引发社会不稳定的体制。当然,更多观点则具体列出引发群体性事件的几大因素:社会不满群体增多、群众利益表达渠道不畅、政府管理能力不足、聚众社会心理等。

通过对基层政府行为方式与群体性事件频繁发生之间的关联性的解析,寻找基层政府的行政决策、行政执行和行政应对行为等方面存在的不足,进而为规范和改进基层政府的行为、防治群体性事件提出一些思路。西方对集群行为的形成原因及条件的研究中,最有影响的是斯米尔塞的价值累加理论,该理论陈述了引发集群行为发生的六个[2]必要且充分的条件:环境条件、结构性压力、诱发因素、行动动员、普遍情绪的产生或共同信念的形成、社会控制机制。为防止破坏性集群行为的发生,还形成了社会减压阀理论,该理论认为社会应该有自己的减缓结构性压力的机制,疏导社会成员中的不满情绪,避免不满情绪向现实行为的转化。

在无直接利益冲突群体事件成因的分析方面,可运用利益博弈理论,将群体性事件的成因归为三个"缺少":利益调整缺少公正的平衡机制,利益诉求缺少通畅的表达机制,利益博弈缺少合法的对话机制。运用利益分析方法,分析政府利益与社会利益的冲突,分析政府的自利行为偏离了公共目标与群体性事件的联系,有助于研究在现有政治体制下政府行为规范与改进的对策。分析我国社会转型期群体性事件对基层政府行政行为和公信力的挑战可知,由于社会转型出现了多种矛盾,对此基层政府行为方式跟不上,造成群体性事件的爆发,对政治社会产生了重大影响,形成对基层政府行为方式的挑战,所以基层政府的行为方式亟须转变。这部分以基层政府的理念和行为为主线,论述分为:基层政府决策行为不科学不合法引发的危机,执行行为不规范引发的危机,基层政府不妥当的应对能力引发的危机,基层政府职能缺位和滞后引发的危机。这说明基层政府的行为方式与群体性事件有密切关系,基层政府的行为方式不当

---

[1] 唐述权:《湘西吉首与贵州瓮安无直接利益冲突群体事件》,载人民网:http://politics.people.com.cn/GB/1026/8555767.html,最后访问日期:2018 年 11 月 30 日。

[2] 于峥嵘、单光鼐:《群体性事件应对与社会和谐》,载新浪网:http://blog.sina.com.cn/s/blog_4d012dd40100c4m7.html,最后访问日期:2018 年 11 月 30 日。

是引发群体性事件的直接原因。提出基层政府行为方式转变与群体性事件的化解的途径:[1]一是基层政府科学决策预防群体性事件,二是依法行政避免群体性事件,三是调整行为方式化解群体性事件,四是基层政府提升处置能力化解群体性事件。

即使是涉及政府与民众之间、干群之间的冲突,其行动针对的仍然是特定地方政府或其官员,而非规则、体制。即使是暴力性的对抗行动,一般也为经济要求,而非反体制行动。绝大多数民众对中央政府的动机、决心和能力,对包括现行政治和社会制度及国家在内的政治共同体,均有较高的信心和认同。而且,民众抗争的理据中并未出现"革命化"的正当性论证,依然沿用现行主流的意识形态和法律、政策框架。他们仍然是以现行制度和法律框架为基础,认同该主流框架,是认同现行体制和制度下的抗争。

信任是政府合法性和权威的重要体现,它是社会结构与社会制度的产物。信任只有通过有意识的政治制度与政治行为间接地形成,并且在文化的不断关注和尊重的过程中得到滋养。若政治系统与政府行为无法产生足够的可交换的资源以满足社会的期待与需求,如制度性缺陷、政府动作过程中的不规范,公共权力机构缺乏监督和约束等,社会就会引发严重的信任危机。某些基层政府仍然不能认识到这一现象和问题的存在,继续透支政府的信任,群众对于政府权威的排斥和否定会引发信任危机和冲突,从而导致政府的社会控制力下降,进而导致政府对群众利益保护力下降,最后形成非信任政治的恶性循环。只有在社会成员间存在稳定的相互信任关系的情况下,社会才可能建立一种长远的共同秩序。[2] 一些地方干群关系的紧张状况表明权威的施加者与接受者之间某种不信任程度在加剧,从而导致底层政治生活中结构性压力的扩散和普遍性信任赤字的增长。从这一维度来思量,群体性突发公共事件是当下地方治理中的亚健康政治的典型映照。

公共政策的公共性和公平性的缺失是我国目前利益冲突、利益失衡的主要原因,也是群体性事件发生的重要诱因。我国目前正处于社会转型、经济转轨

---

〔1〕 李蕾:《中国社会转型期群体性事件防治与基层政府行为方式转变》,西北大学行政学系 2010 年硕士学位论文,第 6 页。

〔2〕 于建嵘、单光鼐:《群体性事件应对与社会和谐》,载新浪网:http://blog.sina.com.cn/s/blog_4d012dd40100c4m7.html,最后访问日期:2018 年 11 月 30 日。

的历史性时刻,这是一个利益主体多元化、利益差别显性化、利益矛盾尖锐化的时期。有效整合各种利益关系,是加快经济发展、维持社会稳定的必然要求。通过公共政策利益整合功能的发挥,可以使群体利益、个人利益与社会的整体利益相一致,进而促进社会各领域协调有序发展。公共政策能否进行利益整合,关键在于能否坚持公平的政策导向。随着我国经济社会的转型和改革进入关键时期,我国利益结构已发生深刻变化,利益关系显现出利益主体多元化、利益差别显性化、利益矛盾尖锐化的特征。利益主体多元化主要表现在社会转型加快了社会分层,原有的社会阶层结构被打破,呈现出立体、多维的社会层次。利益差别显性化主要体现在经济、政治、文化等诸领域。一是经济利益失衡。城乡之间,东、中、西部地区之间,行业之间收入差距非常明显,贫富日益悬殊。二是政治利益失衡。主要表现在社会成员宪法意义上的权利实际上的不平等,有的利益群体利用手中掌握的社会资源控制媒体、左右舆论,并通过各种手段向政府的某些部门争取更多的政策支持,谋取高额利润;而有的利益群体的利益诉求却未受到重视。三是文化利益失衡。主要表现为社会成员不能平等享受公共娱乐设施和公共文化服务等。利益失衡还在教育、住房、医疗等关乎民生的领域表现得突出。由于利益失衡导致强势群体和弱势群体的分化比较明显,利益差别显性化、利益矛盾尖锐化。与利益主体多元化和利益差别显性化相联系,便产生了人们相互之间在利益追求的目标和内容方面强烈的排他性,[1]产生了各种利益之间的矛盾和对立,由此所导致的利益差异不适当扩大,利益群体之间矛盾的对抗性有增强趋势,甚至由此产生冲突性事件,成为影响社会稳定的隐患。

韧性稳定的社会不是一个没有利益冲突的社会,而是一个有能力解决和化解利益冲突,并由此实现利益大体均衡的社会。而化解冲突、实现利益均衡,需要公平有效的协商博弈平台,需要合法有效的群体利益代言人,将相关群体利益诉求纳入和平协商范畴,否则政府在群体性利益冲突中,将要面对成千上万个独立、零散的个体,其很难有效应对。而矛盾一旦激化极易引发不可控的群体性冲突。随着改革开放逐渐深入,不同群体的利益冲突已经成为一种"常

---

〔1〕 于建嵘、单光鼐:《群体性事件应对与社会和谐》,载新浪网:http://blog.sina.com.cn/s/blog_4d012dd40100c4m7.html,最后访问日期:2018年11月30日。

态”。要使这种利益冲突不至于演变为对抗性社会冲突,关键在于破除体制性梗阻,疏通民众诉求渠道,将利益冲突纳入合法、有效的协商调整平台。涉及群体性事件的民众主要不满地方政府的行政管理,他们有合理的诉求,但是无法通过正当合法的渠道表达,最重要的是它是一种目的有限的手段。提高国家管治能力,加强民众政治认同。要从群体心理的疏导和提高国家的管治能力两个方面入手对事件进行防范和处置。除必要的心理疏导外,还需要提高基层秩序管治的能力,要加强民众的政治认同,建立科学的制衡制度,改进管治技术,提高管治水平。突破口是县政改革,在现阶段,县级政权在很大程度上仍然是向上负责的政权机构。从政治发展的角度上来讲,民众参与和实现责任政府是地方政府发展的方向。县域经济发展和建设新农村的需要是构建和谐城乡社会关系的需要,县域经济问题也是县域政治问题,只有建立和完善有利于县域经济社会发展的县域治理运行机制,才能为县域经济发展和新农村建设提供政治保障和制度保障。县级政权一直是中国最稳定和基本的政治单元,它是城市政治与农村政治的结合部,是目前中国政治体制中具有完全制度架构的政治体,是国家治理的基础。基于对现行政治体制改革成本及可能性的考量,从行政技术层面特别是从国家行政结构方面进行改革,也许目前是中国政治发展的一条现实可行的路径。韧性稳定的社会的基本标志是安定有序,判断这个社会和谐与否,主要是要从它的社会稳定层面来考察。建立秩序框架,群众可以维护和实现自己的利益,富强、民主、文明、和谐、美丽的社会实现的基础就是能够解决利益冲突。在一个变化的社会中,如果不设定一定的行为规则,那么不仅可能使社会处于无序状态,而且可能造成对民众基本权利的侵害。秩序的重要性即在于此。通过渐进式的改革可以弥补这些缺陷和不足。[1]

(二)群体事件微观动员机制及应对策略

从对群体性事件发生机制及现阶段群体性事件多发原因分析看,主要有以下原因和流程:

第一,结构条件。结构条件是群体性事件多发的社会背景性因素,特定社会结构为群体行为的产生提供了合适的社会环境。当前我国正处于现代化进

---

〔1〕 于建嵘、单光鼐:《群体性事件应对与社会和谐》,载新浪网:http://blog. sina. com. cn/s/blog_4d012dd40100c4m7. html,最后访问日期:2018 年 11 月 30 日。

程的关键阶段,经济体制、社会结构、利益格局正发生深刻的变革和调整,由此出现了三大类深层次矛盾:一是社会要素的结构性矛盾;二是社会运行条件的功能性矛盾;三是社会运行机制的失调性矛盾。经济社会发展面临的问题和挑战会更复杂、更突出,这为群体性事件的多发提供了必要的社会环境。

第二,结构性紧张出现。结构性紧张是群体性事件形成的社会结构基础。我国目前的基尼系数超过了世界公认的警戒线,贫富差距正在逼近社会所能容忍的底线。贫富悬殊、权利状况和生活方式的反差,社会弱势群体产生强烈的公正失衡感、相对剥夺感和社会不满感。腐败和不作为、司法不公等更激起弱势群体对机会不平等、贫富差距过大的不满和怨恨,进而产生反社会的情绪。

第三,共同信念的形成。有的群众对政府和法律存在不信任,致使群体性事件中经常有为数众多的"无直接利益相关者"参与其中。同时,"不闹不解决、小闹小解决、大闹大解决"的说法,已经成为部分民间和底层社会人群的一般化信念。"闹大有好处"已成为一些人处理利益冲突和纠纷时的基本思维逻辑。

第四,符号性偶发事件出现。偶发的一个或数个触发性事件是直接诱发大规模群体性事件的导火索。经过前面三个阶段的积累,往往到了诱发因素这一阶段,一个牵涉少数几个人的看似简单的利益纠纷或矛盾冲突,就会将一大批人长期潜伏在心中的不安、怨恨情绪迅速点燃,从当事人的直接诉求扩展到一个群体对社会安全、未来、幸福的更广泛的隐身利益诉求和更高层次的社会公平正义的价值诉求。当前我国的征地纠纷、拆迁纠纷、物业纠纷、改制纠纷、医患纠纷、劳资纠纷、污染纠纷、借贷纠纷以及本地人与外地人的纠纷等九类纠纷最容易引发社会矛盾,并很可能转化成社会风险。

第五,组织动员的展开。群体性紧张、不满、怨恨情绪被偶发性事件引爆后,通过宣传、示范、渲染、暗示等方式对参与者进行组织动员,使参与者对某事的态度转化为对某事的具体行动,群体行动也就此展开。目前,无直接利益冲突群体事件中的组织动员力量主要来自两个方面:一是草根行动者,无直接利益冲突群体事件的组织动员方式是低层次的动员;二是公众舆论,这在无直接利益冲突型群体性事件的组织动员中表现明显。

第六,社会控制不力。社会控制是社会组织利用社会规范对其成员的社会行为实施约束的过程。[1] 社会控制力是决定群体性事件最终能否爆发的一个"安全阀"。在前面五个条件都已具备的危机临界点，如果能实施有效的社会控制，也可以及时制止群体性事件的发生。当前一些基层党委、政府对社会舆情和社会矛盾普遍表现出的体制性迟钝，是一些本可以迅速化解的单纯利益纠纷、个体矛盾冲突升级到群体性事件的条件。体制性迟钝主要是指由于制度的不完善和体制的缺陷，导致一些基层党委、政府对民众的利益诉求和社会矛盾冲突普遍表现出的反应迟钝、判断失误和处理失当。

阶层的自我与他者界限，是社会秩序再生产的基础。互动是形成对抗力量最大化的策略，经验交流与互动可以产生感同身受的体验理解，并因情绪的触动而引发共同的行动。在无直接利益冲突群体事件发生过程中，个体可以有效地观看到受害者的灾难，生活经验的关联和体验的交汇使个体有了感同身受的体验感，促使行动发生。生活在共同地域，群信息扩散较快，拥有感同身受经验的人越多，参与集体行动的人越多。无直接利益冲突群体事件中的社会认同起着关键作用，事件发生从来不具有单纯的原因，是在集体共同的推动和影响下发生的个人行为，是一种情绪冲动，认同在无直接利益冲突群体事件中的影响主要体现为社会认同对个体行为的催发、群体的普遍需求很难得到合法的表达和尊重，社会行动者无法把自己的抗争行为纳入既有的社会体系中来，转而采取边缘化的暴力抗争的形式，酿成群体性事件。在无直接利益冲突群体事件的发生过程中，个体激烈的抗争行为在群体压力的约束下，采取趋同的行为，大规模的群体性事件由此发生。社会认同对于群体行为限制。群体认同建立，存在各种权力机制的运作，压制与斗争并存；一种认同的建立就意味着对另一种认同的压制，也意味着主体在一定程度上主体性的丧失。主体是一种具有多重身份的实体，在无直接利益冲突群体事件中，主体依附于该群体的社会认同占据了上风。随着无直接利益冲突群体事件的愈演愈烈，群体的认同规制了主体的行为，压制着主体在社会运动中主体性的发挥。群体认同的强制性也容易招致主体的反感，容易驱使主体离开运动的阵营而趋向于依附别的认同。在无直接利益冲突群体事件中，地域认同和感同身受的认同都占据着重要的位置，二者

---

〔1〕 于建嵘、单光鼐：《群体性事件应对与社会和谐》，载新浪网：http://blog.sina.com.cn/s/blog_4d012dd40100c4m7.html，最后访问日期：2018 年 11 月 30 日。

对推动群体性时间的发展起着重要的作用。但是认同的强制性,也会导致主体的反弹,对群体性事件存在一定的反作用。[1]

从评价体系看,行为的议题指向是群体性事件因何而发生和其所针对的直接问题。现实的社会问题、心理情绪问题、抽象的价值问题均有可能成为群体性事件爆发的直接原因甚至导火索,三者反映出来的意义却不一样。多数原因指向就业、下岗问题,生活保障问题,征地及其补偿问题,拆迁问题,乱收费和负担过重问题,产权、资源纠纷问题,干部腐败和作风不良问题,拖欠工资,环境污染,生态保护问题,民间纠纷、争端问题以及医疗纠纷,以经济利益问题居多,属利益取向型事件。民众诉求的目标范围、民众行动的问题指向已多元化,既有宏观问题,也有地方性问题。相较而言,地方性问题居多,多数群体性事件选择含暴力手段的方式,属于一般违法或严重违法的事件。

应对群体性事件需要合理的作业流程,比如信息发布、恢复社会秩序、撤换违法行政或不作为的官员,等等。采取这些步骤的时间顺序非常重要,如果步骤混乱,就会错过最佳处理时机,带来严重后果。事件发生后,首先要针对群体的心理需要,做好群体心理的引导和情绪的安抚工作,因此信息发布非常重要。应根据当前信息技术的特点,加强信息公开和权威发布,尽可能信息公开。在现代传媒非常发达的情况下,无法进行信息压制和封锁。因此,信息发布对社会秩序的稳定是非常重要的。另外,要加强对聚会场所的管理。首先必须平息骚乱。要想有效地控制躁动中的群体,不能单靠从外部施压,这会导致群体的进一步团结,也不能依靠以暴制暴,这会导致恶性循环让冲突升级。比较好的办法是从内部瓦解群体,对其成员晓以利害,让非中坚分子离开群体,并打消其他人加入群体的念头。为了防止个人混入群体导致社会责任感的丧失,可以在现场设置透明化的摄像工具,将现场每一个人的行为都暴露于公众之下,从而使民众不敢过度放纵自己的行为。[2] 同样的问题,群体心态不一样,演变结果和处理难度大不相同。群众不断增强的民主意识与其相对较低的政治参与能力、法制观念的不对称,是群体性事件产生的文化根源。群众民主意识逐步增

---

〔1〕 于建嵘、单光鼐:《群体性事件应对与社会和谐》,载新浪网:http://blog.sina.com.cn/s/blog_4d012dd40100c4m7.html,最后访问日期:2018 年 11 月 30 日。

〔2〕 邹汉冕:《论群体性事件的预防与处置方略》,载《黑龙江省政法干部学院学报》2012 年第 5 期。

强,政治参与能力和法制观念的不对称。当出现利益摩擦或纠纷时,使本来能在法律程序中得到解决的问题演化成无直接利益冲突群体事件。具体利益冲突是引发群体性事件的直接根源。群体性事件有突发性和潜伏性之分,群体性事件一般有酝酿、发展和爆发的过程。直接具体的利益冲突往往会成为引发群体性事件的直接根源,处理不当会成为群体性事件的导火线。[1]

社会的改革与发展已经塑造了不同于以往的利益矛盾与冲突,建立自下而上的、重新组织化的、通过谈判和契约方式、由国家作为最后协调者的机制和体制,将有助于在新形势下构建更有效地协调与整合利益冲突的韧性稳定社会。提高社会整合程度,使社会的利益表达向协约、功能组合的方向发展,实现善治和多元、多中心治理的目标,淡化参与者的政治身份,体现政府日益增强的法治意识,也体现对民众、民意的尊重和一定程度的民权保障意识。走出突发性的自我限定,矛盾和冲突有累积并爆发过程,对政府与官员在冲突中的责任,民众未必是情急参与者或不明真相者。现代社会提倡和鼓励社会成员以社会组织形式,组织化的参与,依靠组织的力量可以克服个人诉求表达的无助感,个人也可以通过以互动互惠和共同参与为基础的社会组织形式实现利益表达和利益集结;可以削减群体在社会参与过程中的脱序和越轨,避免无序参与和宣泄愤怒情绪无直接利益冲突群体事件的出现。情绪宣泄无助诉求的理性表达,反而会酿成传谣和非理性的群体行为。建立解决利益冲突的秩序框架,社会抗击各种经济灾害和不稳定因素的能力加强,处理群体性事件积累了正的、反的经验教训,懂得认识和应对群体性事件,为今后解决社会矛盾冲突提供了可借鉴的例证。群体事件处理机制和流程如图 13 所示。

---

〔1〕 徐光:《群体性突发公共事件原因研究述要》,载《现代商业》2010 年第 21 期。

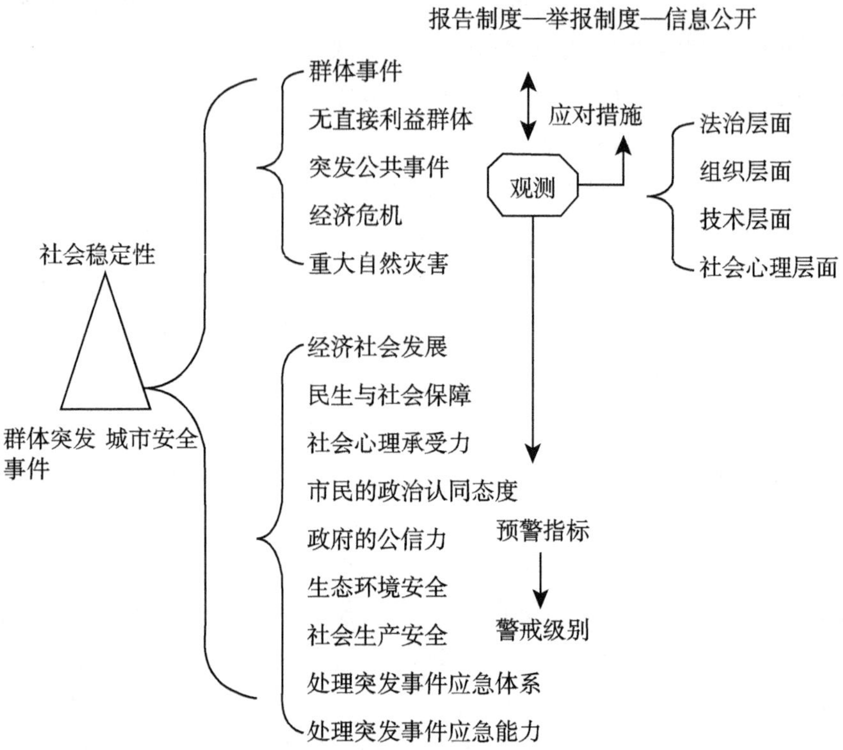

图 13　群体事件处理机制和流程

同时，注意地方性知识、民族习惯法在民族流动中的重新认识。群体性事件的形成原因，以征地拆迁冲突、环境污染冲突和劳动争议为主。征地拆迁引发的群体性事件占一半左右，环境污染和劳动争议引发的群体性事件占30%左右，其他社会矛盾引发的群体性事件占20%左右。[1] 现阶段中国社会处于矛盾多发时期，且社会矛盾多样而复杂。劳动关系紧张的程度仍在加剧。从典型案例看，劳动密集型企业和小微型企业仍是劳动争议多发点，大型企业特别是外资企业的劳动争议也频频发生。新生代农民工要求"体面劳动"，随着新生代农民工逐渐成为主体，实现"体面劳动"成为目前劳动就业领域新的发展趋势。[2]

---

〔1〕 龙玉琴：《社科院蓝皮书：近半无直接利益冲突群体事件由征地拆迁引发》，载凤凰网：http://finance.ifeng.com/news/macro/20121219/7451303.shtml，最后访问日期：2018年12月1日。

〔2〕 徐光：《群体性突发公共事件原因研究述要》，载《现代商业》2010年第21期。

随着经济社会的发展,群体性事件也出现了一些新的特征。学者从群体性事件的数量、规模、参与主体、组织程度、社会危害等方面对其特征作了具体的概括。近几年发生的群体性事件主要具有以下特点:数量增多,规模扩大;涉及的部门行业多主体成分多元化;城乡群体性事件的指向对象不同维权内容不同;工人以企业管理者为主要对象,以要求补偿受损利益和实现村民自治为主要内容。近几年发生的群体性事件中群众"大闹大解决、小闹小解决、不闹不解决"的心态越来越明显。事件的原因当中非理性的因素逐渐增多,冲击性趋强各种矛盾相互交错,具有很强的联动性和示范效应。群体性事件的基本特征是自发性、失范性、复杂性、可变性、情绪性。

无直接利益冲突群体事件产生的根源性因素,是指社会转型期利益格局的调整、分化、组合。文化性因素,是指群众的民主意识在不断增强但政治参与能力相对较弱、法制观念不强。基础性因素,是指基层组织社会控制弱化,社会权威结构在一定程度上失衡。政治性因素,是指政府的决策偏差、干部的官僚主义和腐败行为。体制性因素,是指利益诉求表达机制不健全。启动性因素,是指各种具体的利益冲突。群体性事件的发生是由多方面原因引起的,既有社会环境和社会政策等宏观原因也有个体与群体心理等微观因素。社会转型是群体性事件发生的宏观社会背景。人民内部矛盾在现阶段的集中凸显是群体性事件发生的直接原因。基层组织社会控制弱化,社会权威结构失衡是目前群体性事件产生的体制性根源。群众社会心理的失衡是催发群体性事件的重要因素。农村社会发展进程中长期存在的隐性利益失衡和显性利益失衡所引发的矛盾,是基础性根源。群众参与能力普遍低下,法制观念淡薄客观上为非理性救济途径的蔓延提供了存在的空间,基层组织社会控制弱化是目前农村无直接利益冲突群体事件产生的体制性根源。

基层政治中的治理症结在于,有关利益的公平分配远比总体收益上升更重要。例如,在征地无直接利益冲突群体事件中,事实上多数农民对于征地的补偿都有满足感,而他们不满的动力则来自补偿的分配不均。问题的实质是土地征收之后的利益分配平衡。在这一点上,基层政治中的治理结构出现困境。城乡一体化在本质上是城乡融合。城乡融合需要在城市和乡村应该有统一的规划和政策,而不是双轨制的。

（三）民族地区群体性事件预防和处置机制

社会稳定是社会结构、功能合理，社会各要素的协作作用及社会运行的有序化。民族地区的社会稳定问题，除面临社会转型、体制转轨中因城市建设、房屋拆迁、土地征用、企业改制、贫富分化、利益补偿等原因引发的社会问题甚至无直接利益冲突群体事件之外，还面临着宗教问题、边境问题、少数民族的利益保护和平衡问题、跨民族纠纷解决和处理的社会问题，这给边疆民族的稳定工作带来了一定的特殊性和复杂性。这要求我们在分析研究民族地区社会稳定问题时，需要结合其地域民族心理特征和地区历史变迁中的发展历程来做类型化和针对性的考察。[1]

1. 民族地区与社会稳定相关的现实民族关系

民族关系是与国家安全密切相关的变量。在众多民族杂居共处的西南边疆地区，民族关系对地区的安全与稳定具有重要影响。总体上，边疆的民族关系处于既统一又存在差别和矛盾的状态。各民族利益关系是平等且统一的，但又因历史原因而存在各民族之间事实上的不平等；或者因客观上的发展先后、地域差别、民族差别、经济差别、文化差别等存在利益竞争，经济利益差别引发的情绪波动。同时，因民族关系构成的多维性和复杂性，形成不同民族的宗教信仰、社会习俗、生活习惯、语言文字、心理素质的客观差异，如果处理不当，容易引发各类民族矛盾，影响民族地区的社会稳定。

民族地区社会稳定工作中比较突出的矛盾表现在：(1)西部民族地区与东部沿海发达地区在经济发展水平上的差距。(2)民族自治地方与其所在地区的发展存在差距。(3)民族地区现代化建设与少数民族自治地方资源开采和经济利益方面的矛盾。在民族地区资源进行开发的过程中，如果漠视当地民族的利益，使其在资源开发利用中得不到实惠，容易引起当地民族的强烈不满，对民族关系造成损害。(4)民族传统和风俗习惯的处理方式差别，是引发民族间摩擦、纠纷的原因之一。对少数民族风俗习惯、宗教信仰、民族历史人物、历史事件的分析和评价，往往也会引起民族关系方面的一些矛盾。(5)极少数民族分裂主义者散布和鼓吹分裂言论、从事分裂祖国的活动，他们的活动将会给边

---

[1] 马雁：《边疆民族地区群体性事件的特点、成因及应对机制》，载《云南农业大学学报》(社会科学版)2012 年第 1 期。

疆安全稳定和民族团结造成严重威胁。[1]

同时,还应当注意到民族地区社会关系和民族关系具有发展和变化的特征。在经济改革深化过程中,少数民族和民族地区与发达地区的差距进一步扩大,发展的不平衡性突出。各地区之间实际上存在的利益分配的结构性不均衡,不同民族在地域、语言、文化等结构因素方面存在差异,影响成员获取利益的方式和机遇,同时也存在国家权力运行产生的分配性不均衡,导致民族间利益的矛盾。因此,要把促进改革和地区发展与保持社会稳定结合起来,坚持改革力度、发展速度和社会可承受度的统一,正确处理改革发展稳定的关系,注意研究民族地区社会心态,在动态中实现平衡,在平衡中求得发展,科学辩证地研究和分析地区民众社会心态、无直接利益冲突群体事件和社会稳定之间的关系。

2. 民族地区与稳定相关的社会结构和心理特征

(1)互惠机能构建的平衡性不足

经济发展上的不均衡,也会引发文化上的差异和冲突。[2] 在现代化进程中,民族间在经济发展上的互惠,也表现为一种文化互动关系。差距的扩大和发展的不平衡性,引起了民族地区民族群众的危机感、失落感和不平衡感。面对的现实压力,一方面是早期针对民族地区的优惠政策发生变化,对民族地区的扶植弱化;另一方面是在社会主义市场经济体制下,民族间的互助合作从以行政手段为主,转为以市场调节为主,以互惠为前提。因此,自然条件比较落后的山区和边远地区与汉族和发达地区之间,因交通、经济和文化等因素存在差异,互惠性明显不足,互助合作面临困境。少数民族文化常常面临多方面的压力,在文化冲突的压力下,传统文化意识处于防备和抵制状态,产生抵触心理,有可能引发一定层面的民族文化冲突,加剧和扩大各民族文化之间的矛盾和冲突,从而给多民族国家安全构成威胁。

(2)民族地区社会稳定结构中的县级地域特征

需要关注的是,民族地区县一级地域的社会心理及稳定态势。近几年的几

---

〔1〕 木桢、倪慧芳:《边疆少数民族地区社会稳定与发展》,中国社会科学出版社 2007 年版,第 54 页。

〔2〕 社会贫困理论认为,人们长期处于贫困状态的内因,主要取决于和其自身价值取向、行为准则、生活方式以及由人们的物质生产活动构成的物质生活层面,也涉及由语言、思想、观点、理论、伦理、风俗、道德等构成的精神层面。

起典型的群体事件表明县域是群体性事件爆发的高危地带。随着城镇化率的快速提高，与农民进城相伴随的是农村社会矛盾进入县级领域，同时，城乡二元结构决定了县域社会是城乡交汇和基层矛盾集中对立的区域，而人口相对集中、家族朋友熟知面广等自然特点，也使县城成为易出现一家有事、众人呼应聚居的风俗和态势，如果矛盾和纠纷的处理不当、不及时，极易引发群体性事件。群体性事件的产生是县域社会矛盾聚焦的产物，也是全局性的社会矛盾在县域社会的集中体现，以及社会矛盾释放的一种极端形式。民族地区县域社会改革的过程也是一个利益调整的过程，近年来县域城镇化推进很快，但由于各方利益协调的准备不充分，导致一些新的社会矛盾产生，例如，拆迁征地过程中的利益矛盾、招商引资建设中的环保利益问题、就业矛盾的问题等。快速城镇化的直接后果，是失地的农民变成城镇居民后，产生新的就业需求，增加的就业需求同城镇原有的就业需求叠加在一起，使矛盾更加突出，加上一些失地农民缺乏进城就业的劳动技能，产生了很多新的社会问题。此外，城镇公共服务水平普遍低于城镇化的发展速度，低于城镇的扩展和城镇居民的需求。另外就是县级企业改制过程中遗留的一些历史问题，如果处理不当，极有可能引起利益追溯和利益剥夺感的加重，增加不稳定因素。

民族地区县级地域的干群关系与地区社会稳定之间存在密切联系。县级政权在国家政治运行中处于承上启下的关键作用，对上是执行层，对下是决策层、管理层和执行者。农村税费改革以后，乡镇管理权限缩减，进一步加强了县级政权治理所辖区域的权力，其权力范畴直接指向群众，也直接涉及最基层群众的利益。因此，干群关系成为一种直接的、面对面的关系，县域社会成了干群矛盾集聚区，由此县域社会也易成为群体性事件的多发地带。此外，传统上基层地方政府承担了管理方面大量的无限责任，基层群众意识中依靠政府解决问题的期望值过高，并对政府行为的偏差几乎处于“零容忍”心态，如果政府对某个事件处理不恰当和不及时，信息不对称或信息未能及时疏通、公布，将导致怀疑上升和信任感急剧下降，甚至对政府的决策和施政行为予以抵触，乃至在某些情况下发展成对抗和暴力性冲击，影响地区的稳定和可持续发展。世界发展进程的规律显示，在人均 GDP 处于 1000 ~ 3000 美元的发展阶段，意味着经济社会发展进入一个新的关键阶段，经济容易失调、社会容易失序、心理容易失衡、社会伦理需要调整重建。[1] 很多县市地区恰处于这样一个发展阶段，加之贫富差距、公平感失衡造成的紧张、焦虑甚至对立的社会心理，成为不稳定的根源之一。

民族地区存在的显性或隐性的群体性矛盾是由于不同群体、不同阶层、不同利益主体的利益受损或利益差别而引发的。当某种公权行为和措施涉及部分人的切身利益，共同的利益目标把他们维系在一起，又极易吸纳相同利益者，使群体逐步扩大，事态不断蔓延扩大，导致突发性事件。一般群体性矛盾属于根本利益一致下的人民内部矛盾。这类事件发生后，往往由于事态的发展，群体行为超出法律允许的范围，如不能有效地预防和及时疏导化解、处置，将会引发更大的社会问题，直接影响社会稳定。因此，正确认识和处置群体性事件，能够维护社会稳定。保证社会稳定的基础性机制，使在改革过程中，适时调整社会结构内部各要素之间的相互关系和组合方式，增强适应性和活力，发挥社会的整合功能。

3. 民族地区群体性突发事件的发生根源

从现代系统科学和社会学的观点来看，社会稳定即社会的结构稳定有序、功能正常。社会稳定首先是社会结构的稳定。社会结构，是指社会诸要素稳定的关系及构成方式，即相互关系按照一定的顺序所构成的相对稳定的网络体系。因此，社会稳定应具备有序性、可控性、平衡性等基本特点。[2] 因此，认为静止不变或低速发展即稳定的观点，已经无法适应现代社会发展变迁的背景。现代社会的稳定观是使社会改革和发展按步骤有计划依序进行。在社会结构有序，社会在多元发展和异质要素并存的情况下，有主导力量引导，以及社会结构构成要素的独立、互动关系增加和多功能化，通过制度、组织、价值体系等纽带把各构成要素整合成一个有机体。当前有些地方在处理人民内部矛盾、维护社会稳定中秉持这样一种观念：绝大多数的社会矛盾冲突是一种利益的冲突，属于人民内部矛盾，本质上就是经济利益矛盾，认为群体性事件的爆发多是利益驱使造成的，利益的问题不是一个有无的问题，而是一个多少的问题，可以用

---

〔1〕 徐勇：《接点政治：农村群体性事件的县域分析——一个分析框架及以若干个案为例》，载《华中师范大学学报》（人文社会科学版）2009 年第 6 期。

〔2〕 牟德刚：《近两年关于正确处理人民内部矛盾问题研究综述》，载《温州师范学院学报》（哲学社会科学版）2001 年第 2 期。

讨价还价等方法解决。这种维护社会稳定理念模糊了权利与利益之间的差别，颠倒了权利主体与利益主体的主导地位，在处置影响社会稳定事件时，以功利为导向，错误地将人民群众的权利当成可以货币化的利益，造成"花钱买平安"的局面，结果导致社会更加不稳，陷入"越稳越乱"的"维稳怪圈"。

社会"安全阀"作为一种社会机制，通过潜在的社会冲突来维持群体关系。"安全阀"可以充当发泄情绪的出口，及时排泄积累的社会对立情绪。当各方关系因敌意而被割裂时，"替罪羊"式的"安全阀"机制恰好能起到发泄情绪的作用，同时应区别冲突和对立情绪。在很多情况下，情绪本身不代表冲突，而多出于宣泄。发泄情绪具有"安全阀"作用，社会结构越固化，"安全阀"机制就越重要。结构松散的社会，因存在连续不断的、交叉施加影响的冲突，所以冲突并不是发生在同一断裂带上，加之人们参加各种组织，并在组织中追求各自的利益，所以不可能把全部身心投入瓦解社会的一种冲突中去，因此这种结构的社会是稳定的。而固化的社会不允许有冲突，如果再取消发泄敌对情绪的途径，造成敌对情绪的积累，一旦爆发必然造成对整个社会结构的威胁。"安全阀"机制必须在社会结构中加以制度化，社会理应通过合法的、制度化的机制，使各种社会紧张情绪得以释放，避免灾难性冲突的最终出现，社会系统才有可能处于均衡与和谐的状态。[1]

4. 民族地区群体性事件的特点及针对性治理

某种共同目的聚集起来的群体或特定环境下集结的人群，矛盾的双方均是以某种共同的局部利益为纽带、在少数人操作下结成的不同的群体，具有一定的组织性。由于各群体的利益不尽相同，矛盾也显得极复杂。突发性群体矛盾具有偶发性和突发性的特点。突发性群体矛盾的发生，往往以某种偶然事件为诱因，在人们缺乏心理准备时突然爆发，一件偶发的无直接利益冲突群体事件，可能会产生连锁反应。不同矛盾主体合理的要求和不合法的行为、不同原因和动机、历史的纠纷和现实的矛盾相互交织、相互作用，由此引发的突发性群体矛盾处置难度大，并时有反复。群体性事件的构成和表现方式一般呈现公开性、聚众性、利益性、非政治性和多变性等特点，又称为集群事件。在民族地区无直接利益冲突群体事件中，为实现自身利益诉求为出发点的诉求占据多数。根据目标指

---

〔1〕 宋志斌:《西部大开发中的社会稳定问题》,载《宁夏社会科学》2001 年第 2 期。

向的不同,将群体性事件分为“基于利益表达的群体性事件”“基于不满宣泄的群体性事件”“基于价值追求的群体性事件”。当前群体性事件已呈现出一些新的特征和趋向:在实施主体上,从“特定群体”到“不特定多数人”;在发生地域上,从“村落乡镇”到“城市社区”;在诉求目标上,从“利益表达”到“不满宣泄”;在动力机制上,从“压迫—反应”到“不满—刺激—攻击”;在策略技术上,从“依法抗争”到“暴力抗争”。群体性事件中矛盾交织,既有突发性又有积累过程,处置难度较大,但总体上可控可解,涉及面广,行动激烈程度强弱不等,但冲突烈度较强的事件时有发生,自发性与有组织性并存,有组织性更突出,但自发性的突发群体性事件危害甚至更严重。群体性事件的参与者身份多样化,绝大多数是普通群众,但敌对势力借机插手的问题值得高度警惕。从根源上说,群体性事件的直接原因主要集中在经济利益矛盾方面,问题的主要方面在于群众的正当利益遭到侵害或没有得到合理满足。突发性群体矛盾,破坏正常的社会秩序和社会稳定,易为境内外敌对势力所利用。研究人民内部突发性群体矛盾的发生、发展规律,尽可能在矛盾的潜伏阶段或显露阶段就能够缓解冲突,化解矛盾;如果矛盾已经发展到对抗阶段,要抓住矛盾的主要方面,运用行政手段和法律手段来解决。当矛盾激化时,必须以高度负责的态度,从严从慎,依法处置。对一般的群体性事件,要立足于疏导,进行说服、教育、劝阻,切不可因简单从事、态度粗暴而导致规模扩大、事态升级;对严重影响社会稳定、干扰正常秩序的突发性事件,必须采取果断措施,孤立、打击其中的违法犯罪分子,教育争取一般参与的群众,及时果断地制止事态的发展。[1]

区域范围内的利益调整和利益分配直接影响社会稳定,社会结构变化对社会稳定形成的压力和因素也不容忽视。对于民族地区来说,在利益格局的调整过程中,也出现有暂时性的利益相对受损群体规模扩大,矛盾凸显的状况。除了农村中尚未脱贫的农民,还包括国有企业改革过程中下岗工人中的贫困人口和城镇中无固定职业及收入低下的人口。一些地方的亏损企业因拖欠下岗职工生活费以及无力报销医疗费问题而引发的集体上访事件时有发生,这些对于

〔1〕 高永久、左宏愿:《论社会转型期民族群体性事件的成因及其治理》,载《中央民族大学学报》(哲学社会科学版)2011 年第 6 期。

社会稳定的维护都是客观的现实压力。[1] 同时,社会边缘群体不容忽视,这一群体主要是指居住生活在城市周边或城乡接合部的进城打工族和流动人口。因贫富差距所产生的生存权利被剥夺感和心理不平衡感,习于结群而发生交叉影响,增加了社会的不安定因素,客观上也危及社会安定。此外,民族地区社会稳定中,比较突出的还有民族、宗教问题的长期性、复杂性和敏感性,这些都潜存着不稳定因素,处理不当,容易引发社会矛盾和民族矛盾。具体而言,民族分裂势力和宗教极端势力是社会不稳定的根源,[2] 民族内部的纠纷和矛盾往往成为一个地区的不安定因素,民族、宗教工作中的疏漏与失误,往往成为民族纠纷和不安定的导火索。影响社会稳定的因素是多方面的,消除不稳定因素,维护社会稳定的工作就要从多方面着手、多管齐下。政策执行中的偏差和"土政策"极易破坏社会安定。它们不仅造成了干群关系紧张,还引发群体上访事件乃至刑事案件的发生;停产、倒闭、兼并企业的职工在工作安排和生活保障问题得不到妥善解决时,也会引发群体上访甚至闹事事件,因而也直接影响着社会安定局面。因此,改善利益分配机制中的不公正现象,从社会心理上消除影响社会稳定的不利因素,消除部分利益群体的不满情绪,成为社会稳定中的一个重要任务。改善对边疆民族贫困地区不利人群的扶持力度,逐步消除因贫困而引发的社会不稳定因素,是维护社会稳定的需要,也是发展地区社会经济的根本需要。要重视社会和政治生活中的各种问题,正确处理各种物质利益碰撞所引发的人民内部矛盾。无论是冲突的激烈程度还是造成的实际损失和负面影响,事件呈现的是严重破坏社会秩序的倾向。无直接利益冲突群体事件产生的现实原因,往往是参与者未能在现有组织机制框架下获得问题的有效解决,同时其采取的策略、方式和手段还未被完全纳入制度化轨道,属于政策法律的模糊地带或予以明确禁止的违法活动,客观上对一定区域内的社会秩序造成了负面影响。国家的行政性整合机制仍是维护社会稳定、解决全社会性问题的主导力量或基本制度结构,这种传统的整合力量因国家失去垄断资源优势而严重削弱。一方面现在社会涌现了大量的异质因素和社会矛盾,诸如跨地区的经济交

---

〔1〕 周毅:《关于我国社会转型时期人口与社会的可持续发展的探讨》,载《改革与战略》1997 年第 3 期。

〔2〕 高永久、左宏愿:《论社会转型期民族群体性事件的成因及其治理》,载《中央民族大学学报》(哲学社会科学版)2011 年第 6 期。

流与纠纷、人口流动与治安、农村的宗族冲突和犯罪团伙、黑社会组织；另一方面行政性整合机制难以有效解决这些问题，有待建立现代形态的法律性整合机制。[1] 加强对社会的失意群体的心理疏导和法律援助，失意群体的存在是当今中国社会面临的重大社会问题，其存在本身就是风险，而不能有效化解这一风险必将孕育更大的危机。因此，正确认识与解决社会转型期出现的失意群体问题，向失意群体实施积极的心理干预和扶助措施，对构建人民获得感的民生社会以及富强、民主、文明、和谐、美丽的社会具有重要的理论与实践意义。

---

〔1〕 陈成文、罗竖元：《论加强弱势群体子女教育与建设和谐社会》，载《中南大学学报》（社会科学版）2009 年第 1 期。

第六章　新媒体环境下无直接利益冲突群体事件的舆论引导

新媒体环境下无直接利益冲突群体事件的舆论引导重点在于改变观念,改变应对方式,加强应对技巧技术和策略的训练。随着新媒体尤其是自媒体的逐步普及,无直接利益冲突群体事件传播呈现出新特征,群体性事件发展进程中新媒体尤其是自媒体的作用对管理部门利用新媒体做好公共管理工作,达到善治并化解负面因素尤为重要。

互联网时代,社会各阶层的意见表达、利益诉求、情感宣泄的舆论主渠道,已从传统媒体转向互联网。网络媒体之所以能成为社会各阶层意见表达、利益诉求、情感宣泄的舆论主渠道,在于网络公共舆论的交互性特点,即传受双方的双向互动传播,公众与媒介的传受地位发生重要变化。在网络传播的环境中,公众不再是单纯的被动的权威信息接受者,其在接受信息同时,也在影响着信息的发布者,通过微博、博客、新闻跟帖、网上签名、网上论坛、专题讨论、网络公共舆论等方式参与互动。但地方政府的应对意识、把关技巧滞后。新媒体具有无中心、无边界的特点,信息传播具有广泛性。政府应加强对新媒体的舆论引导,引导新媒体发挥其积极的作用,引导其向着有利于社会稳定的轨道发展。新媒体与现代社会密切联系,如何趋利避害将是对政府和公众的巨大挑战,针对新媒体与群体性突发事件的关系,社会利益群体多元分化,利益冲突不断加剧,但利益表达渠道不够畅通,社会管理部门难以根据现实情况及时调整社会利益格局,导致基层群体性事件多发。新媒体的发展为社会底层群体的利益表达与利益博弈提供了新的渠道与手段。统计数据与分析显示,应对措施失误或者无有效应急处理机制(见图 14),无直接利益冲突群体事件的最终后果和舆论评价有很大不同。就这个角度而言,无直接利益冲突群体事件既有结果性构成也有过程性构成。

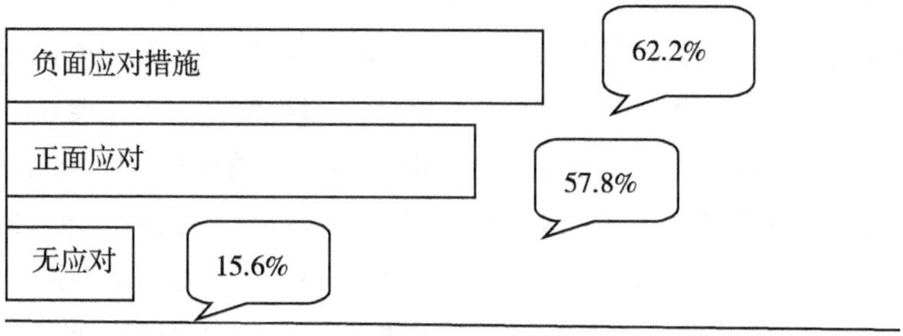

图 14　应对措施比例

信息时代,新媒体对社会生活的影响日益加深,这种影响迅猛剧烈,互联网、手机等的运用,利用这些媒体可以很快获得、传播信息。新媒体时代,人们不可避免地获得各种各样的信息,也极易利用这些媒体煽动民情、鼓惑人群。一旦人们同时获得极具煽动性或极具诱惑性的信息,很容易群情激昂,如果再受到一些人或一些组织的鼓动,很可能以极快的速度促成群体集会,示威游行或者其他群体性活动。因此,新媒体在现代群体性突发事件形成过程中具有不可推卸的责任,新媒体直接或间接地推进了群体性突发事件的形成。新媒体的不合理运用将会使群体性突发事件激剧演变,使事态不断扩大,产生滚雪球效应,使范围由小变大,使其事态由轻到重。

某一社会现象最终是否会演变为舆论客体,被大多数网民关注,有赖于意见领袖对于舆论的发动。因此要识别网络意见领袖,构建政府与网络意见领袖互动机制。互联网中担当意见领袖的多是自媒体点击率较高、有较大影响力的专家学者、社会名流、文体明星、网络版主和网络写手等,他们是网络舆情激发的推动者。识别并区分好意见领袖,根据其各自的特点,从治理网群事件的角度出发,找到合适的应对办法。网络意见领袖的新变化是网上网下互动逐渐增加,组织化程度越来越高。只有发展网上统一战线,才能引导好网络意见领袖,让他们与政府站在一起而不是站在政府对立面。网络社会中的群体意识从归因分析、传播路径、意见领袖、规范指引等几个方面着手进行有效引导。引导既有的网络舆论领袖,尊重他们的相对独立性,求同存异。培养论坛的意见领袖,继而利用这些意见领袖来引导网上舆论,降低谣言的传播力度。

随着技术的成熟、门槛的降低,新媒体越来越成为民众利益表达最顺畅的通道,其为民众搭建起了利益博弈的新平台。新媒体在群体性事件中扮演着越来越重要的角色。新媒体提高了民众的利益聚合与组织动员能力,民众能够借助新媒体进行组织动员。但对他们来说,新媒体的组织动员作用并非根本,因为民众本来就相互认识、有共同诉求。即使不动用新媒体,他们也能聚集起来,只不过多费一些功夫而已。近年发生在城市里的一些群体性事件,新媒体的作用显然是至关重要的。通过微博、QQ群、人人网、豆瓣、本地网站、电子邮件等方式,进行了多层次、立体化的传播和动员,信息覆盖了全部本地网民,新媒体动员的低成本、隐蔽性和高效率,得到充分体现。群体性事件最大的难点在于动员人群,新媒体使之变得轻而易举。新媒体出现伊始,其潜在动员能力就受到了广泛的关注,体现了新媒体在动员民众方面的潜力。新媒体为民众提供了现成的、高效的组织动员工具。在新媒体的推动下,原本分散的、素不相识的民众,出于共同的利益走到一起;对集体行动本不甚关心的民众,受信息瀑布影响,会参与到活动中来。

新媒体提高了群体性事件的利益表达效果,具有强大的技术支撑和无可比拟的传播优势,具有大量生产、复制和大面积传播信息的能力,能在很短时间内将群体性事件信息传遍整个社会,将地方性事件变成全国性事件。在传统媒体解禁之前,群体性事件大多已通过新媒体获得广泛关注。微博的普及,使新媒体对群体性事件的传播同步。如2012年7月初发生的什邡事件和同年7月底的江苏启东事件,瞬间就获得大量的微博转发。这种速度使审查与删帖失去意义,甚至让政府冒着更大的道义风险。新媒体极大地提高了群体性事件的利益表达效果。两起事件以政府彻底放弃项目建设计划告终。图15显示网络空间话语系统复杂关联。

可见,在新媒体环境中,网民言论活跃达到前所未有的程度。无论是国内重大事件,还是国际重大事件,均能马上形成网上舆论,产生巨大的舆论压力。[1] 新媒体与群体性事件交互作用影响社会稳定,新媒体提高了群体性事件中民众利益表达和利益博弈的效果,形成社会倒逼的效果。但毕竟群体性事件是一种非常态的表达机制,由于转型期社会管理体制的不成熟、政府和民众在媒介素养方面的不足,以及新媒体自身的一些缺点,新媒体与群体性事件的

---

〔1〕 张春贵:《群体性事件中的新媒体作用透视》,载《中共中央党校学报》2013年第1期。

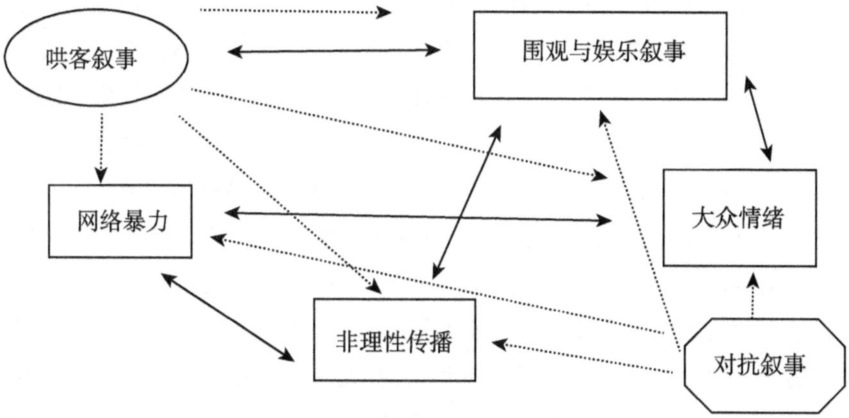

图 15　网络空间话语系统关联模式

交互作用,对社会稳定有其不利的一面,如放大社会阴暗面,助长极端情绪,加剧群体性事件的烈度。新媒体的海量信息传播,决定了信息发布者如果使用客观、理性、谨慎的言辞,根本不会有人注意。只有使用激烈的言辞、夸张的姿态和极端的判断,才能被关注、被转发,才能使自己成为万众瞩目的焦点和振臂一呼应者云集的舆论领袖,这成为新媒体时代的一种病态价值取向。例如,微博对 140 字的限制,短瞬、碎片化的传播压力,加剧了言论极端化,挤压理性表达的空间。理性持中的观点,很难吸引网民的眼球,极端的道德判断才是吸引注意力的手段。在一定程度上,这助长和强化了社会中存在的极端情绪。同时,新媒体信息传播缺乏把关人控制,谣言和不实信息极易传播,容易造成误导民众效果。对尚处在萌芽状态或初始阶段的群体性事件,会起到推波助澜的消极作用。各种因素合在一起,通过新媒体的传播,局部问题扩大为全局问题,一般问题演变成政治问题,由此群体性事件规模扩大化、矛盾复杂化、冲突剧烈化。[1] 从近几年群体性事件的发展态势来看,由于新媒体的参与,多数群体性事件都能得到有利于民众的解决。

在新媒体环境下,群体性事件已经形成了这样的模式:群众就某一问题求告无门—聚集上街,形成事件—新媒体报道,形成浩大社会舆论—有的政府无法控制,无条件屈服,有时政府官员还要受到处理。这无形中为更多地准备维

〔1〕 张春贵:《群体性事件中的新媒体作用透视》,载《中共中央党校学报》2013 年第 1 期。

护自己权益的群体树立了“榜样”。如果不及时探索、提供更多的利益表达渠道,将可能强化这种网络无直接利益冲突群体事件的非理性示范作用。极端情绪泛滥原因在于社会贫富差距拉大、两极分化。其他社会群体则越来越被剥夺,形成社会失衡和断裂状态。因此,克服新媒体的缺陷,在于社会管理体制的改进。新媒体提供的利益表达和博弈平台,对于增强社会群体间彼此的了解与信任,消除彼此之间因信息闭塞、缺乏沟通而产生的误解,对社会公共事务达到较理性的共识具有优势。社会转型时期兴起的新媒体,为底层民众和弱势群体提供了新的利益表达渠道和利益博弈手段,客观上倒逼社会管理部门更新相关工作思路,尤其是创新维稳政策。近年来,在处理基层发生的很多群体性事件中,这些都有所体现。认真分析群体性事件中的新媒体作用,总结新媒体环境下应对群体性事件的经验教训,对于今后妥善解决群体性事件、维护基层社会稳定具有一定积极意义。网络的交互性,改变了话语权牢牢掌握在政府手中的传统权威模式。沉默的螺旋理论为我们提供了一种考虑问题的视角:网络意见的形成不一定是理性讨论的结果,而可能是对网络中强势意见趋同后的结果。政府在网络资源的占有上应具有绝对的优势,必须意识到与网络意见领袖积极争夺话语权,既是网络时代政府的一项重要工作,也是引导网络舆论朝正确的方向发展,同时建构政府与公众关系,塑造政府形象的关键举措。加强网络舆情引导,与意见领袖争夺网络话语权,政府需要充分利用网络舆论的发展和变化规律,积极利用好官方的网络资源,发挥主流媒体具有的社会覆盖面广、社会公信力强的特点,建立公开透明、及时有效的政府信息发布机制。我们要积极推动网络媒体与传统媒体良性互动,相互放大正面舆论。组织传统意见领袖以网络的形式发表更深刻和系统的见解,建议他们改进文风,以可以让网民喜闻乐见、乐于接受的方式在网络上出现,围绕群体性事件,阐释党和国家的方针政策,有针对性地引导网上舆论。[1] 新媒体用户使用行为实证分析如图 16 所示。

〔1〕 张春贵:《群体性事件中的新媒体作用透视》,载《中共中央党校学报》2013 年第 1 期。

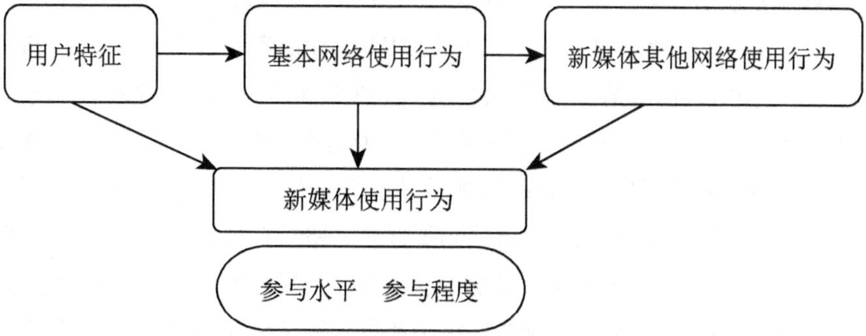

图 16　新媒体用户使用行为实证分析

探索新媒体时代维持基层社会稳定的思路,在技术层面上要提高舆情监测技术,建立预警机制。尽管新媒体在传播上有一定的不可控性,但新媒体是完全依赖于网络技术的。从理论上讲,任何信息都是可以同步探测的,也是可以事后追查的。这一点使新媒体舆情监测反而比传统媒体和口头传播更容易监测。事实上,不少群体性事件通过新媒体组织动员和传播扩散时,都是可以监测到的。维护社会稳定,客观上要求社会管理部门重视舆情监测和预警工作,针对新媒体舆情热点的出现缺少规律性的特点,加强舆情信息监测队伍,实时掌握各种舆情动态,争取应对群体性事件工作的主动性;培养领导现场应对群体性事件的能力。在紧要关头,领导干部的现场应对能力非常关键。这不仅要求领导者要有高度负责的态度、足够的勇气,更要有把控群体性事件现场局面的技巧与能力。在政策层面上,阳光透明是新媒体时代应对群体性事件的应对原则。在新媒体时代,尽管可以通过删帖、断网等方式来阻止信息的传播,但网络翻墙技术和微博瞬间转发功能,使信息传播无可阻挡,几乎没有保密可言。政府应积极对待、主动适应新媒体的存在。在群体性事件应对的过程中,政府若一味封锁消息或反应滞后,往往会失去制造舆论的先机,陷入被动状态。建立公开透明、及时有效的政府信息发布制度,才能真正遏制谣言,有效引导群体性事件中的网络舆情。[1] 新媒体时代,群体性事件的发生、发展往往是在全国、全世界人们的密切关注下进行,地方政府绝不可随意拔高事件性质,否则难

〔1〕 刘强、李保林、高云:《新媒体条件下公共舆论环境的发展变化及地方政府的自我调适之策》,载《湖北行政学院学报》2013 年第 3 期。

以服众。如果不看清群体性事件的本质,把民众在正当诉求得不到满足的情况下不得不采取的一些过激行为当作不稳定因素,以敌我矛盾来处理,只会激化矛盾,最终损害政府威信、损害社会稳定。在处置群体性事件的过程中,政府要遵循法治原则。社会利益博弈客观存在,转型时期的利益博弈尤其尖锐而复杂。利益博弈要得到公正合理的解决,须在法治的框架下进行。大规模的群体性事件,往往是老百姓的切身利益受到了侵害。坚持在法治的框架下,以利益博弈的方式解决矛盾,才能避免激化矛盾。通过新媒体的倒逼,完善社会管理体制内利益表达与协调机制,维护好宪法和法律赋予民众的各种权利,提高民众有序政治参与的能力,推动现代公民社会,是消除群体性事件的治本之道。[1]

根据《中国新媒体发展报告(2014)》,2013 年以来,新媒体发展进一步呈现移动化、融合化和社会化加速的态势。在这种态势下,新媒体出现了四个显著的变化:(1)微传播成为主流传播方式。基于移动互联网的微博、微信、微视频、客户端大行其道,微传播急剧改变着传播生态和舆论格局。(2)传统媒体和新兴媒体正在加速融合。传统媒体纷纷推出新媒体战略,拓展传播空间,而新兴媒体凭借技术优势整合传统媒体资讯再传播,新媒体引发又一轮传媒革命。(3)新媒体的社会化属性增强。功能不断拓展的新媒体正在快速向政治、经济、社会、文化各领域延伸。微政务成为创新社会治理的新路径。新媒体引发产业升级和互联网金融热兴。微交往、微文化正在推动社会结构变革和文化发展。(4)新媒体安全成为重要的国家战略。新媒体正在超越传统媒体成为跨越诸多领域的"超级产业",而新媒体的安全问题日益成为各国国家战略考量的重点。2013 年以来,在顶层设计的强化下,新媒体在社会发展中的战略地位进一步凸显。

新媒体出现伊始,其潜在的民众利益聚合能力和社会情绪动员能力就受到广泛关注。新媒体下的民众通过网络社交平台互通声音,匿名组织集体行动。这个情况表明,使用新媒体进行社会动员,不仅轻而易举,而且低成本、易隐蔽和高效率。有力的技术支撑,使新媒体具有大量生产、复制和大面积传播信息的巨大优势。不仅如此,新媒体能够在很短的时间内将某类信息传遍整个社

---

〔1〕 印海廷:《论网络群体性事件中政府与意见领袖的互动机制》,载《人民论坛》2013 年第 26 期。

会,形成普遍而强大的信息声势。在新媒体的舆论环境下,网民言论也达到前所未有的活跃程度。任何国内外重大事件,均能够很快形成网上舆论。受损害的利益群体成功表达利益、迫使决策改变的情况,提高了人们通过新媒体参与社会管理的信心,使人们运用新媒体进行利益表达与利益博弈进入良性循环。[1] 新媒体事件话语舆情周期及综合模型如图 17 所示。

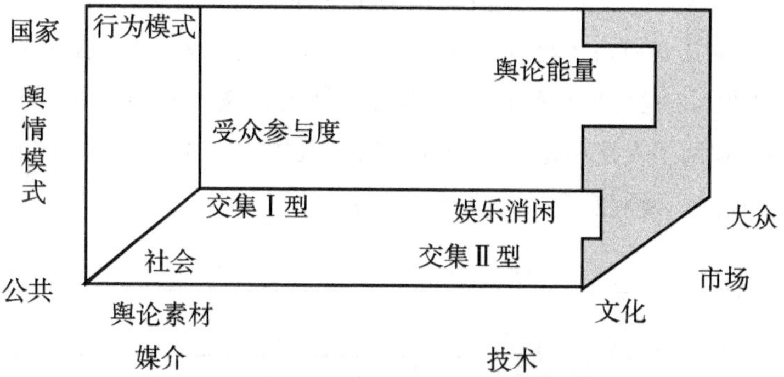

图 17　新媒体事件话语舆情周期及综合模型

转发或评论某条舆论性微博时,如何鉴别该条微博的真实性,统计结果如下:

网络随机调查从“你觉得现在网上群体极化倾向严重吗?”“你觉得近几年网络极端化现象是否严重干扰了当事人的生活和工作?”等几个方面在全国范围内对 587 位受访者进行了网络问卷调查。受访者年龄、性别等比例基本与互联网人群分布相同。对于你网上群体极化倾向问题,41.74% 的受访者认为“严重”,23.34% 的受访者认为“不严重”,其中 30 ~ 34 岁、女性受访者所占的比例比较高。34.75% 的受访者认为“不言论”,其中 50 岁以上、男性受访者所占的比例比较高。你觉得近几年网络极端化现象是否严重干扰了当事人的生活和工作吗? 34.24% 的受访者认为“是”,其中 20 岁以下、女性受访者所占的比例比较高。18.91% 的受访者认为“不是”,其中 40 ~ 44 岁、女性受访者所占的比例比较高。46.68% 的受访者认为“不好说”,其中 50 岁以上、男性受访者所占的比例比较高。你觉得网上群体极化倾向值得人们关注吗? 37.48% 的受访者认为“值得”,其中 35 ~ 39 岁、女性受访者所占的比例比较高。23.17% 的

[1] 秦健:《群体性事件网络舆论的引导和控制》,载《当代世界与社会主义》2011 年第 4 期。

受访者认为“不值得”,25～29 岁、女性受访者所占的比例比较高。39.18% 的受访者认为“说不清”,40～44 岁、男性受访者所占的比例比较高。你怎么看网络群体极化现象。22.49% 的受访者认为“人们为了释放压力,寻求平衡”,其中 20 岁以下、女性受访者所占的比例比较高。20.78% 的受访者认为“某些人为了一夜成名,不惜以丑为美”,其中 20～24 岁、女性受访者所占的比例比较高。17.89% 的受访者认为“部分网站为了提高点击率,纵容三俗”,其中 35～39 岁、女性受访者所占的比例比较高。21.98% 的受访者认为“我不关注/不关心”,其中 20～24 岁、男性受访者所占的比例比较高。16.70% 的受访者认为“人们为了找回了人格和道德上的优越感”,其中 45～49 岁、男性受访者所占的比例比较高。微博使用动因统计如图 18 所示。

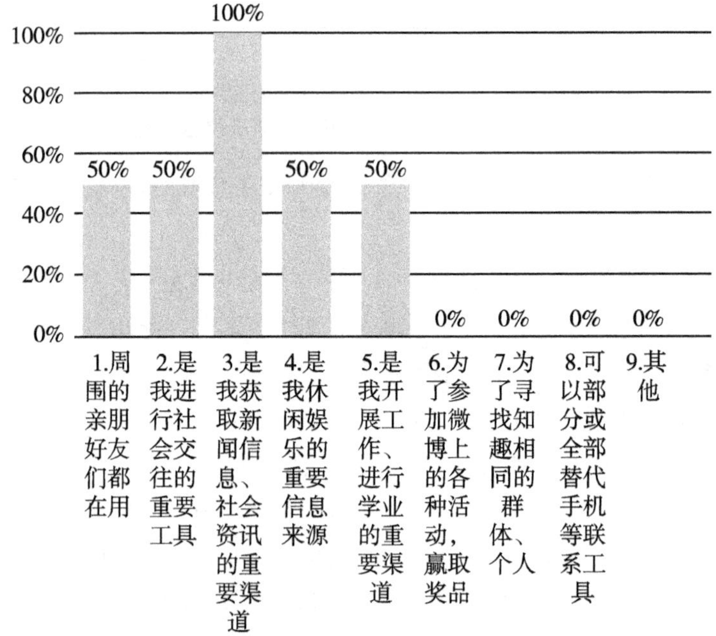

图 18 微博使用动因统计

社会面临利益群体多元分化、利益冲突不断加剧的复杂情况。新媒体的产生和发展,为社会底层民众和弱势群体的利益表达与利益博弈提供了新的机制、手段和渠道。因此,必须妥善解决新媒体环境下发生的群体性事件,恪守新媒体时代的阳光透明原则和法治框架,正确定位群体性事件的性质,充分发挥新媒体的利益表达功能,维护社会的公平正义。[1]

自媒体时代网络群体性事件具有参与门槛低、瞬间爆发性以及隐匿互动性的特征,这些特征使其在发生的过程中呈现出新的问题。自媒体又被称为公民媒体,美国新闻学会媒体中心于 2003 年 7 月出版了由谢因波曼与克里斯威理斯两位联合提出的 *We Media*(《自媒体》)研究报告,对"*We Media*"下了严谨的定义:"*We Media* 是普通大众经由数字科技强化、与全球知识体系相连之后,一种开始理解普通大众如何提供与分享他们本身的事实、他们本身的新闻的途径。"[2]简言之,自媒体即公民用以发布自己亲眼所见、亲耳所闻事件的载体,如博客、微博、微信、论坛/BBS 等网络社区。

自媒体的定义有很多种说法,目前多数学者认可和引用的定义是中国互联网络信息中心(CNNIC)于 2009 年 7 月在《社会大事件与网络媒体影响力研究》中提出的。其将自媒体定义为:"私人化、平民化、自主化的传播者,以现代化、电子化的手段,如邮件、手机、博客等,向不特定的大多数或特定个体传递信息的新媒体,称为自媒体。" 自媒体有广义和狭义之分,广义自媒体的形成追溯到 20 世纪末,含个人主页、BBS、博客、微博等;狭义自媒体以微信公众号为标志,包括百度、搜狐、网易、腾讯等自媒体写作平台。

与自媒体相连的是网络无直接利益冲突群体事件,网络无直接利益冲突群体事件的本质是网民群体围绕某一主题、基于不同的目的,以网络聚集的方式制造社会舆论,促发社会行动的传播过程。它既可以是自发的也可以是有组织的;既可能是有序、健康的,也可能是无序不健康甚至是非法的。网络群体性事件也有广义与狭义之分:广义的网络群体性事件并不一定具有反社会性,而是基于某个特定或非特定的事件或目标,在通过网络纠集一群不特定的人,本着其高潮的情绪进行的社会性活动。狭义的网络群体性事件则通常具有反社会性的特征,它是指互联网或不特定的目标,通过网络组织一群不特定的人,以偏激的言辞鼓动群众,进行政治诉求和干扰社会活动。比较两种定义,前者侧重

---

〔1〕 任勤:《公平的公共政策是利益整合的关键》,载《四川大学学报》(哲学社会科学版)2008 年第 6 期。

〔2〕 "We the Media: Grassroots Journalism by the people, for the people", See Dan Gillmor, "Here Comes We Media", *Columbia Journalism Review*, January/February, 2003. [美]吉摩尔:《草根媒体》,陈建勋译,南京大学出版社 2010 年版,第 6 页。

于网络群体性事件发生的主体行为和心理特征,后者则从事件发生的性质将其分为广义和狭义之分。可见,网络群体性事件是指依托网络平台,网民群体围绕某一主题、基于不同的目的聚集在网络上,形成一定组织规模宣泄对于社会矛盾的不满从而产生一定社会影响的社会性活动,其目标是引发社会关注、干扰社会活动。网络群体性事件发生领域,主要以网络公共领域为主。公共领域,是介于国家和社会之间,通过聚会、社团以及媒体等形式进行自由对话、公共交往以及公开表达意见的场域以及机制。虚拟网络公共领域是一种虚拟的公共领域,网民个体拥有平等的地位,可以自由发表言论。自媒体的出现,使网络群体性事件发生范围不断扩大,虚拟的网络公共平台是网络群体性事件发生的主要阵地。自媒体的出现使传统的点对面的传播模式被打破,网络信息实现点对点的交互式传播,除了虚拟公共领域,虚拟个人社交平台也成了网络群体性事件发生的又一渠道。自媒体为网络群体性事件的发生拓宽了领域。自媒体的出现迅速成为网民依靠的媒介,网民借助自媒体平民化、个性化以及进入门槛低的特点,将自媒体的功用无限地延伸与放大,自媒体已经成为网络群体性事件主体的重要利用工具。自媒体同时为网络群体性事件发生的主体提供了更多的自主性,传统网络媒体下网民是被动接受信息的主体,而在自媒体时代,人们不再受控于主流媒体给予的信息告知,每一个人开始独立地获取信息甚至制造信息。在底层民众中,短信、微博、微信一代的成长,在事件生成过程中形成了阶层—技术—运动形态契合匹配的格局。公众参与社会事务的成本被降到了前所未有的新低,草根社会更加娴熟地掌握新社会性软件,如微博、微信、社会交友网站,图片、视频存储和分享网站等,无直接利益冲突群体事件的形态也由此出现了提升和更新,如群众诉求不仅是特殊具体的经济民生诉求,一般的抽象的政治诉求也开始出现;组织化程度推高;事件持续的时间延长;跨地域互动明显。行动者认同既有社会体制,但使用体制外的手段表达诉求,借以实现自身利益的最大化。大多数无直接利益冲突群体事件,仍表现出如下特点:参与主体主要是弱势群体,起因是利益损害等因素,属被动反应,多是地方事件,是节制的常规性抗争。

自媒体背景下网络群体性事件传播过程中呈现新问题:一是自媒体自身的特征使网络群体性事件中网民的观点和情绪更易激化。社会心理学认为,通过群体讨论,无论最初的意见是哪一种倾向,其观点都会被强化,这称为群体极化效应。在互联网上,个体最初可能是带着相对中立的观点看某个问题的,但与别人就此在网络中讨论后,其可能从中间的地段向边缘移动。由于网络具有广泛性和网民个性化等特性,各网络群体只倾向于关注与自己的价值取向、观点、意见等相一致微博、微信、QQ 群和论坛,这就容易导致群体视野的狭隘或者强化本身的信念、态度等,使网络群体更容易出现群体极化倾向。同时,由于自媒体时代网民的交流空间更加隐私化,网民针对网群事件表达意见时更加的自由,因此,他们容易产生非理性的情绪,言论也更加自由大胆,情绪也更容易被激发。二是隐匿交互、瞬间传播的特征增加了网络群体性事件的控制难度。通过对自媒体时代网络群体性事件的特征分析,自媒体信息传播的方式具有极强的隐匿交互性以及瞬间爆发的特点。基于这些特征也为网络群体性事件的管理带来了新问题,增加了网络群体性事件发生的控制难度。发生在现实生活中的无直接利益冲突群体事件由于时空的限制,能够在较短的时间内予以控制,而发生在网络上的群体性事件,特别是发生在自媒体媒介下的网络群体性事件,由于其隐匿交互以及瞬间传播的特点,为相关部门的管理控制提出了挑战,甚至相关部门难以预计这类网络群体性事件的发生,即使了解事件的发生也难以对其进行处理加以控制。隐匿交互的特征为网络群体性事件的问责增加了难度,以前虚拟的网络环境中匿名的注册账号使相关部门在处理网络群体性事件时,难以追究到责任人,互联网的发展本身就缺乏审查和管制制度,使互联网充满了无序性。[1] 当网络群体性事件发生时,互联网的"进不去"就增加了政府的控制难度。另外,自媒体时代的舆论具有突发性、互动性、触点多、传播快等特点,网民在获取信息时不受时间、空间的限制,其几乎可以同步与事件的发生获取信息,这种瞬间爆发、及时互动的特点使相关部门在管理控制网络群体性事件时往往只能从被动的角度出发,难以预料事态的发生发展,也增加了管控的难度。网络群体性事件的发生往往具有一定的现实性,一方面,其发生的起因可能是由于现实的事件所导致;另一方面,其事件发生最终的目的也是解决现实中人们对于社会事态的不满。由于自媒体时代的舆论具有突发性、互动性、放大性、燃点低、触点多、传播快、影响大等特点,个人的自主传播力得到了空前强化,个体在一定程度上取代机构成为传播主体,同时由于交互及时地特

---

〔1〕 崔建莉:《网络群体性事件初探》,载《新闻爱好者》2010 年第 15 期。

点,网民能够针对事件及时地进行交流,一条不起眼的信息或者话题一旦引发网上群体性关注,可能在极短的时间里酿成公共危机。以微博、微信为主流应用的互联网媒体传播带来了巨大的舆论压力,它具有“无组织、无领袖、无经验”的趋势,使政府在面对网络群体性事件时失去对话的对象,导致“有效沟通”缺位。

在自媒体背景下,网群事件呈现出的新特征、新问题为管理部门带来了更多的挑战。针对这些新问题、新特征,需要实行有效管理措施。一是坚持疏导原则,进行正确的舆论引导。疏导原则是管理者以及相关部门创造条件让网民充分表达自己的观点和意见,同时针对不同网民的思想实际,进行疏导。针对网民激化的情绪和观点,及时进行思想教育,疏通思想缓解情绪,控制网民情绪的爆发。加强对网民的情绪管理教育,针对自媒体平台,相关管理部门需要掌握舆论阵地,组织相关心理健康小组、情绪疏导小组等在微博、微信、论坛等自媒体阵地,开设心理健康兴趣微博、情绪疏导公共账号等,以大众形式进行情绪疏导。二是建立网络群体性事件预警机制,搭建有效沟通平台。政府以及相关部门建立网络群体性事件预警机制,通过积极搭建网络信息监测服务平台,掌握社会敏感事件的出现,预测网络群体性事件的发生。同时积极跟踪反馈网民对于社会敏感事件的反应,及时了解网络舆情信息,掌握舆情发展动向。把一切可能激化的事件解决在萌芽状态,做到早发现、早报告、早化解、早控制,工作重心转移到主动化解上。相关部门的思想政治工作者要关注重点社区论坛,时刻探查论坛动向。针对自媒体时代的新特点,可以建立对于网民开放的微博微信官方平台,及时与网民进行互动交流,实现政府以及相关部门与网民的有效沟通。三是建立积极有效的舆论引导机制。在自媒体背景下,网络舆论的引导要求政府必须主动出击,积极进行舆论的引导,掌握信息的权威性确保民众的知情权,抢占引导舆论的先机,有效控制网群事件的发生。在自媒体环境下,隐瞒、迟报、漏报的行为不可能带来好的结果,如果政府的信息源缺失,取而代之的必定是小道消息满天飞,甚至流言或谣言盛行,不仅要花费更高的代价,而不会取得理想的效果。因此,政府以及相关管理部门需要建立积极有效的舆论引导机制。建立信息管理集队伍,及时发布官方信息,对自媒体有充分的认识,掌握自媒体引发的网络群体性事件的特点,及时获取网络舆情信息,对信息及时处理发现舆论焦点，掌握议题方向，为相关部门进行管理提供充分的背景信息。[1] 同时对事件进行调查及时获取有关事件的真实信息，并及时通过官方网站以及相关媒体发布官方信息，引导舆论朝积极方向发展。建立新闻发言人制度，当发生网络群体性事件时，使新闻发言人能够代表官方第一时间在网络社区发布官方信息，对事件进行有针对性的回应。这既是适应自媒体时代信息公开制度的必然要求，也是引导网民进行理性思考、尽快平息网络负面信息、恢复网上网下正常秩序的需要。当网络群体性事件发生后，网络新闻发言人及时迅速发布信息，传递各部门的工作近况和政府方针，报道中及时澄清事实真相，有效防止谣言的散布，能够使公众了解政府在应对突发事件时的工作情况，理解政府相关工作机构的现实困难和解决办法，使政府在公众面前树立起政务公开、透明的民主政治形象，引导媒体做有利于社会稳定的报道。同时，使公众的意见通过媒体反馈给党委和政府，这种双向交流体现政府与公民间的互动，有利于塑造政府高效、亲民、开放的形象。意见领袖通常更关注媒介报道，其能将相关的信息转述给不直接接触媒介信息的人，在这个过程中，意见领袖主动地选择与解释媒介上的材料，担负着媒介与社群之间的重要向导。同时，意见领袖将媒介里的现实翻译成当地群体的经验。在自媒体时代，意见领袖的领导作用尤为突出，意见领袖是信息传播活动中小部分积极活跃分子，这部分人也是网络群体性事件信息的传播者以及发起者，他们对事态发展比较关心和了解，能向其身边公众提供相关信息，并对此作出相应解释，从而在信息传递和人际互动过程中具有一定的影响力和活动力。意见领袖既能把事情做好，但也可能把事情搞糟。因此，需要认识到意见领袖的作用，培养网络意见领袖，引导网群事件信息的传播。聘请专业知识深广，特别是在自媒体领域有一定影响力的专业人士来作意见领袖，利用其在自媒体领域内的威信，发布对于网群事件的看法评论，引导舆论走向。培养网站或论坛的编辑记者或者版主承担意见领袖的角色。编辑记者及版主的信息发布在一定程度上能够影响网群事件的走向。论坛名评论员要熟悉网络媒体，了解网友心理，熟练运用语言技巧，与网友进行多方面的交流，就关注的热点问题发表自己的看法，主导网友的舆论，引发网友

---

〔1〕 朱小阳、陈群、陈春敏：《政府如何运用网络媒体调控群体性事件》，载《新闻爱好者》2010 年第 9 期。

深入讨论。自媒体是继新媒体之后出现又一媒介形式,自媒体的出现带给了网民更多的话语权,自媒体所带来的影响也反映在当前的网络群体性事件中,政府相关管理部门需要切实研究自媒体的特征,掌握自媒体时代下网络群体性事件的新特征,及时采取与之相适应的管理措施。

当前,基层社会的绝大多数群体性事件都是由利益失衡引发的。最常见的直接诱因便是征地和占地。而现有的制度化利益表达渠道不畅,使民众不得不采取非制度化的利益表达方式。对于底层民众和弱势群体来说,现有的利益表达渠道仍然不够通畅。例如,设立信访制度,是为了加强地方政府与人民群众的联系,纠正官僚主义作风,保障公民能够行使建议、批评、申诉、控告和检举等基本权利,而接待群众来信来访的数量和质量,也确实被当作衡量地方政府解决基层矛盾、维护社会稳定的考核标准。但是,在实际工作中,有的地方政府及其官员时常视上访者为"刁民",对群众来信不屑一顾,认为他们找麻烦,甚至抵制和打压信访群众,千方百计地消除他们带给当地的"不良影响"。

利益表达顺畅,社会管理者就能够及时获取信息,权威分配社会资源,维护社会稳定;利益表达不畅,社会管理者就不能及时调整利益关系,容易诱发群体性事件。由于社会生活不断变化,既有的利益平衡会被打破,属于正常现象。问题是,如果缺乏合法、有效的利益表达渠道,社会管理者便无法及时保护和弥补受损阶层和弱势群体的利益。于是,社会上出现了越来越多的非制度化,甚至是非法的利益表达行为。近年来,新媒体在一些群体性事件中的表现说明,随着网络技术的成熟、使用难度的降低,它越来越成为民众表达利益的新渠道和进行利益博弈的新平台。以互联网络和移动通信技术为依托的新媒体,打破了信息传播的传统格局,它具有超时空、超文本、开放性、互动性、多终端连接的特点。在新媒体时代,信息源不是单个主体所能控制的。低准入、平等交流、深入互动,使每个人都可以自由进入传播世界,通过个人通信工具随时随地地发布自己在特殊时空中掌握的各种信息。新媒体使"把关人"失去了存在的技术基础、受众基础,其作用被极大地弱化。信息传播、舆论发酵变得难以控制和不可引导。[1]

---

〔1〕 孙立平:《解决群体性事件需要新思维》,载经济观察网:http://www.eeo.com.cn/observer/special/2008/10/05/115202.shtml,最后访问日期:2018年12月1日。

建立公开透明、及时有效的政府信息发布制度，才能真正遏制谣言。特别是在群体性事件中，"阳光透明"更应该成为引导网络舆情的首要原则。充分的利益表达是国家政权满足民众需求、维护社会稳定的基础。新媒体帮助民众低成本地宣泄情绪、表达诉求。在不破坏现有社会结构的前提下，它能够释放出长期积累的不满情绪，使心理失衡的民众恢复心理平衡，缓和社会矛盾。扮演社会发展"安全阀"的角色。通过新媒体，围绕热点事件形成强大网络舆情，表明了事态的严重性，提醒政府必须纠正政策失效和管理失误，推动社会各界建立正常秩序。新媒体能够防止信息失真而堵塞正当的利益表达渠道，促使公权机关及其工作人员理性检讨政策过程和行政行为，规范权力运行，减少由于公权执掌不当引发的社会矛盾和群体性事件。[1]

正确把握新媒体条件下公共舆论环境发展变化的特点和规律，地方政府应对舆论环境的动态变化应积极进行自我调适，即在舆论环境更富选择性、变化性、差异性、开放性、交互性中进行调适。把握公共舆论环境的动态发展变化，认识舆论环境的新特点和传播环境变化的新趋势，分析我国地方政府应对新媒体条件下公共舆论环境的不适应及失当表现，探讨其应对新媒体条件下公共舆论环境变化的自我调适之策，提高地方政府的公共事务处置能力，[2]具有现实指导意义。

新媒体条件下的舆论及舆论环境，对于政府认识公共舆论和处理公共事务来说，其所提供的是兼容并包的复杂环境。这种环境下的社会思潮与主张良莠不齐、斑驳芜杂。如何在忠实于公众根本利益的前提下，因应舆论环境的这种变化，把握好新媒体条件下舆论环境主动型、交互型的特质，提升政府舆论的影响力、引导力和公共声誉，成为极具挑战性的新课题。新媒体条件所促成的舆论及舆论环境的这些发展变化，在推动中国时代发展进步的同时，也把一些因未能适应以网络舆论为标志的新舆论环境变化的地方政府暴露在社会公众面前。所以，研究这种变化态势的规律与路向，有利于地方政府明确知晓新舆论环境对政府处理公共事务能力提出了哪些新挑战，而地方政府又应完成哪些角

〔1〕 张春贵：《群体性事件中的新媒体作用透视》，载《中共中央党校学报》2013年第1期。
〔2〕 汪行东：《无直接利益冲突群体事件中的社会认同的建构》，载《现代交际》2010年第6期。

色转换以迎接这些挑战。[1]

在网络公共舆论环境下信息选择的多样性中进行自我调适。在互联网时代,公共舆论环境的民主性不断增强的逻辑发展的必然结果,就是舆论环境的知识性或智慧性越来越明显。知识性和智慧性导致处于新媒体舆论环境中的各种社会阶层、群体甚至是个人趋向于选择接收复杂问题和现象的非简单化的解释,而非被动消极地接收唯一性的信息。互联网改变了信息传播的单一性,在信息具有选择性的舆论环境中政府已经失去了优势地位。地方政府在自身形象塑造中,开始通过各种传媒的谈话类节目和时评类栏目而直接与网络媒体良性互动。转化的重要支点是尊重网络媒体条件下舆论环境的信息选择性。网络时代的民众有很多信息来源,政府并不是唯一的信息来源,公众对信息的接收已经具有选择性。把握舆论环境的这种变化,地方政府就要使自己成为引导舆论发展的正确导向,尊重社会公众对信息的选择性接收,允许社会公众质疑自己提供的舆论信息的真实性。这就要求地方政府提高自己的舆论引导能力,在正确处理、化解公共危机中控制社会舆论的导向。[2]

在把握网络公共舆论环境的多变性中进行自我调适,世情发展变化的复杂性和多样性是过去无法比拟的,公共舆论环境出现多变的特点。一种观念、一种思想、一种见解在网络舆论环境中形成热点后长时间不变的历史一去不返了。地方政府若不了解舆论环境的变化性,不主动追踪时代的脉动和社会心理的变动方向,就难以实现自身工作方式和内容的调整变化。这种情绪的衍化变化的根源,乃是由于经济利益差距的急剧发展导致社会阶层心理和感情的复杂变化,使社会的价值观念诉求愈加多元化、复杂化同时也难以阻止地愈加情绪化。网络公共舆论环境真实地反映了多元社会利益群体矛盾的错综交织。但是,有相当多的地方政府并没有自觉认识到舆论环境这种缺乏稳定性的变化,使其缓解社会舆论的紧张感、弥合社会阶层的裂痕、整合各阶层利益的社会管理职能面临着严峻挑战。党的十九大报告中的"以人民获得感、幸福感、安全感更加充实、更有保障、更可持续"的民生保障与改善为指导和要求,在客观层

[1] 刘强、李保林、高云:《新媒体条件下公共舆论环境的发展变化及地方政府的自我调适之策》,载《湖北行政学院学报》2013 年第 3 期。

[2] 姜爱林:《出租车集体罢运问题与出租车行业制度建设研究》(下),载《重庆工学院学报》(社会科学版)2009 年第 6 期。

面，通过生态文明建设、户籍制度改革、养老制度改革等措施，保障人民群众的生存权和发展权的实现；主观层面则是依靠法律创建和维护的原则、规则与程序，保障人民群众通过权利的合法实现，而获得满足感、安全感、存在感和认同感。地方政府在应对舆论环境的变化时，应积极应对中调适自身的公共事务治理理念和方式。在把握网络公共舆论的分散性和差异性中进行自我调适，社会群体的分化在逐步加剧。不同社会群体在改革开放和市场经济的发展中获得的经济利益存在差异性，社会认知和社会评价尺度也存在差异性，社会舆论呈现出分散化、情绪化的特点。而这种分散的社会舆论有积极的，也有消极的；有主流的，也有非主流的。面对社会舆论的这种分散化、差异性的特质，一些地方政府只看到其间消极的情绪化的和非主流的一面，而对网络媒体的信息传播进行封堵和防范，在封堵和防范无法奏效时又采取回避躲闪的对策，严重损害了政府的公共形象。网络社会舆论的分散性和差异性，为地方政府的社会舆论引领指明方向。地方政府应适应网络社会舆论具有分散性和差异性的现实，直面分散化和差异化的社会舆论，深刻认识到分散化和差异化社会舆论背后暗藏的社会公众在情感、倾向、思想、认识和态度上的差异性，承认社会公众分散化的社会舆论所表达出来的社会利益诉求。在公众的利益诉求得到政府的积极回应中，政府把握好引导公众舆论的时机，提升舆论引导的主动性和科学性、公信力和影响力。[1] 在开放的网络舆论环境中，隐瞒公共事件的真相，回避对公共事件的情感表达，延迟对公共事件的信息发布，不但很难做到，而且严重损害公共权力机关的公共形象和社会公信力。一些地方政府在公共事件发生后仍然寄希望于用操控舆论的方式把事件平息，结果是使问题更加复杂化甚至酿成公共危机。网络舆论环境的开放性，对地方政府的社会治理素养和能力提出了更高要求，在社会治理中善于利用网络媒体实现社会舆论的正确引导及自身良好公共形象的塑造，树立在社会公众面前透明、诚信、公正的公共形象。地方政府在推出某项公共政策时，接受开放的网络舆论的质疑、评价和批评。政府工作及公共政策是否得到开放的网络舆论的认同，是检验其是否得到社会公众认同和支持的重要标准。在交互性的舆论环境中，公权力机关发布的信息在得到社

---

〔1〕 彭向刚：《塑造公共行政理念　提升行政文化境界》，载《北京联合大学学报》（人文社会科学版）2013 年第 2 期。

会公众的关注的同时也可能受到社会公众的质疑和批评。面对网络舆论的交互性,地方政府不能依靠传统的封堵截和被动延迟发布消息的模式,而应转变社会舆论控制的方式与方法,及时进行网络信息的回应,积极在网上与公众进行沟通、对话和交流,实现政府与社会公众之间的良性互动。利益诉求渠道不畅、利益关系协调失衡是群体性事件产生的基础性根源;政府工作不力、善治能力不足是群体性事件发生的政治因素;社会管理失控、社会权威结构失衡是群体性事件产生的体制性因素。公民的民主法治意识失重是群体性事件产生的文化因素;媒体舆论导向不当,各种利益问题处理不及时,是引发群体性事件的导火索。建立健全利益协调对话机制,是预防和应对群体事件的重要手段和基本途径。[1] 对于发生在微博环境中的网络群体性事件的参与度,统计如图 19 所示。

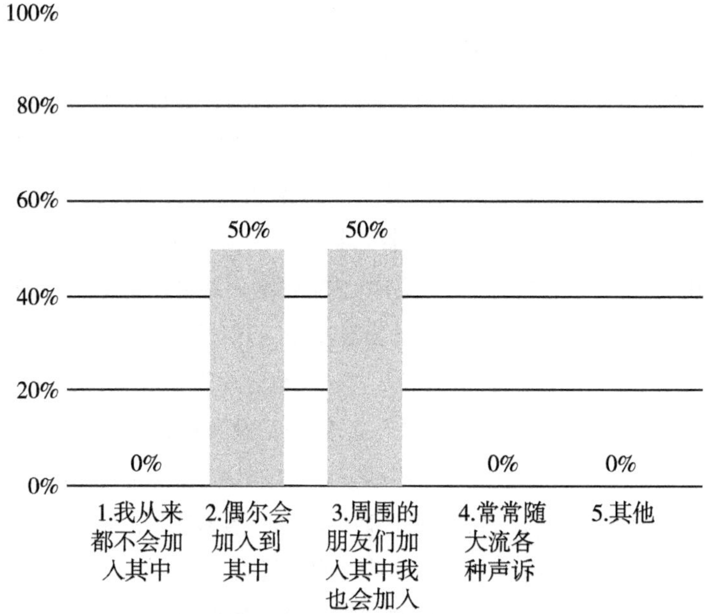

图 19　微博环境中的网络群体性事件参与度

群体性事件发生的一个重要原因,就在于个人无法找到协商机制和利益维

[1] 李建华:《"罢运"呼唤群体利益冲突解决机制》,载新华网:http://news. xinhuanet. com/comments/2008 - 11/06/content_10314147. html,最后访问日期:2018 年 12 月 1 日。

护机制。如果群众的正当利益长期得不到表达，或利益诉求长期得不到满足，就容易导致民众对政府产生不信、不满、不服的情绪。在当前社会环境下，政府面对群体性事件，堵不如疏。实践证明，很多问题不是不能解决，很多矛盾也不是到了非激化不可的程度，大部分群体性事件的爆发，源于社会情绪无处宣泄、信息暧昧不清、官民对话缺位。因此，开辟新的官民对话渠道，建立健全利益协调对话机制、有效的协商谈判机制，善于在平等、法制的轨道内解决利益冲突，善于利用对话来化解对抗，把应急能力的建设更多地转化为日常管理能力的加强，这将越来越成为预防和应对群体性突发事件的必然选择。[1]

从危机处置技术上说，有些政府人员的出发点不是化解矛盾，而是暴力压服，将事件处理置于一个简单的、固化的、迟滞的乃至粗暴的方式下，结果不仅不利于群体性事件的妥善解决，甚至致使事件冲突升级，导致矛盾激化。把群体性事件作为一种任何社会都很难避免的正常社会现象看待，继而从科学研究的角度重视它、研究它、剖析它，最终找到规律，按照社会规律运用非暴力的、多样化、公平与妥协的手段处置群体性事件。现在个别政府官员所熟悉的处理利益矛盾、利益冲突的方式，是将其作为政治或刑事案件加以硬性的打压。将群体性事件中的一些过激因素人为加以放大，甚至激化出某些过激行为，很容易将这些事件纳入习惯性的解决问题的方式中。社会结构复杂化、利益群体多元化，不同的利益群体之间难免有利益纠纷。利益纠纷如果得不到妥善解决，就会激化矛盾，酿成激烈冲突，影响社会稳定。事实表明，利益冲突的妥善解决需要各方通过协商达到利益均衡，各得其所，如果无视他方利益的存在，或者采取强力压制甚至使用暴力解决问题只能愈演愈烈。在群体利益冲突的协商解决中，政府扮演着居间调停的角色，其间，政府应保持中立，以公正的立场让各方信服。[2] 在社会不同群体的利益协调上，我国已有不少协商机制和平台，比如，大到人民代表大会，小到公共事务听证会。但大多是常态的，我们也需要应对突发性的群体利益冲突的协商机制。一旦突发群体利益冲突，政府需要有规则和路径可循，及时妥善化解冲突，尽可能降低社会成本的消耗。[3] 地方社会

〔1〕 满岩：《群体性突发事件特点与处置对策分析——以沈阳市群体性突发事件为视角》，载《中国市场》2009年第26期。

〔2〕 印海廷：《论网络群体性事件中政府与意见领袖的互动机制》，载《人民论坛》2013年第26期。

〔3〕 孙立平：《换一种脑筋看群体性事件》，载《北京日报》2008年12月15日，第17版。

控制系统失效的根本原因,在于地方社会的结构性紧张和情绪波动未能得到及时或有效的舒缓,在结构性紧张的背景下,无论是正式的社会控制还是非正式的社会控制都容易失效。民众信心在从基层、地方、省到中央的排序中呈逐级递增趋势。

网络群体性事件是群体性事件一种特殊的表现形式,在一定社会背景下,网络群体性事件发端于网络,由某些社会问题或社会矛盾引发,网民群体为了共同的利益或其他相关目的,聚焦某一主题,制造社会舆论,引发民众大规模响应,将对社会秩序和政治稳定造成重大影响。一些负面事件,可以在很短时间内造成很严重的影响。网络群体性事件集中表现为参与人数越来越多、反响越来越热烈、政府引导越来越难。这类事件不仅是信息时代的衍生物,而且是当前政府所面临的最大挑战之一。[1] 积极应对措施和消极应对措施主要类型归纳如表 8 所示。

表 8　两种类型的应对措施

正面应对	负面应对
新闻发布会声明	封锁消息
深入调查	强硬驱逐
处理责任人	逮捕/拘留当事人
慰问/劝说当事人	—
出台政策/法规	

信息时代,每个人面前都有一个麦克风,人人都可以成为信息的发布者或者网络舆论的参与者。一般认为,现在大约有 10 种最重要的网络舆论载体:BBS、贴吧、新闻跟帖、微博、QQ 群、网络意见领袖、在线调查、在线访问、网站时评、搜索引擎的关键词排行等。这些都是传播并影响网络民意的重要载体,其中网络意见领袖的作用不可低估。事实上,大众传播并不是直接地流向一般受众,而是要经过意见领袖这个中间环节,再由他们传达给相对被动的一般公众。网络群体性事件存在网上和网下的互动性,大多数参与信息传播的网民获得的相关信息,并不是直接来源于一线,而来自网络意见领袖。很多信息即使直接传达到受众,但由

[1] 孙立平:《群体性事件断想》,载爱思想网:http://www.aisixiang.com/data/31311.html,最后访问日期:2018 年 12 月 1 日。

于人们的依赖、合群、协作心理也会促使他们的预期在态度和行为上发生改变。意见领袖活跃在各大贴吧、QQ群等，并被社会各个阶层的网民以微博、QQ签名、博客等各种形式迅速扩散。这是网络意见领袖能够推动网络舆情演变激化，并成为重要推手的原因。[1]

如果缺乏互动可能会导致政府对民间网络舆论场的失控。在前网络化时代，政府和主流媒体起着把关人的角色。随着某信息传播范围的不断扩大，网络意见领袖由于熟悉报刊、广播电视、网络等媒介，或者直击新闻事件一线，能够发表一些揭示事件真相，或某种程度上具有说服力的意见，进而把大多数网民吸引到某一话题上来，进而把网络舆论推向了一个新高潮，形成区别于官方舆论场的新权威。这意味着传统的政府权威被网络解构了，事实上形成了两个不同的舆论场，即官方网络舆论场和民间网络舆论场。民间网络舆论场是依靠网民自下而上的发帖、灌水、加精、置顶形成的，知名博主、论坛版主、草根网民是这种传播模式的主体。[2]

官民两大舆论场的主角分别是政府和广大的网民，而真正起着决定性作用的是代表政府的新闻机构和网络意见领袖。群体性事件的激发，事实上演变为主流新闻媒体和网络意见领袖的对决。网络无直接利益冲突群体事件的治理，核心是要加强制度供给，回应老百姓的诉求，提供更好的公共服务，政府要有掌控网络舆情，合理引导网络舆论的能力，重视意见领袖，并积极着手构建政府与意见领袖的互动机制。同时，政府须变权力中心主义理念为权利中心主义的政策范式转换，使社会协商民主政策范式系统化、制度化，构建政府与网络意见领袖互动机制的策略。[3]

〔1〕 张春贵：《群体性事件中的新媒体作用透视》，载《中共中央党校学报》2013年第1期。

〔2〕 于峥嵘：《社会泄愤事件中群体心理研究——对“瓮安事件”发生机制的一种解释》，载《北京行政学院学报》2009年第1期。

〔3〕 张春贵：《群体性事件中的新媒体作用透视》，载《中共中央党校学报》2013年第1期。

结　　论

群体事件的数量增长和规模升级,是社会转型过程中各种利益出现冲突的集中表现。丰富的自然资源与相对不发达的经济状况,加剧了自然资源使用和收益分配中的利益摩擦,成为地区群体事件的深层原因。本书深入分析了利益冲突的具体根源、找到演变规律并提出相应的事前调整机制。本书的理论意义在于,从社会冲突的功能与化解、冲突与均衡的辩证关系来研究社会冲突理论及其对富强民主文明和谐美丽的社会建设的启示;从利益协调角度表述并发展正确处理和化解人民内部矛盾和其他社会矛盾的思路;进一步拓展基层社会公共管理和危机管理理论。本书的现实意义在于,提出事前预防、化解和正向引导社会矛盾的机制,保障的稳定,通过利益协调与利益平衡处理好地区发展问题。为决策部门提供与群众利益相关改革政策在基层实施中的"瓶颈"问题及协调措施;关注社会转型时期舆情的变化和波动规律,为民生和群众工作提供新思路。

一、研究成果的主要内容、观点及对策建议

紧扣资源使用中的利益边界问题和利益模糊问题,找到这些高风险事项与群体事件之间的诱发关联及其规律。群体性事件,是利益关系在特定社会范围内,由于基层管理者与利益相关者没有得到及时、有效协调的极端表现。利益矛盾已经成为群体事件的主要引发因素。利益格局按照市场原则重新分化组合,这一过程中不可避免地产生社会贫富分化、文化观念冲突、二元社会对立等问题。利益边界问题包括物质和精神文化两个方面。前者体现为征地及补偿、被征地农民再就业问题,城中村改造、国企改革、劳资关系紧张过程中,产生的大量经济纠纷及维权冲突;后者主要体现为城市化进程中因流动人口管理、新

生代农民工集群、基层农村空心化、城乡二元分割和地区经济差异、集贫富差距扩大导致的两个群体或阶层之间的文化对立与冲突。

群体事件相对暴力化程度略高,越是在基层这种特点越明显,这与基层广大地区熟人社会的实质有关。随着市场经济的推行和现代管理理念与制度的推进,如果忽略基层社会的文化内核与特点,可能会带来治理工作内卷化和效果反弹的状况。建设社会主义新农村必须正确认识和处理农村利益矛盾,这些矛盾主要表现为干群矛盾、富裕阶层和贫困阶层之间的矛盾、基层组织和宗族势力的矛盾,矛盾复杂并相互交叉。自改革开放以来,农村利益主体多元化,原来单一身份的群体在城乡之间、不同产业和所有制之间,以不同的身份流动,出现新的利益阶层,价值取向、归属感都不同而产生矛盾。农村传统的三级管理机制发挥受限,农村基层管理组织机构出现相对权力真空,不同利益集团和机构、宗族势力参与农村利益关系,促使矛盾进一步复杂化。干群矛盾是主要矛盾,也是农村矛盾的总根源。

利益模糊问题导致的无直接利益冲突群体事件,集中在土地等基本生产要素资源远较稀缺、成本和价值高的事项上,矛盾比较突出和尖锐。需要关注的是,环境因素无直接利益冲突群体事件呈现集中高发的趋势。调研显示,这类事件同比增长率约为25%,重大事件增长明显,尤其是重金属和危险化学品突发环境事件呈高发态势。邻避运动已成为城乡规划和建设中亟须正视的新现象,其建立在公民环境意识和权利意识觉醒的基础上。当地民众的参与机制、环评机制的公信力和行政司法解决的效能明显不足。环境无直接利益冲突群体事件显示,如何平衡好公众诉求与经济、文化发展之间的利益关系,成为影响社会稳定的重要因素。有的地方政府大包大揽的传统做法,已经无法有效应对群体利益复杂且多变的环境管理问题。环境群体性事件,反映了复杂的利益和权利诉求。环境权益只是其中一个显诉求,决策参与权得不到保障、诉求表达渠道受阻等是重要动机。化解时不单纯从环境保护的角度出发,而从决策民主、利益补偿等多维度考量。以科学发展的视角审视现实存在的矛盾和问题,坚持价值认同和利益认同并重,客观分析邻避效应,价值认同和利益认同并重。理顺政府与企业、民众的利害关系,建立更顺畅和开放的民意表达机制,实现多方共赢,拓宽公众维权渠道,建立社会冲突协商解决机制,建立风险社会突发事件预防的韧性机制。

群体事件，是新时期人民内部矛盾尖锐化的一种表现形式。利益群体分化和利益矛盾突出，闹事原因和人员趋于复杂，群体性事件成为主要形式，有组织有预谋的对抗加剧，聚合性、突发风险逐渐增大，调解疏导和善后处理难度加大。深层次原因是，分配领域的矛盾导致社会差距加大，改革成本与收益比例关系上的非均衡化成为突出的新内容，导致贫富差距和社会贫困问题的明朗化，社会转型加速，阶层分化加快，导致的社会成员分化和流动问题及利益多元化。处理人民内部矛盾，是构建新时代富强民主文明和谐美丽的社会主义建设的必然要求。因此，解决措施在于提高地方政府的社会管理能力建设和制度创新，重视利益分析，正确处理利益矛盾。韧性稳定是建立在矛盾基础之上的一种协调状态，把人民内部矛盾控制在合理限度内，才能实现社会和谐，才能为不同个体或群体实现自身价值提供领域，并向良性层次发展。

二、分析转型时期人民内部矛盾的新特点和变化趋势，提炼解决思路与举措

研究并总结新时期人民内部矛盾的特点和主要规律，对于无直接利益冲突群体事件的定性和治理具有指导意义。随着利益调整的步伐加快，人民内部矛盾出现分化。除了传统的分配领域，在生产和再生产领域，尤其是权利和权益方面的中、微观摩擦或局部冲突，成为资源利用过程中，人民内部矛盾演化的新现象，并构成多矛盾组成的多层次、多领域、多主体、多类型的复杂系统，群体利益矛盾呈扩大化、多样化、复杂化趋势。经济利益矛盾依旧是新时期人民内部矛盾的主要方面，干群矛盾成为难点，表现形式日趋公开化和策略化。主要表现为市场经济宏观调控中的统与放之间，个体、集体、国家三个层面之间的利益矛盾。直接表现为就业压力和劳动关系的矛盾或紧张。宏观层面可以总结为人民内部矛盾的阶层化利益摩擦和利益竞争表现形式。非对抗性的竞争使各阶层之间有一定张力，其在促进经济社会发展同时，也有影响社会稳定的一面。阶层竞争与社会和谐之间是一对新的矛盾，解决矛盾的关键是促使其从对立方面向着同方向转化，发挥正向和增进有机团结的作用。

在处理人民内部矛盾过程中，强化政府和社会的整合能力是关键。国家与社会的沟通与协调，积极社会政策的形成，培植中间阶层力量，扩大中等收入者在全社会的比重，形成合理的社会结构，激发社会各阶层的创造活力，兼顾公平

和效率原则之下,通过宏观调控,平衡、协调各方利益,建立相对均衡的利益机制,整合利益关系,协调利益矛盾,把人民内部利益矛盾的处理纳入法制化轨道。因此,化解社会矛盾纠纷的关键不限于利益关系的协调,还要考虑调整权利与利益之间的冲突。以社会公平正义为标准界定公共利益与个人利益之间的界限,形成合理规范的权益协调保障机制。

本书提出了权利与利益相结合的人民内部矛盾和群体事件解决的思路。在很大程度上,人民内部矛盾的化解方法和态度,与治理效果有着直接的必然的联系。本书注意到,权利导向和利益导向的治理方式,单一侧重某一方面,都有可能出现治理盲区或弊端。尤其当前普遍采用的利益分析方法,关注集群行为中各利益主体的利益诉求,包括无直接利益冲突群体事件的参与者,表面无因化和情绪发泄后的积怨,依然具有长期累积的利益因素。权益分析方法强调群众利益重要性的同时,不忽视行为背后弱者的道德原则和伦理价值、地缘亲缘文化因素。社会矛盾的激化、人民内部矛盾的集中爆发,以及突出表现为群体事件的增加,与基层治理思维有关,即主要本书注意到矛盾摩擦中的利益冲突,形成人民内部矛盾用金钱解决的思维惯性,完全忽视利益背后的权利诉求,只求眼前问题的暂时解决,未能形成长期机制,甚至使本应妥善处理的微小矛盾激化、延峙化、重复化。

三、总结舆情的变动规律,量化分析引起社会冲突的各种变量之间的关系,建立社会冲突的形式、强度和变化相关的预测机制

在微观动员机制方面,基层社会矛盾是地方性的、分散的、多样性的,事发地的社会结构特征是县乡政府与农民形成直接面对面的社会结构。全面推行市场化体制改革后,县乡政府追逐自身利益最大化。县城的社会分化程度低,熟人社会的结构和交往方式,使群体事件具有如下特点:利用熟人或亲友网络动员,一呼百应,应和者及参与者基于帮忙、面子、互惠等乡土文化因素的考虑,参与并扩大影响的可能性很大,即便是聚集城市的农民工和新生代农民工,这种群己一体的文化圈落意识,依旧甚至更加牢固。加之利用手机自媒体终端方式联络、传播并扩大信息,使无直接利益冲突群体事件的规律扩大,处置难度增加。不同地区民众解决问题的理念和方式不同,通过不同地区发生的同一类型的群体性事件的比较分析,总体呈现这样的特点:越是基层越是以暴力作为解

决问题的方法。这和无知的理性心理诉求以及客观环境中的诉求渠道及“安全阀设置”不足有关。

最基层社会结构形成传统二元形态向三元形态转化的趋势。地方利益集团成为利益分配和再分配过程中的重要社会力量。利益冲突的结构性诱因,表现出地方与中央的非一致性、部门与中央的非一致性。弱势群体边缘化状态趋于凝滞,社会身份和社会阶层固化,贫富差异扩大,社会流动尤其是底层向上的流动难度越来越大。在单一追求经济高速增长的环境下,有的地方政府的行为逻辑是眼前利益和任内利益,此逻辑指导下的行政作为,容易忽视生态环境保护、可持续发展等长期目标,出现过度开采当地资源,与民争利的短视行为。这会导致民众结构性怨恨的形成,治理代价和认同危机也转嫁给上级政府或中央政府。因此,从中央地方关系合理化、法治化的视角,逐步调整局部地区不合理的社会结构,降低社会风险,是提高社会治理能力并保障央地有效配合的一个宏观思路。

在中观地域环境和文化因素方面,新社会组织快速发展,城乡流动人口增加,社会阶层分化或新增,城乡结构、就业结构、人口结构等发生变化。这对社会管理和社会关系调节能力提出了新要求。以微博等为代表的新媒体,发挥设置议题和放大信号的作用,网络极群表达有常态化发展趋势。针对以上舆情规律和变化,若地方政府沿用传统高压手段维护社会稳定,在短期内可能有效,但压力维稳与过度政治化解读,存在隐患和风险,一旦出现问题就不惜代价强行解决,侵犯民众的合法权益,会导致民众的心理认同感降低。另外,传统高压手段易扩大打击面,把自身推到群众的对立面;易扩大事态,激化矛盾,不利于平息事情;定性过激,引发执法不当,处置不妥,易授人以柄,被海外媒体利用。

四、关注人群社会心理的变动，分县市、乡镇两级定点调查并抽样分析，总结地区人群社会态度和社会行动之间的逻辑关系，注意对城乡之间悬置化生存状态群体心理动向的观察和分析

群体性事件的参与人员虽日趋复杂、多元化,参与者以弱势群体为主,多是下岗待业、失地农民、外出务工人员和县镇利益悬置群体、利益相对受损群体,包括部分退休、下岗工人。因此,群体心理调研和访谈,主要针对县乡二级弱势群体展开。

通过实证分析,“闹大”心理对群众在遭遇或曾遭遇利益侵犯时是否容易参与群体性的聚众行为有显著影响;利益诉求和民怨表达渠道不通畅可以用来解释群体性事件中出现“事情越闹大越好”的心理。从这两点发现可以说,利益诉求和民怨表达机制的不完善是导致群体性事件爆发的主要原因。地方政策应加快推动以信访和司法为主要利益诉求渠道的改革。虽然群众生活水平普遍大幅度提高,但出现幸福感下降不满意增加,重要原因就在于社会需要发生了全方位的变化。仅仅用“物质文化”来概括人们的需要显然已经不够全面和准确,很多需要既非物质也非文化,又超越物质和文化,如权益诉求、生态需求、公共需求等。

群众社会需要的内涵和外延已经发生新的拓展,基层管理能力、经验、理念和制度建设,应有效应对,与时俱进,作出相应调整,提高管理效能。部分群体事件表现出由直接利益诉求向抽象权利意识转变或者混合的趋势,其明确提出对社会公正的诉求,反腐口号。据此,治理基层社会,进行矛盾纠纷的化解,不仅需要科学协调尖锐的利益关系,也需要有效调适现实具体的利益诉求和抽象权益要求之间的关系,把尊重和保障人民群众的基本权利作为政府工作前提,以社会公平正义为标准界定公共利益与个人利益之间的界限,防范以公共部门利益损害个体利益,形成合理规范的人民群众权益协调保障机制,达到社会稳定。

主要参考文献

一、著作或教材

1. 肖唐镖:《群体性事件研究》,学林出版社 2011 年版。

2. 燕道成:《无直接利益冲突群体事件中的网络舆情研究》,新华出版社 2012 年版。

二、论文期刊

1. 刘旭东:《群体性事件深度剖析》,载《党政论坛》2009 年第 1 期。

2. 柴海瑞:《社会转型期无直接利益冲突群体事件透视》,载《中共山西省委党校学报》2008 年第 6 期。

3. 张玉磊:《当前我国群体性突发事件的六大特征》,载《党政干部学刊》2008 年第 10 期。

4. 杨连专:《论无直接利益冲突无直接利益冲突群体事件的法治防范与控制机制》,载《昆明理工大学学报》(社会科学版)2008 年第 3 期。

5. 于建嵘:《中国的社会泄愤事件与管治困境》,载《当代世界与社会主义》2008 年第 1 期。

6. 张爱民:《当前我国无直接利益冲突群体事件的特点及效应评价》,载《世纪桥》2007 年第 7 期。

7. 罗成琳、李向阳:《无直接利益冲突群体事件及其演化机理分析》,载《中国软科学》2009 年第 6 期。

8. 张可创:《无直接利益冲突群体事件的社会心理分析及应对策略》,载《理论导刊》2009 年第 5 期。

9. 梁婷:《无直接利益冲突群体事件的社会效应及对策分析》,载《今日南国》(理论创新版)2009年第5期。

10. 赵家国:《社会矛盾凸显期无直接利益冲突群体事件发展趋势及对策研究》,载《法制与社会》2009年第7期。

11. 王永福、肖峰:《基层无直接利益冲突群体事件的信息传播规律与舆论引导策略》,载《东南传播》2009年第6期。

12. 杜骏飞:《网络无直接利益冲突群体事件的类型辨析》,载《国际新闻界》2009年第7期。

13. 胡圣方:《冲突理论视阈下的网络无直接利益冲突群体事件探析》,载《四川理工学院学报》(社会科学版)2011年第4期。

14. 张荆红:《价值主导型无直接利益冲突群体事件中参与主体的行动逻辑》,载《社会》2011年第2期。

15. 张荆红:《社会边缘人:价值主导型无直接利益冲突群体事件的积极参与者——基于SS事件的分析》,载《学习与探索》2011年第2期。

16. 张静:《社会身份的结构性失位问题》,载《社会学研究》2010年第6期。

17. 陈映芳:《行动者的道德资源动员与中国社会兴起的逻辑》,载《社会学研究》2010年第4期。

18. 吴长青:《从"策略"到"伦理"对"依法抗争"的批评性讨论》,载《社会》2010年第2期。

19. 曾润喜、徐晓林:《网络舆情对群体性突发事件的影响与作用》,载《情报杂志》2010年第12期。

20. 陈强、徐晓林:《网络群体性事件演化要素研究》,载《情报杂志》2010年第11期。

21. 黄月琴:《网络群体性事件中的网络舆论疏导与媒体责任》,载《湖北大学学报》(哲学社会科学版)2010年第5期。

22. 林凌:《网络无直接利益冲突群体事件传播机制及应对策略》,载《学海》2010年第5期。

23. 芦何秋、秦志希:《论网络群体性事件中政府管理的理念转变》,载《新闻传播》2010年第9期。

24. 毛启蒙:《隐性的权力,现实的回归——从网络群体性事件的视角论我国网络政治参与的发展》,载《天水行政学院学报》2010年第4期。

25. 杜鹏:《基于聚类分析的我国网络群体性事件内涵研究》,载《未来与发展》2010 年第 8 期。

26. 陈阳:《大众媒体、集体行动和当代中国的环境议题——以番禺垃圾焚烧发电厂事件为例》,载《国际新闻界》2010 年第 7 期。

27. 罗锋、王权:《风险 · 制度化:“网络群体性事件”症候表征与治理分析》,载《重庆邮电大学学报》(社会科学版)2010 年第 4 期。

28. 孙晓晖:《网络群体性事件中执政公信力的流失及其防范——基于社会动员的分析视角》,载《理论与改革》2010 年第 4 期。

29. 王赐江:《“集体暴力抗争”:值得关注的极端维权方式——对三起群体性事件的考察分析》,载《学习与探索》2010 年第 2 期。

30. 应星:《“气场”与群体性事件的发生机制——两个个案的比较》,载《社会学研究》2009 年第 6 期。

31. 于建嵘:《当前我国群体性事件的主要类型及其基本特征》,载《中国政法大学学报》2009 年第 6 期。

32. 刘能:《当代中国转型社会中的集体行动:对过去三十年间三次集体行动浪潮的一个回顾》,载《学海》2009 年第 4 期。

图书在版编目(CIP)数据

无直接利益冲突群体事件治理法治化研究 / 马雁著
. -- 北京 : 法律出版社, 2018
ISBN 978 - 7 - 5197 - 1885 - 5

Ⅰ. ①无… Ⅱ. ①马… Ⅲ. ①群体性－突发事件－处理－行政法－研究－中国 Ⅳ. ①D922.144

中国版本图书馆 CIP 数据核字(2017)第 325994 号

无直接利益冲突群体事件治理法治化研究
WUZHIJIE LIYI CHONGTU QUNTI SHIJIAN ZHILI FAZHIHUA YANJIU

马　雁　著

策划编辑 陈　妮
责任编辑 陈　妮
装帧设计 马　帅

出版 法律出版社
总发行 中国法律图书有限公司
经销 新华书店
印刷 北京虎彩文化传播有限公司
责任校对 李景美
责任印制 吕亚莉

编辑统筹 财经法治出版分社
开本 720 毫米×960 毫米　1/16
印张 14
字数 220 千
版本 2018 年 12 月第 1 版
印次 2018 年 12 月第 1 次印刷

法律出版社/北京市丰台区莲花池西里 7 号(100073)
网址/www. lawpress. com. cn
投稿邮箱/info@ lawpress. com. cn
举报维权邮箱/jbwq@ lawpress. com. cn
销售热线/010 - 83938336
咨询电话/010 - 63939796

中国法律图书有限公司/北京市丰台区莲花池西里 7 号(100073)
全国各地中法图分、子公司销售电话:
统一销售客服/400 - 660 - 6393
第一法律书店/010 - 83938334/8335
西安分公司/029 - 85330678
重庆分公司/023 - 67453036
上海分公司/021 - 62071639/1636
深圳分公司/0755 - 83072995

书号:ISBN 978 - 7 - 5197 - 1885 - 5
定价:68.00 元